【제5판】

지역사회복지론

홍봉수
곽일준 · 박영애 · 양미정 · 오현숙 · 홍성희

KNOWLEDGE COMMUNITY 공동체

머리말

사람은 누구나 이 세상에 태어나면서 지역사회라는 환경에 속하게 되며, 일상생활에서 가장 친밀하게 그러한 환경에서 상호작용을 하며 규범과 가치를 형성하며 살아가게 된다.

그러나 현대사회의 공동체가 무너지고, 개인과 집단이 극단적으로 이익을 추구하는 현실사회에서 지역사회복지는 '전체로서의 지역사회복지'에 기반하여 보편주의 접근이 요구되고 있으며, 또한 상부상조의 정신을 바탕으로 공통의 관심이나 이익을 추구하도록 하여 지역성과 공동체 의식의 회복을 돕는 것을 목적으로 하고 있다.

따라서 본 교재는 변화하는 지역사회복지의 현실을 반영함으로써 지역사회가 우리 삶의 기본 터전이라는 기존의 인식을 바탕으로 지역사회가 지닌 새로운 잠재력에 주목하여 저술하였다.

이를 위해 지역사회복지와 관련된 주요 개념과 역사 그리고 기본적인 이론에 대한 이해는 물론 우리나라의 지방자치 실정에 부합하는 지역사회복지에 관하여 올바른 방안을 모색하고자 하였다.

특히 각 장마다 핵심적인 키포인트(key point : 요점정리)를 선정하여 비교·설명함으로써 학습에 필요한 요점들을 잘 이해할 수 있도록 하였으며, 2014년, 2018년, 2020년 발간한 홍봉수(공저)의 지역사회복지론을 토대로 저술하였다.

본 교재의 구성을 살펴보면,

제1장에서는 지역사회의 개념과 전문사회사업의 3대 실천방법 중 하나인 지역사회조직에 관하여 논하고,

제2장에서는 지역사회복지의 발전을 위한 지속적인 노력의 일환이었던 지역사회복지운동에 관하여 살펴보았다.

제3장에서는 오늘날 지역사회복지의 근간이 된 인보관에 대한 역사적 기술과 함께 영국·미국·한국의 지역사회복지 역사에 관하여 논하고,

제4장에서는 지역사회복지의 구성요소로 욕구, 자원, 전달체계를 다루고 사회복지사 자격과 역할에 대하여 설명하였다.

제5장에서는 우리나라 지역사회복지의 발전에 지대한 영향을 미친 지방자치제도와 복지재정분권에 관하여 서술하였고,

제6장에서는 지역사회복지정책의 실제로 사회보험과 공공부조를 비교 설명하고 5대 사회보험과 5대 공공부조 정책을 두루 기술하였으며,

제7장에서는 지역사회복지의 분석이론과 실천모델을 통해 분석의 이론틀을 제시하고자 하였다.

제8장에서는 지역사회복지를 현장에서 구현하는 방법을 연구하기 위하여 다양한 지역사회복지실천의 기술에 관하여 다루었다.

제9장에서는 지방자치시대에 있어 탈시설화 정책의 중요성과 지역사회서비스의 초점이 되고 있는 재가복지에 관하여 서술하였고,

제10장에서는 민간단체인 사회복지협의회와 민·관 협의회 성격인 지역사회보장협의체의 역할과 기능에 관해 알아보았다.

제11장에서는 지역사회복지에서 민간참여가 중요하므로 사회복지공동모금과 자원봉사에 관하여 논하고,

제12장에서는 지역사회복지의 현장실천기관으로서 사회복지관, 지역자활센터, 가족센터에 대해 살펴보았다. 끝으로 지역사회사업실천의 오류를 방지하기 위하여 평가방법에 관하여 기술하였다.

본 교재가 사회복지를 공부하는 학생, 1급 사회복지사 자격시험 및 공무원 시험을 준비하는 수험생, 사회복지현장실천가, 사회복지담당공무원 그리고 사회복지와 관련된 모든 분들에게 도움이 되고, 또한 사회복지 일선 현장 전반에 대해 학습할 수 있는 귀중한 자료가 되길 바라는 마음이다. 더불어 집필상 부족한 부분과 한계점 등에 대해서는 아낌없는 충고를 바라면서 앞으로도 부족한 부분에 대한 재검토를 통해 꾸준히 개선·보완하고자 한다.

끝으로 본 교재의 발간을 위해 적극 지원해 주신 도서출판 공동체의 김동훈 사장님과 편집 및 교정에 수고하신 임직원에게 감사드린다.

학문을 연마하기에 바쁜 일정에도 교정에 참여한 제자들을 비롯하여 다양한 분들의 도움에 고마움을 전하고자 한다. 아무쪼록 많은 분들이 정성을 다한 본 교재가 지역사회복지 분야의 실무와 이론에 작은 도움이 되길 바라는 마음이다.

2025년 2월

대표저자 홍 봉 수

차례

C O M M U N I T Y W E L F A R E

제4장 지역사회복지의 구성요소 / 77

제5장 지방자치제도와 복지재정분권 / 111

제6장 지역사회복지정책의 실제 / 131

C O M M U N I T Y W E L F A R E

COMMUNITY WELFARE

01 지역사회의 이해

제1절 지역사회의 개념
제2절 지역사회조직
제3절 거버넌스와 역할분담이론

| 제1장 | 지역사회의 이해

| 제1절 | 지역사회의 개념

1. 지역사회의 개념

지역사회는 영어의 'community'라는 단어를 번역한 것이다. 'community'는 '지역사회' 또는 '공동체'라는 뜻으로 번역되기도 한다.

다만, '지역사회'가 일정한 지역성에 토대를 두고 있다면, '공동체'는 공동의 이해관계나 특성을 바탕으로 한다는 차이가 있다. 우리나라 사회복지학에서는 '지역사회'라는 용어를 사용하고 있다.

지역사회복지에서 지역사회의 개념은 지리적 의미와 기능적 의미를 함축하고 있다. '일정한 지리적 범위 내의 사람들의 집단 또는 공동의 이해관계, 소속감, 문화에 기초하여 활동하는 사람들이 집단으로 구성된 사회적 단위'라고 정의할 수 있다. 따라서 특정 국가와 지역에 거주하는 주민들, 그 지역사회에 대한 정치적, 사회적, 경제적, 문화적 관심과 이해를 공유하는 이익집단 등의 속성을 반영한다고 할 수 있다.

이에 대한 학자들의 견해를 살펴보면, 로스(Ross)는 지역사회의 개념을 일정한 지리적 공간에서 살고 있는 사람들의 집단을 말하는 지리적 의미와 공통의 이해관계나 특성 등에 따라 모인 사람들의 집합체인 기능적 의미로 구분하였다.

모리스와 헤스(Morris & Hess)는 지역사회란 그 규모가 어느 정도든 간에 지역주민이 소속감과 구성요소로서 공유하는 생활터전을 의미한다고 하였으며, 맥키버(Maciver)의 지역사회는 지역주민들의 공동생활의 영역을 언급하면서 지역성과 지역사회의식 등이 기초가 되어야 한다고 정의하였다.

힐러리(Hillery)는 지역사회란 공통된 매개가 성립되는 지역사회로 세 가지 요소가 포함된 '일정한 지리적 영역 안에서 사회적 상호작용을 통하여 연대감이 갖추어져 있는 인간집단'으로 정의하고 있다.

넬슨(Nelson)은 지역사회를 제한된 지역에 거주하면서 공동의식을 가지고 조직된 관계를 통해 공통된 이익을 추구하며 여러 가지 활동을 분담·수행하는 인간집단이라고 규정하고 있다.

이처럼 역사적으로 지역사회의 개념이 가진 의미가 변화함에 따라 전통적 의미를 가진 지리적 의미의 지역사회는 점차 그 의미를 상실하고 급속하게 변화하는 현실에서는 기능적 특성이 강조되고 있다.

최근에는 정보통신수단의 발달과 인터넷의 등장으로 시간과 공간을 뛰어넘는 사이버공동체, 가상공동체와 같은 새로운 형태의 개념이 나타나고 있으며, 지구촌(global community)의 형성으로 최광의 지역사회가 부상하면서 새로운 형태와 개념의 지역사회가 나타나고 있다. 그러나 모든 지역사회는 사회이나 모든 사회가 지역사회는 아니다.

2. 지역사회의 유형과 기능

1) 지역사회의 유형

(1) 공간적·기능적·개인적 의미의 지역사회

① 공간적 의미의 지역사회

지역사회는 지역주민의 공통적인 생활기반으로서 특정한 지역을 중심으로 하여 그 안에 마련된 공간이라 할 수 있다.

지역사회의 지리적 문제라 할 수 있는 공간적 의미의 지역사회는 장소를 기반으로 하는 지역사회를 말한다. 장소를 기반으로 하는 지역사회는 생계욕구와 직면한 기능적·공간적 단위, 정형화된 사회적 상호작용의 단위, 동질성의 상징적 단위의 세 가지 차원으로 규정될 수 있다.

지역이라는 특정한 공간적 장소에 중심을 두었기에 크기·영역·조밀도 등에 따라 변할 수 있으며, 좁게는 읍·면·동에서 출발하여 넓게는 시·도와 같은 행정구역 단위나 농촌·도시와 같이 구분하고, 지구공동체 사회 속에서는 국가나 전 세계 이상의 의미를 함축하고 있다고 할 수 있다.

② 기능적 의미의 지역사회

기능적 의미의 지역사회는 비 장소적 지역사회로 연대의식에 의하여 형성된 공동생활권이 영위되는 지역사회를 말한다. 이로 인해 지역성이 나타나게 되며 비 장소적 지역사회는 동질성을 지닌 공동체(communities of identification)나 이익공동체(communities of interest)로 설명될 수 있다.

동질성의 공동체는 지역주민 간의 어떤 특성이나 민족·종교·생활방식·이념·사회계층·직업유형·취미활동 등의 상호교류, 운명공동체, 유기적 연대관계와 보상적 관계를 통해서 형성될 수 있으며, 이익공동체는 전문적 집단·직장노조 집단 등 계약중심의 조직구성원들의 동일한 목표달성과 공동의 이익을 중심으로 합리성에 기초한 결속력과 소속감으로 형성될 수 있다.

또한 독일의 법학자 기르케(Gierke)에 의해 기반을 둔 게노센샤프트(Genossenschaft), 즉 협동사회는 지배관계를 포함하지 않는 사회관계로서 이익사회와 공동사회의 양쪽의 성격을 모두 가지고 있다고 볼 수 있으며, 대표적으로는 학교가 여기에 속한다.

③ 개인적 의미의 지역사회

개인적 지역사회는 복합적인 구조의 지역사회 내에서 개인을 중심으로 규정한 지역사회에 초점을 두고 있다. 이는 지역사회의 주체로서 몸담아 살고 있는 지역주민들을 위한 유형으로서 지리적 특성, 동질성을 지닌 특성, 이익을 중심으로 하는 특성 모두를 포함할 수 있다.

따라서 개인적 지역사회는 개인을 중심으로 한 사회적 상호작용의 형태와 공식적 또는 비공식적 원조망을 포함하여 지역주민들의 욕구와 삶의 질 향상에 필요한 사회적 자원의 범위를 이해하는 데 도움을 준다. 또한 지역사회복지 실천과정에서 지역의 문제와 욕구를 사정하고, 개입의 범위와 방법을 선택하며, 자원동원의 전략을 수립함에 있어 중요한 기초자료가 된다.

(2) 던햄(Dunham)의 지역사회 유형화

① 인구의 크기에 따른 기준

단순히 지역 내 거주하는 인구의 규모에 따라서 구분하는 형태로 대도시, 중소도시, 읍 지역과 같은 작은 부락 등의 구분에서 흔히 볼 수 있는 지역사회의 형태이다.

② 경제적 기반에 따른 기준

주민들의 경제생활뿐 아니라 사회·문화적 특성을 파악하고자 하는 인류학적 조사·연구에서 흔히 사용되는 기준이다. 농촌, 어촌, 산촌 등으로 구성된 지역사회의 형태이다.

③ 정부의 행정구역에 따른 기준

국가가 전달체계의 필요성에 의해 행정구역에 따라 구분하는 것으로 행정구역을 구분할 때 인구의 크기가 고려되기는 하지만, 반드시 인구의 크기에 비례하여 구분되는 것은 아니다. 특별시, 광역시, 도, 시, 군, 구, 읍, 면, 동으로 구획된 지역사회 형태이다.

④ 인구구성의 사회적 특수성에 따른 기준

지역사회 구성원 대다수의 사회적 특수성, 즉 경제적·인종적 특성을 중심으로 지역을 유형화하는 것이다. 도시 저소득층 지역, 외국인 촌, 장애인 밀집지역,

슬럼지역, 미국의 할렘가나 차이나타운, 유대인 거주지역 등에서 볼 수 있는 지역사회의 형태이다.

2) 지역사회의 기능

(1) 지역사회의 기능과 제도

인간의 삶에서 지역사회가 수행하는 기능은 다양한 인간 활동을 의미하는 것들을 포함하고 있으나 지역사회가 존속하고 발전해 나가기 위해서는 공통적으로 수행해야 하는 몇 가지의 필수적인 기능이 있다.

이와 관련하여 길버트(Gilbert)와 스펙트(Specht)는 다양한 지역사회들을 포괄하여 모든 지역사회가 공통적으로 수행하는 주요 기능에 대하여 다섯 가지 범주로 나누어 설명하였으며, 이와 관련된 구체적인 내용은 다음과 같다.

① 생산·분배·소비의 기능(경제제도)

1차적 분배로 지역사회의 기능 중 가장 기본이 되는 기능이며, 지역주민들이 일상생활을 하는 데 필요로 하는 기본적인 재화 및 서비스를 생산, 분배, 소비하는 과정을 말한다. 이 기능은 주로 기업이 담당하지만 정부기관, 전문기관, 종교단체, 교육기관 등에서도 경제적 기능을 담당한다.

② 사회화의 기능(가족제도)

사회화의 기능은 개인의 어린 시절이 특히 중요하나 일생을 통해 계속되며, 사회성원의 일원으로서 이러한 과정을 통하여 다른 사회의 구성원들과 구별되는 생활양식을 터득하게 되는 것이다.

지역사회가 공유하는 일반적인 지식, 사회적 가치, 그리고 행동유형을 그 사회 구성원들에게 전달시키는 과정을 말하는 것으로 구성원이 살아가는 데 필요한 정보를 직·간접적으로 전달하는 것이 바로 지역사회의 기능인 것이다.

③ **사회통제의 기능**(정치제도)

지역사회가 사람들의 행동을 지배하고 강제하는 수단으로 지역사회의 구성원들이 사회의 규범(법, 도덕, 규칙 등)을 준수하도록 하기 위해 일정한 강제력을 행사하는 기능이다.

강제력이 결여될 경우 사회질서가 파괴되어 비행과 범죄가 만연되는 사회 해체 현상을 경험하게 될 것이다. 정부나 교육기관, 종교 및 사회적 서비스 등에서 이루어지고 있다.

④ **사회통합의 기능**(종교제도)

지역사회구성원들의 상호 간 협력과 결속력 등을 강조하는 기능으로 사회체계를 구성하는 사회단위조직들 간의 관계와 관련된 기능을 말한다.

사회화의 기능이 사람들에게 어떻게 행동해야 할 것인가를 가르쳐 주는 수단이고, 사회통제의 기능이 그러한 행동을 하도록 지배하고 강조하는 수단이라면, 사회통합의 기능은 사람들 스스로 규범을 준수하여 바람직한 행동을 하도록 기능하는 것이라고 할 수 있다.

⑤ **상부상조의 기능**(사회복지제도)

2차적 분배로 지역사회구성원들이 기존 사회제도에 의해 자신의 욕구를 충족시킬 수 없을 때 필요한 기능으로 지역사회구성원들이 서로에게 도움을 주는 것은 지역사회의 상부상조 기능이라 할 수 있다.

전통사회에서 상부상조의 기능은 가족, 이웃, 친목단체나 자선단체 등과 같은 일차적 집단에 의해 기초적인 사회적 지지와 보호의 기능이라면, 현대사회에서는 이러한 기능이 정부, 민간사회단체, 사회복지기관, NGO 등에서 이루어지고 있다.

(2) 워렌(Warren)의 지역사회 기능의 비교척도

① **지역적 자치성**

지역사회가 제 기능을 수행함에 있어서 다른 지역에 어느 정도 의존하는가에 관한 것이다. 즉, 개방체계로서 지역사회는 다른 지역과 관계를 맺게 되는데 그 관계 속에서 어느 정도 자립성과 의존성을 가지는가에 대한 척도이다. 스스로 해결할 수 있는 일이 많을수록 지역적 자치성은 높다고 할 수 있다.

② 서비스 영역의 접근성

지역사회 내에서 제공되는 서비스에 주민들이 얼마나 쉽게 접근할 수 있느냐를 나타내는 것으로 학교, 병원, 공공시설, 교회, 복지서비스 등의 영역이 동일지역 내에서 이루어지지 않고 멀리 떨어져 있다면 주민들이 이용하는 데 어려움이 있을 것이다. 어느 정도 동일 지역 내에서 이루어지고 있는가에 관한 것이다.

③ 지역에 대한 주민들의 심리적 동일시

지역사회주민들이 자기 지역을 어느 정도로 중요한 준거집단으로 생각하며 어느 정도 소속감을 갖는지를 나타내는 기준이라고 볼 수 있다. 같은 지역에 거주하는 주민들이 소속감이 낮다면 심리적 동일시 수준도 낮다고 볼 수 있다.

④ 수평적 유형

지역사회 내에 있는 상이한 단위조직(개인, 사회조직 등)들이 구조적으로나 기능적으로 얼마나 강한 관련을 갖고 있는가에 관한 것이다.

3. 지역사회의 변화

1) 지역사회의 구조적 변화

(1) 인구구조의 변화

인구구조상의 변화와 관련하여 가족구조를 살펴보면, 산업화와 도시화, 자녀에 대한 의식의 변화, 여성의 결혼연령 상승, 인구의 노령화 등 자녀양육을 위한 경제적 부담의 증대로 희망자녀의 수가 감소하고, 여성의 교육수준 상승과 취업 기회 확대, 초혼연령 상승이 출산율 저하를 가속화하여 평균 가족 수가 크게 감소하는 현상이 나타나고 있다.

(2) 산업구조의 변화

대중 소비시대로서의 후기 산업사회로 전환되어 감에 따라 다양한 구조적 특징을 보이고 있다. 1차 산업으로서의 농림·수산 부문이 점차 낮아지는 반면, 2차 산업으로서의 광공업과 3차 산업으로서의 사회간접자본 및 서비스 부문은 점차 증가하고 있으며, 기술과 생산양식의 발전은 산업구조의 변화와 더불어 기능의 분화를 초래하면서 사회구조는 다원화되고 있다.

산업구조의 고도화에 따른 직업분화 및 계층의 다양화는 그 계층의 이익을 대변하는 다양한 소수집단의 출현을 예고하고 고도산업사회에 있어서는 조직의 역할이 강화되고 그 기능이 확대될 것이다.

또한 개인은 조직사회로부터 인간성을 회복하려는 개성의 추구가 강화되어 개인적 영역이 확대되리라 보이며, 산업구조의 변화는 지역적 소득격차를 가져와 지역 간의 상대적 격차를 더욱 증대시킬 것으로 보인다.

2) 지역사회의 기능적 변화

(1) 도시·농촌지역의 변화

도시인구의 계속적인 증가는 수도권의 과잉집중화와 지역사회의 불균형을 초래하는 원인이 되고 있으며, 이는 향후에도 지속적으로 증가할 것으로 보인다. 물론 귀농·귀촌인구가 증가하고는 있으나 그 파급효과는 아직 미미한 실정이다.

이처럼 도시의 인구집중화, 낙후된 농촌지역의 불균형으로 지역 간의 격차 확대가 더욱 심화되고 있으며, 경제 성장과 지역 간 불균형 등 여러 가지 사회구조적 변화와 사회병리 현상이 지역사회 해체를 부추기고 있다.

(2) 가족제도의 변화

우리나라의 핵가족화는 전통적 농경사회가 산업사회로 급격히 변화되면서 우선 규모 면에서는 대가족이 핵가족으로 또는 1인 가구로 크게 축소되었고, 의식적 측면에서는 여성의 사회진출로 남녀평등 의식이 크게 강화되었다.

2000년대 이후 지식·정보화 사회로 변화되면서 남아선호가 크게 줄어들어 남녀 출생성비가 균형을 이루어 가고 있는 상황이며, 특히 이러한 과정에서 남성중심의 가부장적·전통적 가족제도는 남녀평등 상속제도로 발전되었다.

또한 1991년 호주의 법적 기능과 권한 축소에 이어 2008년에는 호주제의 폐지로 이어져 양성평등적 가족운영의 틀로 급격히 변화되는 현상을 겪고 있다.

| 제2절 | 지역사회조직

1. 지역사회조직의 개념

지역사회조직은 지역주민의 공통적 욕구를 해결하기 위해 지역사회 내의 물적·인적·정보자원을 활용하여 이것으로 인한 지역사회주민들의 욕구와 연계를 통해 지역사회의 상부상조활동이 활력이 있고 바람직한 방향으로 발전해 나가도록 조직화하는 활동을 의미한다.

프리드랜더(Friedlander)는 지역사회조직의 목적은 사회적 욕구를 조사하고, 우선순위를 결정하며, 그러한 욕구를 충족하기 위해 구체적 계획을 수립하고, 지역사회자원을 효과적으로 조정·동원하며, 지역주민의 적극적인 참여를 권유하는 것이라고 하였다.

구린(Gurin)은 지역사회조직이 인간관계나 사회제도에 바람직한 변화를 일으키기 위해 행해지는 사회사업 개입과정이라고 하였다.

던햄(Dunham)은 지역사회조직의 목적에 대해 ① 지역사회의 욕구와 자원을 조정·유지해 폭넓게 지역사회의 욕구를 해결해 주는 것, ② 지역주민의 참가, 자기결정, 협력 등의 능력을 발전시켜 자기들의 문제를 효과적으로 해결할 수 있도록 원조하는 것, ③ 지역사회나 집단 간의 권력구조에 변화를 가져오게 하는 것, 혹은 의사결정에 영향을 줄 수 있는 것으로 정의하고 있다.

쉐라드(Sherrad)는 지역사회조직이 급격한 사회변화 및 기술의 발전과 산업혁명으로부터 제기된 사회문제를 해결하기 위해 고안된 사회조직으로 이러한 사회 불균형을 시정하기 위해 새로운 조직을 설립하고, 서비스를 개발해 어려운 처지에 있는 사람들의 문제를 해결하기 위한 방법으로 정의하는 조직론을 제기하고 있다.

따라서 지역사회조직의 정의는 지역주민의 욕구와 그 지역자원 간의 상호조정을 확립하는 일련의 사회사업의 과정이라고 할 수 있다.

지역사회조직론은 1960년대 들어와 비로소 지역사회조직실천방법론의 핵심과제를 사회문제해결로 보기 시작하였으나 당시 방법론을 개념화하는 데 한계가 있었으며, 권력구조, 갈등, 사회변화의 개념과 관련해 개입방법론을 발전시킨 것은 1970년대라고 할 수 있다.

2. 지역사회조직의 환경

1) 교환관계

일반적으로 조직행위의 효과성을 설명하기 위하여 사회통념상 교환의 개념을 경제적 교환과 사회적 교환으로 구분할 수 있다.

① 경제적 교환은 대부분이 객관적이고 관찰 가능한 것으로서 물건의 거래와 같이 구체적이고 명백하게 규정된 교환관계를 말한다. 따라서 상호교환의 내용에 대해 비교적 인식을 같이하고, 교환 시기도 명확히 설정되어 있는 특징을 지닌다.

② 사회적 교환은 교환을 통해서 상대방으로부터 보상과 혜택을 받았을 때 앞으로 언젠가는 이에 대한 보답을 해야 할 것이라는 의무감을 갖게 하는 교환관계를 말한다.

이러한 상호작용의 기본적인 성격은 혜택과 호의의 교환이라고 할 수 있다. 경제적 교환이 거래에 기초하고 있다면, 사회적 교환은 개인적인 신뢰에 근거하고 있다. 신뢰란 교환관계에 있는 다른 상대방이 언젠가는 그들의 의무를 공정하게 수행할 것이라는 믿음을 말한다.

2) 협력관계

협력관계는 두 개 이상의 조직이나 기관들이 자원·고객·프로그램의 개발 및 각종 서비스 제공을 위하여 서로 대항하지 않고 동반자적 관계를 맺으며 공동목표를 달성하기 위하여 협동함으로써 환경과의 종속관계를 개선시키려는 것을 말한다. 이 같은 협력관계는 지역사회조직에서 빈번하게 쓰이는 환경과의 관계로서 협상·연합·흡수 등의 형태가 있다.

① 협상은 조직 사이에 프로그램 개발이나 서비스의 제공을 위한 공식·비공식적인 협의를 말한다.

② 연합은 자원의 혜택과 서비스 제공에서 비슷한 입장의 조직들이 공동목표를 달성하기 위해 상호 결합하는 것을 의미한다.

③ 흡수는 조직의 안정 또는 존속에 대한 위협을 회피하기 위하여 구성조직들의 대표자나 지도자, 정책결정기구나 의사결정기구에 흡수하여 조직의 안정성을 높이고 위협을 피하는 것을 말한다.

3) 경쟁관계

경쟁이란 협동에 대응되는 의미로 생물 사이에서는 상호작용의 하나이며, 지역사회에서 생활에 필요한 환경자원 등에 양적인 제한이 있는 경우 이것을 소유하기 위한 경쟁이 일어난다. 이 개념은 진화적인 시각에서 일어나는 자연선택이나 적자생존의 과정을 설명하는 것이다.

지역사회조직 또한 제한된 자원을 가진 환경 가운데서 존재하기 때문에 외부조직과 경쟁관계에 놓일 수 있다. 따라서 경쟁이란 둘 이상의 조직이 미래의 자원이나 고객을 유치하기 위하여 무언가를 놓고 겨루는 것으로, 경쟁관계에서는 제3자에게 선택을 요구하게 되면 그 선택에 영향을 미치기 위하여 여러 가지 조건을 제시하거나 호소를 하게 된다. 이럴 때에는 조직의 마케팅이나 홍보전략, 서비스 이용 만족도 등이 중요한 역할을 하게 된다.

제3절 거버넌스와 역할분담이론

1. 거버넌스(Governance)이론

거버넌스(governance)라는 용어는 중립적인 의미로서 련 외(Lyun, et al.)에 의하면, '정부 활동을 발생시키고, 규정하고, 가능하게 하는 법률, 행정 규칙, 사법적 판정, 실천의 레짐(규범)'을 거버넌스라고 정의하고 있다.

따라서 거버넌스란 사회 내 다양한 기관이 자율성을 지니면서 함께 국정 운영에 참여하는 변화 통치방식을 말하며, 다양한 행위자가 통치에 참여·협력하는 점을 강조해 민간과 정부의 '협치'라는 말을 사용하기도 한다.

또한 정부와 민간기업, 시민단체 등이 협력해 사회 전체의 발전을 도모한다는 의미로 풀이할 수 있으며, 오늘날의 행정이 시장화, 분권화, 네트워크화, 기업화, 국제화를 지향하고 있기 때문에 기존의 행정 이외에 민간부문과 시민사회를 포함하는 다양한 구성원 사이의 네트워크를 강조하고 있다.

그런 의미에서 지역사회의 거버넌스란 지방정부, 이해관계 집단, 전문가, 시민 등이 함께 지혜를 짜내고 양보·타협·협력을 하여 지역의 현안문제를 원만하고 효과적으로 해결해 나가는 지역단위 거버넌스(공동체)를 말한다.

따라서 로컬 거버넌스 발전을 위한 지방자치단체장의 역할은 기존 방식의 거버넌스가 아니라 새로운 거버넌스여야 한다는 인식 그리고 새로운 문제해결 양식이 필요하다는 인식에 바탕을 두고 이해해야 하며, 여기에 적합한 지방자치단체장의 역할은 시민의 참여와 자치를 활성화할 기반 마련과 권한부여일 것이다. 즉, 시민사회의 힘이 결집되었을 때 민·관·정 협약도 가능할 것이고, 지방자치단체장과의 논의구조를 설계할 수도 있기 때문이다.

따라서 지역 거버넌스가 통치를 대치하고 진정한 협치의 위상을 갖기 위해서는 활동주체 간 협력과 조정기제, 참여의 제도화, 시민사회의 성숙, 정보 공개가 필요하다. 그리고 대화와 타협의 문화가 정착되어야 하며, 지역사회의 다양한 협력기관이나 시민의 역량, 자치공동체의 역량을 결집시키고 진화시킬 필요가 있다.

2. 역할분담이론

1) 평행봉 이론

평행봉 이론에서는 공적 지역복지와 민간 지역복지에 있어서 그 취급하는 대상자를 명백하게 구분하고 각기 독립적인 활동을 전개해 가는 것이 합리적이고 효과적이라고 주장하는 것이다.

기계적이고 사무적이며 정치적으로 클라이언트를 취급하는 공적 지역사회복지는 클라이언트의 치료·재활·자립의 실천이 불가능하기 때문에 클라이언트를 사회로부터 분리하여 수용하는 보호적 기능을 담당한다.

이러한 의미에서 평행봉 이론은 관료적 구빈사업에 대한 불신론과 반감론이 밑바닥에 깔려 있고 또한 국가주체의 구빈정책을 대체하는 기능으로 민간 지역사회복지의 우월성을 강조하는 측면이 있다고 본다.

2) 사다리 이론

사다리 이론은 국가는 일정한 기준으로 규정된 국민의 최저생활에 대해 책임을 지지 않으면 안 되고 모든 국민의 최저생활을 유지해 가는 데 필요한 금품을 국내 어느 곳에서든지 또는 필요한 경우에 있어서 언제든지 계속적으로 확실하게 확보해야 한다는 것을 주장한다.

사다리 이론은 지역사회서비스를 기획함에 있어 마치 사다리 모양으로 가장 기초적인 부분에는 국민의 최저생활을 국가의 책임으로 보장하고, 그것을 기초로 점차 상층 부분에는 민간의 지역사회서비스를 위치시켜 가는 방식을 주장하는 것이다. 따라서 민간 지역사회복지의 독자적 역할을 규정함에 있어서 평행봉 이론과는 달리 공적 지역사회복지의 우월성을 강조하고 있다.

KEY POINT

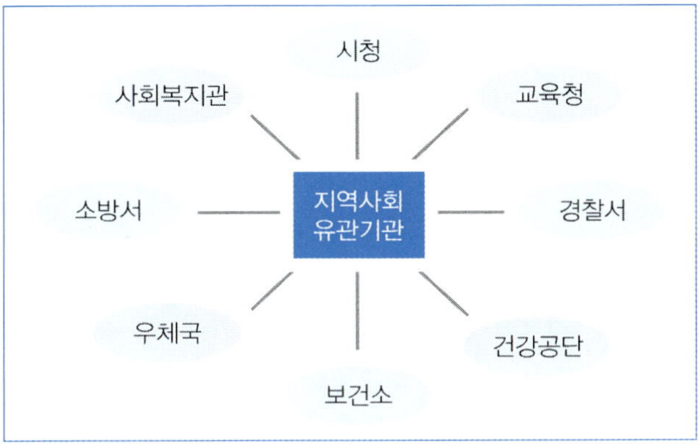

공동사회 · 이익사회

공동사회	이익사회
일차적 사회	이차적 사회
혈연·지연에 의한 사회	상업적·이기적인 사회
유기적 연대관계로 형성	계약에 의해 이루어진 사회
혈연·이웃·친구관계	이익사회의 협의체·연합체

지역사회

① 지리적인 지역사회 : 물리적·지리적인 경계를 강조하고 다른 지역과의 특수성과 분리성을 중요시함

② 기능적인 지역사회 : 사회적·문화적인 동질성, 합의성 또는 다른 집단행위와 상호작용을 중요시함

수단 · 목적

① 지역사회조직 구성(형성)은 목적이 아니라 수단

② 매슬로우(Maslow) 이론은 수단보다 목적을 중시

지역사회의 기능과 제도

① 생산·분배·소비의 기능 : 경제제도
② 사회화의 기능 : 가족제도
③ 사회통제의 기능 : 정치제도
④ 사회통합의 기능 : 종교제도
⑤ 상부상조의 기능 : 사회복지제도

지역사회조직·지역사회개발

구 분	지역사회조직	지역사회개발
철 학	자조와 민주주의 사상과 항상 관계있는 것은 아님	자조와 민주주의 사상과 항상 관계있음
참 여	지역주민 누구에게나 적용되는 것은 아님	지역주민 누구에게나 적용됨

지역사회개발·지역개발

구 분	지역사회개발	지역개발
대 상	인간집단	토지·공간
주 체	지역사회주민	국가·지방자치단체
개 발	사회개발	경제개발

거시적 지역사회복지

각종 사회적 위험이 사라진 안전하고 행복한 지역사회의 상태를 실현하기 위한 지역수준에서의 일체의 광범위한 활동

미시적 지역사회복지

지역사회구성원들의 문제와 욕구를 해결하거나 예방하기 위해 수행하는 사회복지사들의 전문적이고 구체적인 활동

지역사회복지의 패러다임 변화

기본이념	시혜적, 보호, 구제	→	권리적, 정상화(normalization) 실현
대상자	저소득자, 약자의 보호	→	복지욕구가 있는 모든 자
공사관계	공사분리	→	공사협동
행정분권	중앙집권	→	지방분권
재 원	공비부담, 무료복지	→	공비부담, 이용자 부담(유료화)
서비스 결정	행정청의 재량	→	이용자의 선택, 자기결정 존중
서비스 장소	시설복지	→	재가복지

소득 재분배 유형

분 류		성 향	제 도
세대 간 재분배		근로세대 → 노령세대	부과방식의 연금 제도 (기초연금)
세대 내 재분배	수직적 재분배	고소득층 → 저소득층	공공부조 제도
	수평적 재분배	위험미발생세대 → 위험발생세대	사회보험 제도

사회복지 관련 주요 기념일

기념일 명칭	기념 일	기념 주간	기념 월
사회복지사의 날	3월 30일	-	-
장애인의 날	4월 20일	4월 20일 ~ 4월 26일	
입양의 날	5월 11일	5월 11일 ~ 5월 17일	-
가정의 날	5월 15일	-	5월(가정의 달)
사회복지의 날	9월 7일	9월 7일 ~ 9월 13일	-
치매극복의 날	9월 21일	-	-
노인의 날	10월 2일	-	10월(경로의 달)
자원봉사자의 날	12월 5일	12월 5일 ~ 12월 11일	-

02

지역사회복지운동

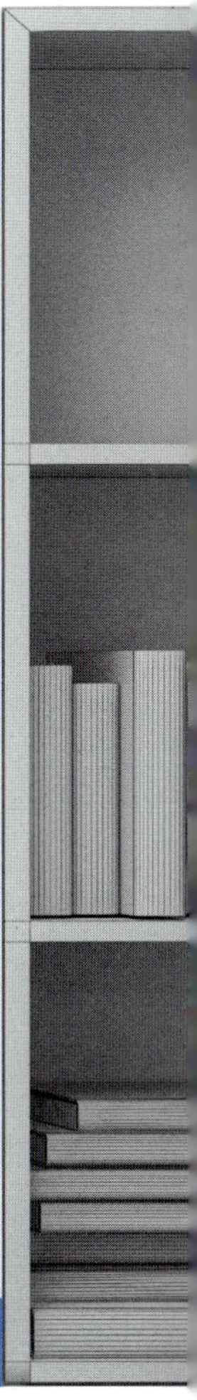

제1절 지역사회복지의 개념
제2절 지역사회복지운동의 개념
제3절 지역사회복지운동의 특성
제4절 지역사회복지운동의 주체와 유형
제5절 주민참여와 지역사회복지운동

| 제2장 | 지역사회복지운동

| 제1절 | 지역사회복지의 개념

1. 협의의 개념

지역사회복지를 협의의 개념으로 보면, 지역사회주민의 문제나 욕구를 해결하거나 예방하기 위해 수행하는 사회복지사의 전문적 활동이라 할 수 있다. 즉, 이용시설에서 서비스 대상자들에게 각종 사회복지서비스를 제공하는 것으로 대인서비스와 밀접한 관련이 있으며, 시설보호와는 대치되는 개념이다.

하지만 지역사회복지를 사회복지만의 전문영역이라고 한정하기에는 어려움이 있다. 현재 전국 시·군·구에 설치한 지역사회보장협의체의 기능을 살펴보면 분명해지는데, 지역사회복지가 타 복지 분야와 구별될 수 있는 것은 대상층 중심의 복지활동보다는 지역성이 뚜렷하다는 데 그 차이점이 있다.

따라서 협의의 지역사회복지는 지역사회 내의 공·사적 사회자원을 동원하여 주민의 자율적 노력으로 문제를 해결하는 과정이라 할 수 있다.

2. 광의의 개념

지역사회복지를 광의의 개념으로 살펴보면 두 가지 의미를 갖는 것으로 이해할 수 있다.

① 지역사회라는 구체적 영역 안에서의 사회복지를 가리킨다. 여기에서 사회복지의 대상은 지역사회이다.

② 사회복지를 구현하는 방법이 지역사회임을 의미한다. 지역사회라는 체계를 활용해서 사회복지를 실천하는 것을 말한다.

따라서 지역사회복지는 대인서비스보다는 지역사회복지 향상을 위한 제도나 정책차원을 포함한 개념으로 지역사회구성원의 다양한 사회적 욕구를 충족시키는 전달체계를 제도나 정책을 통하여 마련하고 제공하게 된다.

또한 개인복지(대인서비스)나 가정복지보다는 대상이 넓으며, 특정 대상자(아동, 청소년, 노인, 가족 등) 중심의 사업보다는 지역성과 기능성을 포함한 일정한 지역사회가 부각되는 개념이다.

즉, 지역사회복지는 각종 사회적 위험이 사라진 안전하고 행복한 지역사회의 상태를 지칭하는 동시에 이러한 상태를 실현하기 위한 지역사회 수준에서 행해지는 일체의 지역사회적 노력을 의미한다. 예를 들면, 교통문제, 환경문제 개선도 광의의 지역사회복지라 할 수 있다.

3. 포괄적 개념

지역사회복지는 지역사회에 기초한 사회사업이라는 대 전제하에 지역사회개발 내지는 지역사회조직 기능과 지역사회보호 차원의 대인보호서비스 기능을 통합시킨 실천방법이다.

지역사회복지를 향상시키려는 노력은 어느 특수 전문분야에 국한되는 것이 아니라 전문가들과 민간단체나 정치단체의 자원봉사자들에 의해 광범위하게 수행된다. 즉, 사회복지사의 전문적 활동에 국한되지 않고 다양한 전문적·비전문적 활동을 포함한 개념이다.

따라서 지역사회복지 활동은 반드시 전문가에 의해서만 수행되는 활동이라 할 수 없으며, 고대사회에 있어서의 자연발생적인 민간 활동(예컨대 두레, 품앗이 등)에서부터 오늘날의 민간 자선활동, 지역개발운동 그리고 전문적인 지역사회 조직사업을 내포하는 포괄적인 성격을 가진 개념이라 할 수 있다.

| 제2절 | 지역사회복지운동의 개념

지역사회복지운동은 지역사회복지라는 용어에 운동을 조합한 것으로 지역사회복지의 발전을 달성하기 위한 수단적 노력으로서의 사회운동을 의미한다.

지역사회복지라는 것은 앞서 살펴본 바와 같이, 지역주민들의 역량강화를 통해 문제해결과 삶의 질 향상을 목적으로 하고 있는데, 여기에 운동이라는 용어를 사용한 이유는 현재 또는 미래에 주어질 구체적인 무엇을 지칭하기보다는 미래에 얻고자 하는 그 무엇을 향해 나아가는 과정이기 때문이다.

따라서 지역사회복지운동이라 함은 지역주민들의 역량을 강화하여 문제해결을 도우며 삶의 질 향상을 위해 앞으로 나아가는 지역사회의 목적의식적이고 조직적인 집단의 주체적인 노력이라 할 수 있다.

따라서 지역사회복지운동은 지역사회주민의 참여를 활성화하고 주민의 입장에서 지역사회주민의 욕구를 충족시킬 수 있도록 지역사회의 다양한 자원을 활용하며, 공동체 의식의 고취와 유기적인 협력을 통해 지역사회 내 사회적 약자의 생존권 보장부터 지역사회주민의 복지권리와 시민의식의 확산을 돕는 지역사회공동체 마련에 힘쓰게 되는 운동인 것이다.

| 제3절 | 지역사회복지운동의 특성

지역사회복지운동은 지역사회공동체 건설과 지역주민의 삶의 질 향상을 목적으로 지역복지정책의 개발, 주민참여, 지역주민의 복지권익 옹호 등 지역사회복지 발전을 목표로 하는 지역주민 중심의 운동이다.

지역사회복지운동은 지역주민의 자주적인 조직으로서 개별적이기보다는 집단적 참여형태를 전제로 하며, 시·군·구를 사회복지의 기본 단위로 하여 지역주민의 건강과 생활실태·복지욕구 등을 파악하고 지역복지에 대한 관심을 높이며 지역복지계획과 지역조직화활동, 재가복지와 자원봉사활동, 상담사업, 사회행동 등의 방법을 통해 지역주민의 욕구를 해결하려 한다.

지역사회복지실천의 한 영역으로서 지역사회복지운동의 특성을 보면 다음과 같다.

1. 주민참여

지역사회복지운동은 주민의 합의와 자발적이고 자생적인 참여를 강조하는 만큼 지역사회주민의 참여가 왜곡됨 없이 제도적으로 기능할 수 있도록 지역사회제도의 운영과 관리 등 지역사회복지를 실천하는 문제 진단에서 정책과 행정과정에 일관된 지역주민 참여의 당위성이 마련될 수 있도록 조직화해야 한다.

2. 지역사회의 강화 강조

문제해결의 주체로서 지역사회의 강화를 강조한다. 지역사회 강화는 집단조직화, 프로그램 계획, 서비스 개발 등을 포함하며, 지역의 발전을 목표로 집단

차원의 해결책을 강구하여 지역사회복지운동의 적극적인 역할을 모색하고 복지를 증진시키려는 역량강화의 과정이다.

3. 국가책임의 예산

지역사회복지가 지역사회와 민간의 역량을 중시하는 이념이 있더라도 지역사회복지예산은 원칙적으로 국가책임으로 조달되어야 한다. 예산이 국가로부터 지원되지 않을 경우 지역 간의 사회복지부담의 차이가 발생하여 사회적 약자의 인권조차 보장될 수 없다면 사회복지의 통일성이 훼손될 수 있다.

4. 보편적인 복지 지향

국가복지가 최저생활을 보장하는 공공부조의 선택적인 복지에 집중하게 되는 것에 비하여 지역사회복지는 사회서비스 대상자를 비롯한 지역사회주민 다수를 위한 보편적인 복지시책에 관심을 가진 운동이어야 한다. 지역사회복지운동은 사회복지운동뿐만 아니라 건강복지운동으로 확대되어 가고 있다.

5. 접근성

지역사회 내의 사회복지시설과 의료시설의 사회화를 지향하고 지역사회주민들이 저렴한 비용부담으로 이용할 수 있는 접근성을 높여야 한다. 또한 각 지역차원에서 실업·고용·건강 등 타 영역과의 통합적 접근과 확대, 네트워크가 조직화되어야 할 필요성이 있다.

|제4절| 지역사회복지운동의 주체와 유형

1. 지역사회복지운동의 주체

지역사회에 기반한 다양한 계층의 주민들의 참여를 이끌어 낼 수 있는 정치적 차원의 정책결정과 새로운 패러다임에 의한 지역사회복지운동의 질적인 변화를 요구받고 있다.

이는 지역사회복지운동의 1차적 목표가 '지역사회'를 역량 있게 변화시켜 지역문제를 해결하는 것에 있기 때문이다. 더불어 지역사회의 다양한 자원의 동원과 집단적·조직적 차원의 지속적 활동 등도 요구된다.

따라서 지역사회복지를 통한 지역사회의 발전을 위해서는 시민정신을 가진 정치적 주체의 굳건한 형성이 관건일 수 있는데, 이러한 역할을 담당해야 할 지역사회복지운동 주체로서는 지역사회활동가, 사회복지연구자, 사회복지실무자, 일반 지역사회주민과 지역사회복지이용자 등이 있다.

1) 지역사회활동가

지역사회활동가들은 우리나라 지역복지운동의 주요한 실천주체로서 대개 지역사회복지운동단체에 소속되어 실천현장의 경험에 기초해 실제적으로 지역사회복지운동을 주도해 나가고 있다.

지역사회복지단체는 정부로부터 독립되어 있는 비정부기구로서 전적으로 민간이 주도하여 설립·운영하고 있다. 정부로부터 지원을 거의 받지 않기 때문에 정부 관료에 의한 감독을 받지 않으며, 정부정책을 모니터하고 감시하며 사회적 약자의 권익을 대변하여 정책형성과정에서 대안을 제시하는 주된 역할은 물론 일부 사회복지기능을 수행하기도 한다.

지역사회활동가들은 시민운동 차원에서 활동하고 있으며, 시민들의 참여를 유도하고 촉진시키는 방식으로 활동을 하면서 지역복지를 발전시키고 있는 주체이다.

2) 사회복지연구자

지역사회복지운동은 지역 차원에서 '복지를 매개로 이루어지는 사회운동'이라 할 때 사회보장의 목표를 고려하지 않을 수 없다.

사회보장의 목표는 국민들의 기본 생활보장, 소득재분배, 국민들의 연대감 증대에 있다. 이를 달성하기 위해서는 사회복지정책의 생산과 법제화에 대한 적극적인 움직임이 필요한데, 사회복지연구자들은 전문성을 가지고 학술운동이나 복지의 이슈화를 통하여 복지 패러다임의 변화를 제시하고, 문제의 규정 및 문제해결의 적절한 정책적 제안과 입법화과정 참여 등의 활동을 통하여 지역사회복지운동을 실천하고 있다.

3) 사회복지실무자

사회복지실무자들은 실무자 차원에서 지역사회복지운동에 참여한다. 주로 지역사회의 복지기관(센터)이나 시민단체 등에 소속되어 활동하게 되는데, 지역사회를 기반으로 지역사회복지 문제를 해결하기 위하여 종합적인 복지서비스를 제공하는 시설로서 사회복지관을 들 수 있다. 사회복지관은 지역사회의 특성과 지역주민의 복지욕구를 고려한 사업은 사례관리, 서비스 제공, 지역 조직화 기능으로 구분하여 복지사업을 수행하고 있다. 다만, 관할 시장·군수·구청장이 지역적 특성을 감안하여 필요하다고 인정한 경우에는 예외 사항을 두거나 별도의 사업을 개발·추진할 수 있다.

이로 인해 사회복지실무자들은 지역사회복지운동의 주도자로서 지역사회의 활용 가능한 주요 자원을 동원하여 실행하고, 사회적 약자들의 권익보호부터 지역주민들의 사회복지 향상을 위한 조직적 활동에 주체가 되어 지역사회복지를 위한 주민조직, 복지네트워크 구축, 주민복지 증진사업, 자원봉사자 양성과 후원자 발굴 등을 통해 지역사회복지운동을 실천하고 있다.

4) 일반 지역사회주민

최근에는 저출산 문제와 급속한 고령화 사회로의 진입에 따라 사회복지에 대한 지역 주민들의 관심 또한 예년에 비해 급증하고 있다.

현대사회에서의 복지문제는 이미 개인적 차원을 벗어나고 있기 때문에 노후생활, 실업, 각종 재해와 질병, 주거안정, 장애 등 다양한 사회적 위험요소로부터 주민들이 안전하고 행복할 수 있도록 국가와 지역사회가 환경을 마련해야 할 필요가 있으며, 국민은 이를 권리로서 요구할 수 있다.

이에 지역주민은 지속적이고 활발하게 요구하고 투쟁해야 할 지역사회복지운동의 권리주체가 될 수 있으며, 지역공동체 활성화를 실질적으로 유도해 낼 수 있는 주체가 될 수 있다.

지역사회복지운동이 지역 토착적이면서 지역공동체를 지향하는 사회운동인 만큼 지역주민의식의 역량 또한 필요하며, 그런 의미에서 지역이기주의 극복방안, 지역에 대한 사랑, 문제에 대한 연대의식, 자긍심 등의 함양이 1회적인 지역사회복지운동으로 끝나지 않도록 지속적인 지역사회복지운동의 근간을 마련할 필요가 있다.

5) 지역사회복지이용자

지역사회복지이용자 역시 중요한 지역사회복지활동의 주체가 될 수 있다. 지역사회복지이용자들은 단순히 대상으로서의 역할이 아니라 주체가 됨으로써 그들의 역량을 강화시킬 수 있으며, 지역사회복지실천에 중요한 역할을 수행할 수 있다.

따라서 지역사회복지운동조직은 주민의 주체적인 참여를 이끌어내야 하며, 이를 위해 지역사회복지이용자에게 자립과 소속과 참여의 기회를 줄 수 있는 사회적 약자의 인권보장 측면으로 이루어져야 한다.

2. 지역사회복지운동의 유형

지역사회복지운동은 지방화 추세에 따라 이웃과 지역을 사랑하고, 다양한 주민들의 힘을 하나로 모아 지역주민들의 생활을 보호하며, 생활에서 부딪히는 문제를 극복하고 공동체적 문화를 재건하려는 움직임이라 할 수 있다.

현재 우리나라의 지역사회복지운동은 크게 두 가지로 분류할 수 있는데, 하나는 지역사회를 중심으로 하는 지역주민의 복지와 관련된 주민운동이고, 다른 하나는 직접적인 지역성과는 관련성이 약하더라도 사회문제에 대한 사회적 이슈를 중심으로 하는 이슈중심 지역사회복지운동으로 구분할 수 있다.

1) 지역사회중심의 복지운동 : 주민운동

일반적으로 주민운동은 지역 내에서 생활근거지를 갖는 주민들이 주체가 되어 주민으로서의 일상생활상의 요구와 이의 궁극적 해결을 위하여 전개하는 대중운동으로 정의되고 있다. 이러한 정의에서 몇 가지 중요한 요소를 발견할 수 있다.

① 주민운동은 주민의 생활근거지로서 지역사회를 기반으로 하고 있다는 것이며, ② 운동주체로서 주민을 설정하고 있으며, ③ 지역사회문제의 해결을 위해 목적 지향적이라는 점, ④ 주민운동은 사회운동의 일환이라는 것이다.

이를 통한 지역사회복지운동의 형태를 주민조직화라는 관점에서 크게 네 가지로 분류하면 외부자극을 통한 조직화, 프로그램 중심의 일상 활동, 일상적인 주민모임, 제도변화를 위한 노력 등이다.

(1) 외부자극을 통한 조직화

외부자극을 통한 조직화는 지역사회주민들의 이익을 현저히 침해하는 정책 등에 대해 주민들이 자신들의 권리를 주장하는 조직운동이다.

예를 들면, 빈민지역의 강제철거에 저항하는 철거민들의 조직화, 쓰레기소각장 설치 등의 반대운동이나 혐오시설의 입지를 반대하는 주민들의 조직화 등이 대표적이다. 이러한 경우는 지역사회주민들이 자발적인 주체로 활동하며 정치적인 영향력을 행사하기도 한다.

그러나 이러한 유형의 활동에서는 주민들의 대중적인 참여가 이루어지고 정치적 영향력이 강하게 발휘되기는 하나 지역주민들의 요구가 과연 공공성을 확보하고 있는가? 지속적으로 지역사회의 발전에 기여할 수 있는가? 라는 점을 명확히 해야 한다.

(2) 프로그램 중심의 일상 활동

프로그램 중심의 일상 활동으로서 조직화이다. 이 유형의 활동으로는 빈곤, 저소득층의 아동들을 대상으로 하는 프로그램, 주민독서실, 주부들을 대상으로 하는 시민대학 등 다양하다.

이러한 활동방식은 대체로 주민들의 문화적·사회 복지적 욕구를 충족시켜 주는 활동 등을 주요한 내용으로 하고 있어 주민들을 큰 부담 없이 조직의 활동에 참여시킬 수 있으며, 지속가능한 프로그램의 운영과 발전을 도모할 수 있다는 장점을 가진다. 그러나 이런 방식의 활동은 지역의 각종 이슈들에 대해 주민들이 주체적으로 대응하기 어렵다는 단점이 있다.

(3) 일상적인 주민모임

작은 근린지역의 주민들이 모여 상호 간의 친목을 도모하고 이를 통해 복지실천을 수행하는 사례들이 이에 해당한다. 소집단 활동을 통해 자신들만의 이해를 추구하기보다는 지역사회 전체에 영향을 미칠 수 있는 프로그램들을 의도적으로 계획하고 추구하고 있다.

(4) 제도변화를 위한 노력

주민들의 직접 참여하에 지역사회복지 정책이나 제도의 변화를 위한 조직화 활동이다. 이러한 유형은 참여형 대안제시운동이라 할 수 있으며, 지역사회주민들이 조례제정운동 등과 같은 제도변화 과정에 참여함으로써 지역사회의 정치행위에 영향력을 미칠 수 있는 제도적 기반을 확립할 수 있다.

2) 이슈중심의 지역사회복지운동

문제 또는 이슈중심의 지역사회복지운동은 지역사회를 근거로 하기보다는 특정 사회복지문제 해결이나 과제를 요구하는 특정 이슈를 중심으로 시민운동 차원에서 접근하는 사회복지운동이라 할 수 있다.

이러한 유형의 사회복지운동은 1990년대에 들어와서 다양한 방향으로 발전하기 시작하였다. 이슈중심의 지역사회복지의 특징을 보면 무엇보다도 운동의 주체와 활동범위가 확대되었다는 점이다.

시민운동과 사회복지계의 협력 형태를 통해 복지이슈의 제기와 대안 마련을 위한 다양한 연계활동도 구체화되고 있고, 지역단위를 중심으로 직접적으로 복지문제의 제기와 대안 마련 조례제정운동 등 지역사회복지운동단체들의 활동영역이 점차 확장되고 있다.

|제5절| 주민참여와 지역사회복지운동

1. 주민참여의 개념

지역사회복지운동에 있어 주민참여는 복지실현을 위한 핵심요소이다.

주민참여란 주민의 생활과 관련된 행정의 과정에 주민들이 권력 혹은 영향력을 행사하는 일련의 행위를 말하는 것으로서 정치·사회적 행동에 참여하도록 유도하는 것을 말한다.

주민은 지방자치단체를 구성하는 가장 근본적인 구성요소이자 지방자치의 주체이다. 지방자치법 제16조에서는 "지방자치단체의 구역 안에 주소를 가진 자는 그 지방자치단체의 주민이 된다"고 규정하고 있어 특별시·광역시·특별자치시·도·특별자치도 및 시·군·구에 주소를 가진 자는 성별, 국적, 자연인, 법인을 불문하고 당해 지방자치단체의 주민이 된다.

참여는 주민들이 지방의회의원과 지방자치단체장의 선거에 참여할 권리로부터 지방자치단체의 정책결정 및 정책집행 등에 참여하는 것을 말한다. 주민 스스로의 의견을 표시하고 지방자치단체의 정책과정에 직간접적으로 참여하여 의사를 반영함으로써 국민의 기본권 보장과 신장에 기여하고, 민주적이고 효율적인 행정이 구현될 수 있도록 하는 실천적 방법이라 할 수 있다.

지역주민이면 누구나 인간다운 삶을 영위하고 행복이 실현될 수 있는 성숙한 사회를 원하며, 이를 이루기 위해서는 주민들의 역량이 강조된다.

지역의 문제해결과 역량을 강화할 수 있는 복지적 과제를 파악하고 해결하기 위해서는 지방자치단체의 의견만으로는 부족하며, 주민의견이 반영되어야 하고, 각 지역에 대해 주민과 지방자치단체, 복지단체가 서로 얼굴을 맞대고 의견 교환을 할 수 있어야 한다. 특히 무엇보다 지역사회의 변화를 위한 목표를 달성하는 데 목적이 있으며, 지역사회복지의 영역뿐만 아니라 타 운동조직과 함께 하는 공식적·비공식적 네트워크의 확장이 필요하다 하겠다.

그런 의미에서 지역사회의 관련 기관·단체와 신뢰·협력을 강화하기 위해서는 현재의 지역사회복지운동단체(기관)가 가지고 있는 권력을 과감히 내려놓는 것과 주변화된 조직(사람들) 및 기관의 비판에 열려 있는 태도 등 강한 헌신이 요구되기도 한다.

2. 주민참여의 단계 및 방법

1) 주민참여의 단계

주민참여는 계획 또는 정책결정과정에 미치는 영향과 효과의 정도에 따라 실질적인 효과를 가져오는 참여로부터 형식적이고 맹목적인 효과를 가져오는 참여까지 다양하다. 아른스테인(Arnstein)은 8단계의 주민참여를 제시하고 참여의 수준과 효과에 따라 세 가지 범주로 나누어 설명하고 있다.

(1) 비참여 상태

가장 낮은 수준의 참여형태로 주민을 의사결정에 참여시키지 않으며, 참여를 형식적으로 흉내 내는 조작과 형식적인 참여는 인정하지만 실질적 효과가 없는 단계이다. 아른스테인의 8단계 중 조작과 치료 단계가 이에 속한다.

(2) 형식적 참여

주민은 정보를 제공받고 상담을 받으며 회유를 통해 참여가 이루어지고 있으나 주민의 영향력은 매우 미약하고 권력분배의 효과 또한 아주 미약한 정도로 이루어진다. 아른스테인의 8단계 중 정보제공, 상담, 회유의 단계가 이에 속한다.

(3) 주민권력

기존의 권력관계의 변화와 권력의 재분배가 가능해지는 단계로 주민이 의사결정에 있어 주도권을 획득한다. 실질적 권력배분이 이루어지므로 쌍방협동 이상의 참여단계가 되어야 한다. 아른스테인의 8단계 중 상위의 단계인 협동관계, 권한위임, 주민통제 단계가 이에 속한다.

〈표 2-1〉 아른스테인(Arnstein)의 주민참여 8단계와 세 가지의 범주

주민참여단계			
1단계	조작 (manipulation)	행정과 주민이 서로 간의 관계를 확인한다는 것에서 의의를 찾을 수 있으며, 공무원이 일방적으로 교육·설득시키고 주민은 단순히 참석하는 수준	비참여 상태
2단계	치료 (therapy)	주민의 욕구불만을 일정한 사업에 분출시켜서 치료하는 단계로서 행정의 일방적인 지도에 그침	
3단계	정보제공 (informing)	행정이 주민에게 일방적으로 정보를 제공하여 환류는 잘 일어나지 않음	형식적 참여
4단계	상담 (consultation)	공청회나 집회 등의 방법으로 행정에 참여하기를 유도하고 있으나 형식적인 단계에 그침	
5단계	회유 (placation)	각종 위원회 등을 통해 주민의 참여범위가 확대되지만 최종적인 판단은 행정기관이 한다는 점에서 제한적임	
6단계	협동관계 (partnership)	행정기관이 최종결정권을 가지고 있지만 주민들이 필요한 경우 그들의 주장을 협상으로 유도할 수 있음	주민권력
7단계	권한위임 (delegated ower)	주민들이 특정한 계획에 관해서 우월한 결정권을 행사하고 집행단계에 있어서도 강력한 권한을 행사함	
8단계	주민통제 (citizen control)	주민 스스로 입안하고, 결정에서 집행 그리고 평가단계까지 주민이 통제하는 단계	

2) 주민참여의 방법

(1) 주민참여의 주요 방법

① 반상회

반상회는 정부시책의 홍보 및 주민의 여론수렴을 목적으로 1976년 5월에 조

직된 전국적 주민조직으로서 매월 25일에 정례적으로 개최되는 반 단위 주민총회 성격의 모임이다. 아무런 제약 없이 쉽게 참여할 수 있어 가장 보편적인 주민참여 제도로 반상회를 통해 주민의 의사나 욕구가 행정기관에 전달되고 이렇게 전달된 욕구는 행정시책에 반영되기도 한다.

그러나 중앙정부 또는 자치단체의 입장의 홍보 내지 시책전달의 성격이 강하고 토의되는 안건의 성격이 생활에 따른 고충처리의 차원에 머문다는 것과 주민들의 참여기피현상이 높다는 데서 뚜렷한 한계를 지니고 있다.

따라서 공동체 문화가 쇠락하는 현 시점에서 반상회가 지역사회의 새소식을 전달하고 주민 간 친목을 도모하고 공동의 안건에 대해 토론하기 위한 주기적 모임이라는 취지로 복원되고 이어진다면 매우 의미 있는 방법일 것이다.

② 공청회

각종 정부시책에 대하여 주민들이 참석 또는 발언을 할 수 있는 참여의 장으로서 의의가 있다. 홍보 미흡, 참여대상자의 편중, 참여율 저조 등이 문제점으로 제기되고 있으며, 특히 시책의 정당성 확보 수단으로 형식적인 개최가 문제시되고 있다. 또한 공청회는 정책 사안에 따라 개최되는 것으로 이해관계자 및 전문가들의 의견수렴을 그 목적으로 하는 모임이라 할 수 있다.

공청회는 정책담당자, 자치단체장 및 지방의회의 의지에 의해서 개최될 수도 있으나 특정 사안에 대해서는 그 개최가 법으로 의무화되어 있기도 하다.

그러나 경제적 성장과 아울러 시민정신이 계속 높아지면서 향후 주민의 참여욕구가 더욱 분출될 것이므로 사회단체 및 민간기관이 실시하는 공청회 등 각 분야에서 활발하게 개최될 것으로 전망하고 있다.

③ 민원 및 청원제도

주민이 자치단체의 집행기관에 민원을 제기하거나 지방의회에 청원을 제기함으로써 자치단체 운영에 관여하기도 한다.

민원의 경우 그동안 지속적인 증가추세로 나타나고 있는데 그 상당 부분이 재산권을 보호하거나 그 가치를 높일 것을 목적으로 하는 등 주민 전체의 이익보다는 개별적 이익을 추구한다는 경향이 있어 다른 형태의 주민참여와 같은 맥락에서 볼 수 없다는 문제점이 있다. 청원 역시 집행기관에 접수되는 민원과 같이 주민 전체의 이익보다는 이해관계의 경향이 많다.

또한 정부시책이나 행정제도의 개선을 목적으로 창의적인 의견을 제시함으로써 채택된 제안에 대해서는 실제 도입으로 활용되기도 하는 국민제안제도가 있다.

(2) 주민참여에서 의견과 협력을 유도해 낼 수 있는 방법

① 브레인스토밍(brainstorming) 방법

집단적 창의적 발상 기법이라고 하며, 여러 명이 한 가지의 문제를 놓고 아이디어를 무작위로 제시하여 그중에서 최선책을 찾아내는 방법으로 6~12명 정도의 참여자가 적당하다. 집단의 리더가 모든 참여자들이 이해할 수 있도록 문제를 명확히 이야기하고 나면 참여자들이 가능한 한 많은 대안을 자유롭게 이야기함으로써 창의적인 대안을 발견하는 방법이다. 브레인스토밍의 규칙 중 하나는 어떤 아이디어가 제시된다 하더라도 비판하지 않아야 한다는 것이다.

② 브레인라이팅(brainwriting) 방법

아이디어 창출에 있어서 주위의 비판을 의식하지 않고 비교적 자유로운 의사표현 기법으로 브레인라이팅이 있다. 이 기법은 용지에 의견을 적어내는 방법으로 발언에 소극적인 사람의 참여를 유도할 수 있는 것이 장점이다.

브레인라이팅은 회의 안건에 대해 적혀있는 용지를 한 장씩 받고 원탁에 둘러앉아 돌아가면서 3개 이상의 아이디어를 적어내는 것을 원칙으로 한다.

따라서 개별적으로 창출한 아이디어를 종이에 기록하기 때문에 지배적인 개인들의 영향이 줄어들고 더욱 창의적이고 기발한 아이디어를 도출할 수 있다.

③ **델파이**(delphi) **방법**

델파이 방법은 다양한 전문가집단에게 설문지를 보내 조사를 하는 방법으로 조사를 통해 응답된 전문가의 의견을 정책과 계획의 내용에 반영하기 위해 활용하는 방법이다. 일련의 절차를 거쳐 적당한 해결책이 얻어질 때까지 계속적으로 반복하여 이루어지는 것이 특성이며, 문제의 확인, 목표와 우선순위의 결정 그리고 대안의 확인평가에 유용하다는 장점이 있다.

④ **샤레트**(charette) **방법**

지역주민과 관료 및 정치가들이 함께 모여 서로 배우는 비공식적 분위기를 조성하여 지역사회에서 느끼고 있는 문제점들과 관료 또는 정치가들이 인지하고 있는 문제의 시각을 상호 이해를 통해 일정 시간 내에 합의된 제안을 작성하는 방법이며, 준비－발견－통합－제안 작성의 단계로 진행된다. 즉, 이해 관계자와 전문가들이 직접 참여해 상호 의견교환 및 종합적인 검토를 통해 시행착오 등을 줄일 수 있는 방법이다.

KEY POINT

지역사회복지

지역사회를 대상으로 하는 사회복지실천으로 지역의 사회복지 달성이라는 목적과 지역사회의 변화를 위해 요구되는 개입기술의 복지

지역사회복지의 등장 배경

① 지역사회의 구조적 변화
② 사회 인구학적 변화
③ 가족의 규모와 유형의 변화
④ 수명연장에 의한 고령화 사회
⑤ 사회복지체계의 변화

인간의 존엄성

인간은 누구나 그 성취 여부나 능력에 관계없이 존중받아야 한다는 천부적 가치에 대한 신념

시민구제제도(시민안전보험)

① 자연재해 · 강도 · 폭행 · 교통사고 등의 피해자 구제
② 피해자가 해당 관공서에 청구의 경우 심사 후 지원 제도

인클로저 운동(Enclosure Movement)

16세기 영국에서 양털 값이 폭등하자 지주들이 자신의 수입을 늘리기 위하여 농경지를 양을 방목하는 목장으로 만든 운동

차티스트 운동(Chartist Movement)

19세기 영국에서 노동자의 참정권을 쟁취하기 위하여 의회 개혁 및 성인 남자 보통선거권 획득을 시도했던 노동자 정치운동

지역사회복지 분류

① 미시적 차원 : 복지 사각지대, 저소득·빈곤계층에 대한 직접 지원 — 협의
② 거시적 차원 : 사회복지정책 개발과 넓은 의미의 사회복지운동 전개 — 광의

절대적 빈곤

사람이 생활하는 데 필요한 최소한의 의식주라는 기본적인 관점에서 최저생계비를 선정하는 것을 의미

상대적 빈곤

빈곤을 주로 불평등의 관점에서 파악하여 상대적으로 소득이 낮은 계층을 빈곤층으로 정의하는 것을 의미

잔여적·제도적 개념

① 잔여적 : 사후적 복지로 협의의 복지(세금으로 운영하는 공공부조)
② 제도적 : 사전적 복지로 광의의 복지(보험료로 운영하는 사회보험)

광의복지·협의복지

① 광의복지 : 제도적 — 적극적 — 보편주의 — 사전적
② 협의복지 : 잔여적 — 소극적 — 선별주의 — 사후적

주민참여의 방법

일반적 방법	전시회, 공청회, 설문조사, 대중매체
전문적 방법	델파이 방법, 명목집단 방법, 샤레트 방법

델파이 방법

다양한 전문가의 지식과 능력을 반복·수집·결합하여 합의점을 찾는 방법

명목집단 방법

해결 방안을 나열하고 중요성에 따라 등급화 및 정리를 하여 제시하는 방법

샤레트 방법

주민과 관료(정치가)가 상호 이해로 일정 시간 내에 합의안을 작성하는 방법

지역사회복지의 추구 가치

구 분	개 념	주요 특성
인 권	기본 인권과 생존권의 보장	인간의 천부적인 가치
자 유	남에게 얽매이거나 구속받지 않고 마음대로 행동하는 것	적극적 자유(정부정책 참여) 소극적 자유(정부정책 회피)
평 등	치우침 없이 모두 한결같음 차별이 없는 상태	수량적 평등, 비례적 평등 기회의 평등

로마니신(Romanishyn)의 복지개념 변화

미분화된 농업사회	→	분화된 산업사회
보완적	→	제도적
자선(구제)	→	시민권
빈민대상의 특수한 서비스	→	전 국민 대상의 보편적 서비스
최저기준 달성	→	최적기준 달성
문제해결 중심의 개인적 개혁	→	문제예방 중심의 사회적 개혁
자발성	→	공공성
빈민구제	→	복지사회, 복지국가

03

지역사회복지의 역사

제1절 영국 지역사회복지의 역사

제2절 미국 지역사회복지의 역사

제3절 한국 지역사회복지의 역사

| 제3장 | 지역사회복지의 역사

| 제1절 | 영국 지역사회복지의 역사

영국은 구빈법 이래 지역사회복지에 대한 법제화를 이끌어 왔으며, 현대적 의미의 전문화된 지역사회복지의 출발인 자선조직협회(COS : Charity Organization Society)와 인보관운동(Settlement Movement)을 전개한 국가이다.

1869년에 설립된 자선조직협회는 중복구호를 방지하기 위하여 여러 가지 자선활동을 조정하고 환경조사와 적절한 원조 제공을 목적으로 활동하였다.

인보관운동은 1884년 세계 최초의 사회복지관인 토인비 홀(Toynbee Hall)을 설립하면서부터 시작되었으며, 빈민을 위한 교육, 문화활동 전개, 사회개량과 사회입법 등을 위해 노력하였다.

영국의 지역사회복지 역사는 공공부문 중심의 사회서비스 전달이라는 특성으로, 특히 시설보호에 반하는 지역사회보호가 지역사회복지의 기본이 되는 틀로 자리 잡았다.

1. 자선조직협회(COS)의 설립

지역사회조직사업의 뿌리는 사회복지의 이념적 토양이 발달한 영국에서 자라기 시작했고, 1869년 자선조직협회가 설립됨으로써 싹을 틔우기 시작했다고 할 수 있다.

자선조직협회의 성립과 관련된 시대적 배경을 정리해 보면, 빈민법 당국과 민간자선사업 간의 협력관계 결여, 다양한 자선기관 간의 종파적 성격의 차이로 인한 협력 결여, 개인의 자선활동에 관한 정보의 부족 등으로 그 결과 구제의 중복과 낭비만이 야기되었을 뿐만 아니라 효과적인 자선에 관한 동기도 불충분하고 무책임한 자선활동이 성행하게 되었으며, 또한 곤궁한 자들을 자립시킬 수 있는 효과적인 재원이 탕진되어 있는 것 등을 들 수 있다.

자선조직협회의 지도자들은 자선의 오용과 남용을 막고 빈민들의 의존문화를 근절하기 위해 구호신청자의 상황을 면밀히 분석할 필요가 있다고 생각했다. 그래서 개발된 것이 호별방문(우애방문, friendly visit)과 개별사회사업(case work)이다.

호별방문자들은 구호를 신청한 본인과 가족은 물론 이들의 집주인, 이웃, 고용주까지도 방문하여 이들의 상황을 보다 총체적으로 파악하려고 노력했다.

이것은 구호신청자가 구호 받을 만한 자격이 있는 빈민인가의 여부를 판단하는 근거가 되었다. 자선조직협회 활동가들은 사회개혁이 개인의 쇄신으로부터 시작되어야 한다고 믿었다. 환경을 좋게 만들어 주는 것은 사람의 적응능력을 훼손하는 것이라고 생각했기 때문이다.

자선조직협회 활동가들은 빈곤의 문제를 개인의 형태로 보고 자신들은 시혜자요 빈민은 수혜자라는 의식이 철저하였다. 그러나 이와 같은 인식과 태도는 빈민들과의 개인적인 관계를 형성하는 데 방해가 되었고, 자립에 대한 지나친 강조까지 겹쳐 자선조직협회의 기능을 행정적인 측면에 집중시키는 결과를 초래하였다.

자선조직협회는 사회복지정책의 역사에 있어서는 극히 간략하게 언급되고 있지만, 사회사업의 역사에 있어서는 비중이 대단히 크다. 그 이유는 이 협회의 활동이 후에 전문사회사업의 효시가 되었기 때문이다.

중복구호를 피하기 위하여 연락기관이 설치되었는데 이는 오늘날의 지역사회사업으로 발전하였고, 빈민에 대한 철저한 환경조사는 가족사회사업 또는 개별사회사업으로 발전하였다. 또한 빈민들에게 탈 빈곤 동기를 부여하는 데 도움이 된 사회중산층의 호별방문과 인격적인 감화활동은 오늘날의 자원봉사활동을 발전시키는 밑거름이 되었다.

2. 인보관운동의 전개

영국에서는 인텔리 대학생들이 빈민과 결합함으로써 계급 간의 화해를 기할 수 있다고 생각하였다. 그리하여 대학생들이 빈민가에 거주하면서 가난한 노동자들과 그 가족들에게 문화와 교양을 깨우쳐 줌으로써 빈민의 인간적 성장을 돕도록 적극 권장하였으며, 젊은 활동가들은 빈민들과 어울리며 다양한 프로그램을 펼쳐 나갔는데, 이것이 인보관운동(Settlement Movement)이다.

프로그램에는 빈민자조조직의 결성을 돕는 일, 지역노동자들과 함께 노사문제를 상담·협의하는 일, 주민들에게 글과 예술을 가르치는 일 등이 포함되어 있었다.

이 시기에 활동하던 사람들 중 하나가 옥스퍼드대 학생인 토인비(Arnold Toynbee)였다. 그가 옥스퍼드대 경제학부 조교수로 재직할 때 결핵으로 요절하자 그의 열성적인 활동을 기려 동료들이 1884년 런던 동부 빈민지역에 토인비 홀(Toynbee Hall)을 설립하였는데, 이것이 세계 최초의 사회복지관이 되었다.

이 운동은 바네트(Samuel Barnett) 목사가 계승하여 더욱 발전시켰는데, 그는 빈민가에서의 생활체험을 통해 빈곤은 경제적 문제라기보다는 정신적 문제이고 따라서 교육을 통해 빈민은 자신을 스스로 변화시켜야만 가난에서 궁극적으로 벗어날 수 있다는 확신을 얻게 되었다.

이들은 빈곤의 책임을 개인에게만 돌리려는 자선조직협회 활동가들과는 달리 빈곤문제를 지역사회의 맥락에서 접근하였다. 즉, 자선조직협회 활동가들이 빈민과의 개별적 접촉을 기피하고 그들을 선도의 대상으로 여긴 것과는 달리, 인보관 활동가들은 빈민과의 개별적 관계를 중시하였고 그들을 이웃과 동료로 접근하였다.

토인비 홀(Toynbee Hall)은 빈곤문제에 대한 지역사회수준의 개입을 확장시키는 데 크게 기여하였고, 빈곤자들을 위해 사회개량운동을 하던 인보관은 토인비 홀의 영향으로 그 후 몇 년 동안 영국 전역에 100여 개로 확산되었다. 그러나 영국의 인보관운동은 국가가 사회복지를 책임지게 되면서 그 영향력이 줄어들게 되었다.

3. 지역사회보호로의 전환

서구에서 사용되고 있는 지역사회보호 또는 재가복지의 개념은 시설수용에 대한 반성으로부터 출발하였다. 영국에서는 재가복지의 개념보다 지역사회보호의 개념이 보다 일반화되어 사용되고 있다. 수용시설은 대체로 17세기 초에 제정된 구빈법 시대의 산물이라고 할 수 있다.

당시 빈민수용시설인 구빈원은 일반 시민들의 거주환경과 삶으로부터 격리된 환경이었으며, 동시에 열악하고 비인도적인 환경을 의미하였다. 지역사회보호라는 새로운 접근의 기원은 이와 같은 수용시설에 대한 부정적인 이미지에 있었다.

제2차 세계대전 이후 노인과 정신질환자의 보호를 위한 지역사회보호 프로그램이 점차 확대되었으며, 치료방법의 발전과 새로운 치료제의 도입으로 환자의 조기퇴원과 정신병원의 폐쇄가 촉구되었다.

초기 지역사회보호의 개념은 시설로부터 지역사회로 나아간다는 포괄적인 의미를 가지고 있었으며, '지역사회보호'라는 실질적인 전환의 계기는 시봄 보고서(Seebohm Report)의 제출 이후라 할 수 있다.

제2차 세계대전 이후 사회적 의존인구의 다양한 욕구를 충족시키기 위하여 지방정부 내의 여러 부서들에 의하여 서비스가 개발되어 왔다. 또한 지역사회 내에서 한정된 자원의 분배를 둘러싸고 경쟁관계에 있게 되었다.

4. 지역사회보호의 동향

1993년 지역사회보호 개혁에서는 시장경제의 원리, 즉 소비자의 선택과 서비스 제공자 간의 경쟁을 통하여 지역사회보호서비스의 수준을 향상시키고 케어 매니지먼트(Care Management)의 도입으로 적절한 서비스를 제공하려고 하였으며, 구체적인 내용은 다음과 같다.

① 지역사회의 욕구와 자원분석과 관련된 보호계획의 수립
② 보호욕구의 정확한 판단과 그것에 기초한 보호서비스를 제공하기 위해 케어 매니지먼트 도입
③ 공공서비스에 대한 민간서비스와의 경쟁 유도, 욕구중심의 서비스 제공 등 지방자치단체의 역할 변화
④ 보호계획과 관련된 외부기관과의 동반자적 관계 추진
⑤ 복지서비스에 대한 감독제도의 강화
⑥ 중앙정부에서 지방자치단체로의 권한과 재정의 이양 등으로 지방자치단체의 재량권 발휘

이러한 지역사회보호 실천주체의 다양화는 이른바 신자유주의 이념과 이에 기반한 상황에서 '케어 혼합경제(care mixed economy)' 혹은 '복지 다원주의(welfare pluralism)' 논리를 뒷받침하고 있다.

| 제2절 | 미국 지역사회복지의 역사

미국 지역사회복지의 역사는 19세기 말 산업화 이후 농촌 및 유럽지역에서 이주한 이주민들의 도시집중화로 인한 지역사회문제에서 출발하였다. 이후 제1차

세계대전, 대공황, 제2차 세계대전, 빈곤과의 전쟁, 신자유주의 시기를 거치면서 지역사회복지가 발달해 왔다.

따라서 미국의 지역사회복지 역사를 살펴보면, 지역사회복지의 태동기(1880~1910년대), 형성기(1920~1950년대), 발전기(1960~1980년대), 정착기(1990년대 이후) 등으로 나누어 볼 수 있다.

1. 자선조직협회(COS)

19세기부터 미국사회는 산업화의 발전과 함께 노동자들과 가족이 도시에 집중하기 시작했다. 또한 산업노동력이 절대적으로 필요한 미국에는 여러 국가로부터 많은 사람들이 이민을 오고 그들은 공장 지역, 철도 주변, 공사장 주변이나 슬럼 지역에서 비참한 생활을 하였다. 빈곤과 질병 그리고 무지로 가득한 슬럼 지역에서 교육과 문화적인 생활은 거의 기대할 수 없었다.

이러한 시대적 상황 속에서 자선조직협회(COS : Charity Organization Society)는 1869년 영국의 자선조직협회를 본받아 1877년 뉴욕 주 버팔로 시에서 영국 성공회 소속인 거틴(Stephen H. Gurtten) 목사에 의해 창설되었다.

자선의 중복을 예방하고 빈자를 구호하려는 많은 단체들의 업무를 조정하고, 직접적인 구호와 서비스도 제공하였다. 자선기관 간의 협력적 계획을 모색하고, 낡은 기관 개혁활동 전개 등 임대주택법 개정, 결핵퇴치협회 설립, 소년법원과 교정요원을 위한 입법 활동, 요보호아동을 위한 기관설립 등을 실천하였으며, 자선조직협회로 인해 지역사회계획전문기관이 탄생하게 되었다.

이 협회는 구제의 신청이 있을 경우 즉시 조사할 수 있도록 교구사업단체를 조직하고, 자선 방법에 관하여 강연을 행하며, 각 자선단체 간의 중앙연락기구 설치를 제의하였다. 그 결과로 버팔로 자선조직협회는 모든 구제단체를 동등하게 처우하고, 긴급한 경우 이외에는 본회자금을 사용하지 않는다는 원칙을 지키게 하였다.

1893년경에는 자선단체가 미국 전역에 55개소로 증가하였으며, 후에 미국자선조직협회연맹이 조직되었고, 이후에 미국가족사회사업조직협회로 개칭되었다. 이와 같은 기관들은 사회정세의 연구, 관련문헌의 출판, 홍보활동 등에 의해 협회의 수를 늘리고, 간사 및 사회복지사 등 직원 간의 유대를 강화하는 기능도 수행하였다.

또한 자선조직협회는 지역사회 내 복지서비스를 조직화하고, 지역문제 해결을 위한 공동모금능력을 강화하기 위하여 사회복지기관협의회로 발달하게 되었다. 이는 회원기관들과의 관계에 있어서 주로 공동모금에 의해 지원을 받는 복지기관들의 연합체 성격을 가지다가 지역사회 내 복지문제와 서비스에 관심을 갖는 시민들의 협의회로 재구성되기도 하였다.

2. 미국 인보관 운동

미국 최초의 인보관은 1886년 코이트가 뉴욕에 설립한 근린길드(Neighborhood Guild)로 교육받은 사람들이 가난한 이민자들과 삶을 함께함으로써 건전한 시민을 양성하고자 하는 것이 목적이었다. 그 후에 미국에 설립된 대표적인 인보관은 1889년 제인 아담스(Jane Adams)에 의해 시카고에 설립된 헐 하우스(Hull house)로 전해지고 있다. 헐 하우스는 높은 시민의식과 사회생활을 위한 교육을 실시하고, 자선계획을 수립·추진하며, 시카고의 산업지역에서 여러 가지 문제점을 조사하고 개선하는 사업 추진을 목적으로 하고 있다.

당시 헐 하우스의 주된 사업으로는 여성과 소년·소녀의 클럽조직 활동, 보육원 운영, 거리청소 등 지역사회의 개선과 무료 목욕실 제공, 도서관, 일요학교, 노동보호입법의 제안, 이민자 상담 및 교육서비스 등의 활동을 전개하였다.

또한 이 시기에 미국은 혁신주의 사상을 받아들이며, 인보관 사업을 산업사회

그리고 다민족 이민사회에서 파생한 여러 가지 사회문제를 해결하는 데 활용하려고 노력하였다. 제1차 세계대전의 영향으로 쇠퇴하던 미국의 인보관 사업은 1929년 경제 대공황 이후 지역사회를 중심으로 새로운 변화를 시도하게 되었다.

지역사회를 중심으로 한 근린지역사회센터(community center, neighborhood center)가 바로 그것이다. 이러한 센터를 통해 지역주민을 대상으로 하는 서비스가 발달하게 되었으며, 후에 지역사회조직이론과 기술을 강화시키는 계기가 되었다.

3. 대공황 이후 지역사회복지의 전환

제1차 세계대전이 끝나고 1929년 대공황의 여파로 미국 전역에 대량의 복지 수요가 파생되면서 지방중심의 사업이 국가적 차원으로 확대되었다. 구제대상의 증가에 따라 그동안 지역사회복지의 중심이었던 민간기관의 예산은 고갈되어 더 이상 클라이언트의 욕구를 충족시킬 수 없다는 판단이 서게 되었다.

1935년 사회보장법이 도입되면서 공공사업분야가 확대되고, 민간기관에서 근무하던 많은 사회복지사들이 공공기관으로 들어가 지역사회문제 해결을 위해 활동하게 되었다.

또한 과거의 민간기관에 의해 제공되었던 빈민구제사업이 정부기관으로 이양되었으며, 국가계획위원회가 활동하면서 지역사회복지에 많은 영향을 미쳤다. 이 시기에는 지역사회의 문제에 초점을 두고, 비 이데올로기적인 지역주민조직에 초점을 두었던 알린스키(S. Alinsky)의 지역조직운동이 활성화되었다.

또한 1930년대 말부터 시카고 노동자 거주 지역에서 주민조직을 만들어 주민들이 당면한 각종 사회문제를 풀어나가는 한편 미국 전역에 민주적인 지역사회조직을 확산시키는 데 기여하였다. 아울러 급진적 노동운동조직이었던 사업조직회의(Congress of Industrial Organization)에서 조직 활동가로 자원봉사를 하면서 다양한 대결전술을 학습하여 지역사회조직에서 활용하였다.

4. 빈곤과의 전쟁 이후 지역사회복지의 발달

1960년대의 가장 큰 이슈는 '빈곤과의 전쟁' 정책이다. 이 정책은 미국의 빈곤 문제를 근본적으로 해결하기 위해 엄청난 인력과 물자가 투입된 대규모의 사회 개발 프로그램이라고 할 수 있다.

특히 빈곤과의 전쟁 정책 중에서 지역사회행동 프로그램은 지역사회의 주민들을 조직화하여 자신들이 당면한 문제를 직접 해결하도록 유도하는 방식을 사용하여 지역사회를 대변하고 조직하는 활동을 전개해 나갔다. 빈곤과의 전쟁은 실효성 없이 종료되었지만, 이로 인해 흑인 및 빈민운동에서 풀뿌리 대중을 조직하는 계기를 마련하게 되었다.

1990년대에도 사회복지기관의 행정과 계획, 조직발전 그리고 평가개발에 주안점을 두었으며, 이것으로 인해 사회서비스의 효율성과 평가 등을 강조하게 되었고, 복지개혁으로 인해 지역사회 중심의 민간 비영리조직이 양적으로 확산되었으며, 프로그램의 목표, 조직 간의 협력체계가 발달하게 되었다.

| 제3절 | 한국 지역사회복지의 역사

우리나라 최초의 사회복지관인 태화여자관은 1921년 미국 감리교회 여성들에 의해 시작되었으며, 가정이나 사회에서 억압받고 있는 여성들에 대한 교육, 지도력 개발, 모자보건 등에 관한 복지 프로그램을 시행하였다.

그러나 현대적 의미의 사회복지와 사회사업 등의 용어가 사용된 것은 서양에서는 20세기 전후이지만, 우리나라의 경우는 1940년대부터라고 볼 수 있다.

근대화 과정에서 서구에 비해 후진적이던 우리나라에서도 전통적으로 어려움에 처한 사람들에게 국가적인 차원에서 혹은 주민들의 상부상조 차원에서의 복지사업과 활동이 전개되었음은 물론이다. 물론 역사적 전개 과정은 외국과 비교했을 때 매우 짧으나, 그 과정 속에서 많은 변화를 가져왔다고 할 수 있다.

우리나라 사회복지의 역사적 발달과정은 근대 이전의 시대, 구시대의 고난과 구휼의 시기(1950년대), 절대적 빈곤과 공적부조제도의 시행(1960년대), 경제성장과 사회보험제도의 시작(1970년대), 상대적 빈곤과 사회서비스의 도입(1980년대), 시민참여와 사회보험제도의 전 국민 적용(1990년대 이후) 등을 거쳐 오면서 사회복지실천이 본격화되고 활성화되면서 수요가 촉발되는 계기가 되었다고 볼 수 있다.

하지만 전통적인 지역공동체 안에서의 상호부조라는 사회복지기능은 고대로부터 존재하였기 때문에 그 의미들을 살펴보는 것이 중요하리라 생각된다.

1. 지역사회복지의 형성기 : 1950년대~1970년대

우리나라의 사회복지사업은 해방 이후 급속한 사회변화로 인한 사회혼란과 한국전쟁을 거치면서 불우한 환경의 아동, 노인, 장애인 등을 위한 생활시설 사업이 주류를 형성해 왔다.

이러한 시대적 특성으로 인해 지역사회복지사업은 외국 민간원조기관에 의해 1970년대 초반까지 주종을 이루었다. 외국 민간원조기관이란 본부가 외국에 있으며 그 본부의 지원으로 국내에 보건사업, 교육사업, 생활보호, 재해구호 또는 지역사회개발 등의 사회복지사업을 행하는 비영리적 사회사업기관으로서 그 사업자원이 외국에서 마련되고 실질적으로 외국인에 의해 운영되는 기관을 말한다.

이러한 외원기관의 활동은 1952년 7개 기관을 중심으로 외국 민간원조기관 한국연합회(KAVA : Korea Association of Voluntary Agencies)가 조직되면서 본격적으로 시작되었으며, 1964년에 이르러 KAVA의 회원단체는 70여 개 기관으로 늘어났고, 회원 간 상호 협의에 의한 보건, 교육, 사회복지, 구호 및 지역사회개발 등의 분야에서 효과적으로 협조하는 다리 역할을 수행하였다.

그러나 1970년대 들어 사회복지시설의 운영재원에서 차지하던 외원기관 지원의 비중이 줄어들자 활동이 급격하게 감소하면서 정부가 이를 대신하여 재원을 지원하게 되었다. 외원기관의 복지활동과 더불어 이 시기에 주목할 것은 대학부설 사회복지관의 출현과 민간사회복지관의 설립이라 할 수 있다.

사회복지기관은 영국이나 미국의 인보관활동에서 기원을 찾을 수 있듯이 지역사회를 근거로 하는 복지실천주체로서의 의미를 가진다.

우리나라에서는 대학이 인보관활동에 최초로 참여하게 된 것은 1956년에 이화여자대학교에 복지관을 설립하면서부터이며, 1956년 아현인보관, 1962년 목포사회복지관 등 개인 및 민간단체에 의한 사회복지관 설립이 이루어졌다.

한편 지역사회 중심의 복지실천 활동은 지역사회개발사업을 주된 정책수단으로 채택하면서부터이다. 1957년 한미합동경제위원회, 1958년 지역사회개발위원회가 구성되어 지역사회개발사업을 실시할 수 있는 기반이 구축되었지만, 지역출신과 관계없이 타 지역에서 선발된 사람들을 훈련시키고 파견한 점에서 성공한 사업이라고 보기는 어렵다.

그 후 1970년대 지역사회개발사업은 새마을운동사업으로 전환되어 자조 및 자립정신을 통해 모든 마을이 잘 살자는 슬로건으로 새마을가꾸기운동을 전개하였다. 그러나 정부중심의 지역사회개발사업과 정권유지 차원의 새마을운동이라는 많은 비판에도 불구하고 지역사회실천을 위한 기반 마련, 한국 농촌의 근대화, 한국 경제발전의 초석이 되었다는 평가를 받는다.

새마을운동은 농촌생활환경개선사업으로 시작해서 소득증대사업으로까지 확대되었고, 도시에서는 의식개선운동으로 전개되기도 하였다.

2. 지역사회복지의 정착기 : 1980년대~1990년대 초반

1980년대에 들어 지역사회복지는 커다란 전기를 맞이하게 되었다. 이 시기의 지역사회복지는 정부 주도하에 사회복지관의 설립, 재가복지서비스의 도입, 사회복지전담요원제도의 실시, 지역사회행동모델의 확대 등 과거보다는 발전된 모습으로 구체화되었다.

제5공화국 초기에는 급속한 산업화와 도시화의 결과로 각종 사회문제와 도시빈곤 문제가 심각한 사회문제로 부각되면서 이를 해결하기 위한 방안이 정책당국에서 검토되었는데, 빈곤문제 해결을 위하여 공공 전달체계를 도입하는 방안과 민간 전달체계인 사회복지관을 확대 설치하는 방안 중 후자가 정책대안으로 선택된 것이다.

영구임대아파트 단지 내 사회복지관 건립이 법제화되면서 저소득층 밀집 지역을 중심으로 사회복지관 수가 증가하게 되었고, 저소득층 복지향상에 기여하고자 노력하였다.

기존의 시설보호 차원에서 지역사회 중심의 재가복지서비스의 도입은 자원의 관리와 서비스전달을 위한 행정관리의 필요성을 증대시켰고, 군사정권에 대한 반발의 확산과 사회의 민주화 바람으로 사회복지 욕구의 분출, 각종 사회서비스의 법률 제정 등 지역사회 중심의 사회서비스가 확대되었다.

그러나 이러한 정책배경은 공공복지 전달체계의 개편을 늦추는 요인이 되었으며, 1987년에는 사회복지전문요원을 배치하기 시작하였고, 공공복지 전달체계의 도입을 추진하는 과정에서 민간 전달체계인 사회복지관과 공공복지 전달체계와의 역할과 관계의 정립 문제, 사회복지관의 정체성 문제 등을 초래하는 결과를 가져왔다.

1987년에는 한국노인복지회가 국제노인복지회의 지원과 국고보조금으로 가정봉사원을 파견하는 시범사업을 시작하였다. 가정봉사원파견사업은 구호에 비중을 두는 기존의 방식을 탈피하여 대인사회서비스의 제공이라는 원조내용의 변화, 자원봉사자의 활용, 정기적인 서비스 제공 등과 같은 특징이 있다는 점에서 주목되었다.

장애인복지 분야에서는 1980년대 장애인재활협회, 서울장애인종합복지관을 중심으로 지역사회 중심 재활사업이 실시되었다. 특히 재가복지서비스의 형태로 장애인가정 방문을 통한 상담, 진단치료, 교육 프로그램 등이 시행되었다.

지역사회행동은 1980년대의 민주화 운동과 더불어 생활권 보장이라는 차원에서 지역사회를 중심으로 사회운동과 연관되면서 구체화되었다. 저소득지역에서의 재개발 반대운동을 통한 지역조직화 사업, 핵발전소설치 반대운동 등 주민운동의 전개는 지역사회 차원에서 기존의 지역사회개발 모델과는 달리 사회행동 모델로 점차 변화되는 경향을 보였다.

그리고 민간 차원에서의 사회복지수급대상자 중심의 각종 자조집단이 출현하였다. 장애인단체를 비롯하여 장애아동의 부모모임, 노인집단 등 다양한 자조집단이 상호 정보를 교환하면서 자신들의 권익옹호 활동을 적극적으로 수행하기 시작하였다.

3. 지역사회복지의 발전기 : 1990년대 초반 이후~현재

1990년대 이후 지역사회복지는 과거에 비해 지역중심성에 대한 강조, 전문성의 강화 등을 기초로 질적인 변화를 경험하게 된다. 특히 재가복지서비스의 확대, 지역사회복지 실천주체의 전문화 및 다양화, 지역사회 중심의 자활사업 전개, 지방자치제의 실시 및 지역분권운동의 전개에 따른 지역사회복지의 내실화 요구 등 지역사회복지의 질적 전환이 이루어진 시기라 할 수 있다.

정부는 가정에서 돌봄을 요하는 장애인, 노인, 소년·소녀가정, 한부모가정 등 가족부양기능이 취약한 계층을 중심으로 지역사회 내에서 복지서비스를 제공하기 위하여 1992년부터 재가복지봉사센터를 설치·운영하게 되었으며, 기존의 사회복지관, 장애인복지관, 노인복지관 등에 전담인력, 장비 등 사업비를 추가로 지원하여 복지관의 부설형태로 설치·운영하게 되었다.

주요 사업으로는 자원봉사자를 모집·교육하여 가정에서 돌봄을 요하는 장애인, 노인, 불우아동 및 저소득층 가정을 직접 방문하여 간병, 진료, 급식, 정서적 지원, 가사보고 등 일상생활에 필요한 각종 서비스를 제공하거나 지역사회 내의 뜻있는 사람들과 양부모나 의형제를 맺어주기도 하고 후원자를 알선하여 생활용품 및 용돈 등 경제적 지원을 하기도 하였다. 재가복지봉사센터는 2008년 7월 노인장기요양보험법이 시행되기 이전까지 실행되었다.

2000년 10월에 국민기초생활보장법의 시행으로 지역사회 중심의 자활지원사업이 본격화되면서 기존의 사회복지관뿐만 아니라 시민사회단체의 활동으로 인해 지역사회에서 사회복지를 전달하는 민간체계들이 확대되었다.

지역사회와 자활지원사업을 담당했던 많은 조직이 대부분 지역자활센터로 지정되었으며, 이 밖에도 광역단체 및 기초자치단체 사회복지협의회의 독립법인화, 지역사회복지조직 및 관련 자원 간의 네트워크를 통한 지역사회보장협의체의 구성, 지역사회보장계획의 수립, 2005년 국고보조사업의 정비로 사회복지분야 사업을 지방으로 이양하는 등 지방분권을 추진하면서 지역사회복지의 중요성이 강조되었다.

또 다른 정부 정책으로는 사회복지전담공무원의 배치가 일선 읍·면·동을 중심으로 본격적으로 이루어져 공공지역사회복지를 실천하기 위한 인력기반이 크게 확대된 것도 이 시기의 주요 발전이었다고 볼 수 있다.

그러나 수요자 중심의 복지서비스 제공의 비효과성, 전문적인 집행 등의 문제점으로 인해 공공사회복지전달체계의 개편 논의가 활발하게 전개되었다. 그 결과 2004년 7월~2006년 6월까지 2년간 시범 사회복지사무소를 설치·운영하였고, 2006년 7월 이후에는 시·군·구 단위에 주민생활지원국(과)을 설치하여 운영하였다.

여전히 복합적 욕구를 가진 복지수요자에 대한 대응 미흡과 복지서비스의 효과성 문제가 제기됨에 따라 2012년 상반기에 시·군·구에 희망복지지원단을 설치하여 통합사례관리 및 맞춤형 복지를 위한 공공복지전달체계의 변화를 도모하였다.

이는 지역주민의 복지욕구를 파악하고 지역의 복지환경과 활용 가능한 자원을 고려하여 사회복지사업의 우선순위 및 달성목표를 정하고, 지역사회복지정책의 방향을 제시하며, 지역사회의 다양한 주체들의 참여를 통해 복지자원을 공유함으로써 지역복지에 대한 관심과 참여를 높여 지역사회의 통합을 실현한다는 데 목적을 두었다.

2013년 시행된 사회보장정보시스템은 국민에 대한 편리한 복지서비스 제공과 효율적인 전달체계 마련을 위하여 각 부처별로 분산되어 있는 복지정보의 통합관리를 목적으로 구축하였다.

이는 국민의 복지에 대한 수요와 기대가 높아짐에 따라 복지 예산이 지속적으로 증가하고 복지서비스도 다양해졌으나 부처별로 분절적으로 복지사업이 시행됨으로써 국민들의 복지 체감도는 여전히 낮고, 복지 관련 전산망이 부처별·사업별로 구축되어 제각기 운영되고 있어 사업 간 중복·누락이 발생하는 등 분산·운영되고 있는 복지사업의 정보를 효율적으로 통합·관리하여 맞춤형 복지서비스를 제공한다는 데 목적을 두었다.

2019년 9월부터는 아동수당의 본질적인 의미를 살리고 모든 아동이 기본적인 권리와 복지를 누릴 수 있도록 경제적 수준과 상관없이 현재 모든 8세 미만 아동가구에게 아동수당을 지급하고 있다.

모든 아동에게 지급되는 아동수당은 우리나라 최초의 보편적 사회수당으로서 그 의미가 있으며, 이는 기존 선별주의 복지에서 보편주의 복지로의 점진적인 확대로 65세 이상 노인의 전철 무료이용과 같은 성격의 복지제도로 평가받고 있다.

결론적으로, 복지 전문가들은 외국의 복지체제를 연구할 때는 경제 체제와 산업 구조 변화, 권력 자원 등을 통합적으로 살펴보아야 한다.

또한 이처럼 정치와 경제 그리고 사회를 통합해서 한국 사회복지의 역사를 논하게 되지만, 한국사회가 걸어온 복지 체계의 경로를 알아야 그를 기반으로 한국에 맞는 복지 체계를 만들어 갈 수 있다는 것이 전문가들의 한결같은 주장이다.

또한 취약계층 보호를 확대하는 자유주의적 방식과 조세를 강화해 사회보험의 보편성을 확대하는 사민주의적 방식의 복지를 동시에 추구해야 한다는 것이 핵심이라 할 수 있다.

KEY POINT

엘리자베스구빈법

1601년 이전의 빈민법 제도를 집대성하여 체계화시킨 법으로 빈곤구제에 대한 국가책임을 명시한 법으로 세계 최초 공공부조법

수당제도(영국)

빈민의 임금을 보충해 주는 제도로 최저생계비에 부족한 부분을 보조해 주는 제도인 스핀햄랜드법으로 1795년 제정된 세계 최초 가족수당법

아동수당(한국)

8세 미만 아동에게 부모의 소득과 재산에 관계없이 아동수당 지급(보편주의 제도)

자선조직협회(COS)

중복구호를 방지·조정하고 환경조사와 적절한 원조 제공을 목적으로 1869년 조직된 협회, 우애방문원을 통해 지역사회조직사업 발전의 기초가 됨

인보관운동의 3R

① Residence(거주)
② Research(조사)
③ Reform(개혁)

자선조직협회·인보관운동

구 분	자선조직협회(COS)	인보관운동
연 도	1869년(영국)	1884년(영국)
원 인	빈곤의 개인 책임	빈곤의 환경적 요인
참여자	상류층	중산층
접근방법	빈민개조, 역기능적인 면 수정	빈민과 함께 거주, 동정, 사회비판
배 경	사회진화론	자유주의, 급진주의

인보관운동(영·미) 비교

영국의 인보관	1884년 바네트(S. Barnett) 목사, 토인비 홀
미국의 인보관	1889년 아담스(J. Adams) 여사, 헐 하우스

베버리지 보고서

1942년 영국의 경제학자 Beveridge가 궁핍, 질병, 불결, 무지, 나태의 5대 사회악을 해결하기 위한 사회보험과 관련 서비스를 제시한 보고서

지역사회보호 관련 보고서

시봄 보고서	• 지역사회보호로의 전환 계기, 사회서비스 행정적인 재조직에 초점 • 지역사회는 사회서비스의 수혜자, 서비스 제공자로 인식
하버트 보고서	• 공공·민간서비스 외에도 비공식 서비스 역할 중요 • 가족체계와 지역사회의 근린에 초점, 지역사회에 기초한 사회적 보호
버클레이 보고서	• 공식·비공식 보호서비스 간의 파트너십 개발 필요 • 사회사업가의 직무와 역할에 대한 광범위한 제안
그리피스 보고서	• 지역사회보호의 일차적 책임은 지방정부에 있음을 강조 • 주거보호에 대한 욕구는 지방당국에 의하여 사정됨(질 관리)

한국의 근대 이전 지역사회복지

민간제도	① 두레 ② 품앗이 ③ 계 ④ 공굴 ⑤ 향약
국가제도	① 오가작통법 ② 의창 ③ 사창

세계 최초 주요 사회복지법

연 도	세계 최초	국 가	관련법
1601	공공부조	영 국	엘리자베스구빈법
1795	가족수당	영 국	스핀햄랜드법
1883	사회보험	독 일	질병보험법
1935	사회보장	미 국	사회보장법

세계 최초 사회복지

(숫자는 연도)

영 국		독 일		미 국	
엘리자베스구빈법	1601				
COS	1869				
인보관	1884	질병보험 재해보험 노령연금	1883 1884 1889		
실업보험	1911				
				사회보장	1935
		수발보험	1995		

복지용어 비교

세계 최초 도입 국가	한 국
실업보험(영국)	고용보험
질병보험(독일)	건강보험
재해보험(독일)	산재보험
노령연금(독일)	국민연금
수발보험(독일)	요양보험

계·향약

구 분	계	향 약
계 층	농민층이 위주	양반층이 위주
이 념	전통적 상부상조	유교에 기인된 권선징악, 미풍양속
형성과정	자생적	인위적
활 동	음성적	적극적, 양성적
성 격	비강제성	규약에서 조합 자체로(강제성)
의 의	사회적 관행으로 형성	지방자치적 성격 제도로 형성

04

지역사회복지의 구성요소

제4장 지역사회복지의 구성요소

제1절 지역사회복지의 구성요소의 개념

오늘날 현대사회는 도시화·산업화에 따른 공동사회 붕괴와 사회의 중심이 되는 집단은 이익사회로 전환되어 가고 있다. 따라서 사회적 안전망 구축의 요구와 지역사회복지의 필요성이 대두되고 있다.

지역사회복지는 폭넓은 개념으로 학자들 마다의 다양한 정의를 내리고 있다. 이 정의는 지역사회의 문제를 예방하고 해결하기 위한 함의로 볼 수 있다.

지역사회복지가 추구하는 궁극적 목표의 하나는 대상자들에게 그들이 필요로 하는 사회서비스를 제공하여 문제를 해결하는 것이다. 이러한 목표를 달성하기 위해 사회서비스의 공급자인 정부나 민간기관은 사회서비스의 수급자가 지닌 욕구나 문제를 찾아내야 한다.

또한 이를 충족하고 해결해 줄 수 있는 적합한 자원을 동원해야 한다. 그리고 자원이 가장 효율적으로 전달될 수 있는 전달체계를 설계해야 한다.

이와 같이 욕구나 욕구해결에 필요한 자원 그리고 욕구와 자원을 연결시켜 주는 전달체계는 지역사회복지실천의 3대 구성요소가 된다.

구성요소란 하나의 체계를 존재하게 하는 필수요건이기 때문에 만약 그 중 어느 한 가지라도 결핍되면 전달체계는 더 이상 존재할 수 없을 정도로 각각의 중요성은 참으로 크다고 할 수 있다.

이와 같은 3대 구성요소를 살펴본 후 지역사회복지 실천에서 중요한 역할을 하는 사회복지사에 관하여 알아보고자 한다.

|제2절| 욕 구

인간은 스스로 자신의 욕구를 충족시킬 수 없을 때 외부로부터 도움을 받지 않을 수 없다. 이러한 외부의 도움을 사회적으로 체계화·제도화한 것이 사회복지이므로 지역사회복지를 이해하기 위해서는 먼저 욕구에 대한 이해가 있어야 한다.

욕구는 범위, 강도, 지속 정도 등에서 다양성을 띠고 있기 때문에 여러 유형으로 분류된다. 지역사회복지가 아무리 욕구를 해결하기 위해 존재한다 하더라도 모든 종류의 욕구가 하나같이 지역사회복지의 대상이 되는 것은 아니다.

욕구는 대부분 어떠한 목적을 위해 좋은 것, 필요한 것, 필수적인 것을 의미한다. 즉, 목적을 위해 필요하거나 필수적인 것이 결여되거나 결핍된 것에 대한 충족을 지칭한다. 욕구의 목적이 갖는 중요성은 여러 연구에서 언급되었다.

이렇게 볼 때 욕구는 인간의 생존, 자율, 생활의 계획 및 사회적 행위자의 의무를 다하기 위해 필요한 것이다. 이러한 욕구는 충족되어야 할 문제로도 볼 수 있다. 따라서 욕구를 인간 욕구, 기본 욕구, 사회적 욕구로 유형을 분류하여 논하고자 한다.

1. 인간 욕구

1) 인간의 욕구 개념

인간이 어떠한 목적을 위하여 필요하거나 필수적인 것이 결핍될 때 갖는 공통적 욕구를 인간 욕구라고 부른다. 이는 이상적이고 보편적 인간형을 전제로 했기 때문에 개인차가 무시될 수 있는 한계를 지니고 있다.

인간 욕구의 유형화는 여러 학자들에 의해 제시된 바 있다. 그 중 많이 인용되는 매슬로우(Maslow)의 인간의 욕구를 소개하고자 한다.

2) 매슬로우(Maslow)의 인간의 욕구

매슬로우(Maslow)는 인간의 욕구를 5단계로 분류하였다. 매슬로우(Maslow)의 인간의 욕구는 위계에 따라 1단계 생존의 욕구, 2단계 안전의 욕구, 3단계 사랑의 욕구, 4단계 자아존중의 욕구, 5단계 자아실현의 욕구로 구분하고 있다.

매슬로우(Maslow)의 인간의 욕구는 사회복지분야에서 흔히 인용되고 있으며 또 사회복지학에서 중요한 시사점을 제공하고 있는데 그 이유로 다음 세 가지의 특징을 들 수 있다.

- 인간의 욕구가 위계적인 특성을 지니고 있는 만큼 욕구 충족을 위한 사회복지급여나 서비스는 일반적으로 낮은 단계의 욕구 충족에서 시작하여 높은 단계의 욕구 충족을 위해 지향된다는 점이다.
- 사회서비스 프로그램을 비교할 수 있는 비교연구의 기준이 될 수 있다는 점이다.
- 인간의 욕구가 현실사회에서 완전하게 충족될 수는 없고 끊임없이 보다 높은 수준의 욕구를 충족하기 위하여 저마다 일생 동안 노력하는 것이 삶이라는 점이다.

① 생존의 욕구

생리적 욕구라고도 하는 이 욕구는 인간이 최소한의 기본적인 생활을 유지하기 위하여 충족되어야 할 생물학적 욕구로서 인간의 가장 낮은 단계의 욕구이다. 물, 공기, 의식주, 성, 수면 등과 같은 욕구로서 이 욕구가 결핍되면 배고픔, 갈증, 성적인 좌절, 피로, 긴장, 질병 등을 느끼게 된다.

② 안전의 욕구

안전의 욕구는 충족된 생리적 욕구를 박탈당하지 않으려는 욕구로서 외부의 위험으로부터 신체적·정서적·정신적인 안전과 안락, 안정 등을 얻고 싶어 하는 욕구이다. 이 욕구가 결핍되면 불안, 상실감, 두려움, 강박감 등을 느끼게 된다.

③ 사랑의 욕구

사회적 존재로서 어떤 집단에 소속하거나 수용되고 타인과의 의미 있는 사랑의 관계를 맺고 싶어 하는 욕구로서 감정의 자유로운 표현, 자애로운 감정, 수용과 친밀함 등을 느끼고 싶어 하는 욕구이다. 이 욕구가 결핍되면 무가치한 느낌이 들고 공허함, 고립감 등을 느끼게 된다.

④ 자아존중의 욕구

다른 사람들로부터 자신의 존재를 인정받고 싶어 하는 욕구로서 자기존중과 타인존중의 욕구이다. 이러한 욕구는 긍정적인 자아상, 자기계발, 신뢰감, 자신감을 통해 나타난다. 이 욕구가 결핍되면 무능력한 감정과 열등감 등이 나타난다.

⑤ 자아실현의 욕구

인간의 욕구단계 중 가장 높은 단계의 욕구로서 자신의 잠재적 역량을 최대한 발휘하여 자신이 성취할 수 있는 모든 것을 이루려는 욕구이다. 자아실현 한다는 것은 자신을 믿고 자신의 재능, 능력, 잠재력 등을 총동원하여 발휘하게 됨으로써 진정으로 바라는 자기가 되는 것을 말한다. 이 욕구가 결핍되면 삶의 의미를 상실하고 권태나 소외감 등을 느끼게 된다.

매슬로우(Maslow)의 욕구 이론을 요약하면 다음과 같다.

〈표 4-1〉 매슬로우의 욕구 5단계와 그 내용

욕구단계	결핍상황	충 족	예
⑤ 자아실현의 욕구	• 삶의 의미 상실 • 권태	• 가능성의 실현 • 창조적인 생활	• 능동적 실현으로 깊은 통찰력을 경험
④ 자아존중의 욕구	• 열등감 • 자괴감	• 자아존중감 • 긍정적인 자아관	• 자기 자신의 능력을 발견 후 연계 성취감
③ 사회적 욕구	• 바라지 않는 느낌 • 고독	• 평온, 평정 • 자애로운 감정	• 사랑의 관계에서 전체적인 경험
② 안전의 욕구	• 두려움 • 상실감	• 안전 • 평정	• 안정된 직업에서 갖는 안전감
① 생존의 욕구	• 배고픔 • 질병	• 편안함 • 신체적인 건강	• 배고플 때 음식을 먹은 후 만족

2. 기본 욕구

이상에서 소개한 인간 욕구의 분류모형은 결국 어떤 욕구가 인간에게 더 기본적인가를 설명해 주고 있다. 그런데 지역사회복지와 관련된 욕구는 다양한 욕구들 중에서 보다 더 기본적 성질을 가진 것과 관련된다.

즉, 지역사회복지는 인간의 행복을 지향하는 실천과학이다. 모든 삶이 자신의 개별적인 욕구를 충족하며 살고 싶어 하지만 모두 그렇게 만족하며 살기는 힘들다. 배가 고파도 먹을 수 없는 사람이 있고 편안한 잠자리를 원해도 잘 곳이 없는 사람도 있다.

다른 사람들과 어울리고 싶어도 마음을 열지 못하는 사람이 있으며 행복하려고 애쓰지만 불행의 그늘에서 여전히 벗어나지 못하는 사람도 있다. 그런 사람들은 고통스럽고 행복하지 못하다.

그러나 인간이 만든 사회는 완전하지 않을 뿐더러 복잡하기까지 하다. 완전하지 않기 때문에 서로 존중하고 도우며 스스로의 힘으로 행복을 찾을 수 있도록 기회를 제공하는 것이 사회적 동물로서 또한 인간의 책임이다.

그렇다면 인간의 사회적 책임은 궁극적으로 자신이 행복한 삶을 살기 위한 조건이다. 내가 충분히 먹고 마시더라도 주변에 굶는 사람들과 함께 살아간다면 마음이 불안할 것이다.

더불어 살아가는 사회에서 함께 노력하면 모든 사람이 행복하고 고통 없이 어울려 살아갈 수 있는 사회를 만들어 나갈 수 있다고 믿는다. 이것이 지역사회복지의 철학적 기초라 할 수 있다.

이러한 신념을 갖고 전문 직업으로 실천하려는 학문이 사회복지학이다. 즉, 사회복지는 사회에서 더불어 살아가는 시민으로서의 권리를 증진시켜 사회정의를 실현하고 변화하는 생활 속의 다양한 기본 욕구에 대응하는 학문이다.

따라서 앞에서 예시한 매슬로우(Maslow)의 이론 중 초기단계의 욕구가 사회복지의 일차적 대상이 된다. 다시 말해서 이러한 욕구들이 사회서비스가 해결하려고 하는 대상으로서의 욕구인 것이다.

욕구의 개념을 지역사회복지적으로 한정시킬 때 기본 욕구는 세 가지 특성을 지닌다.

① 기본 욕구는 모든 인간에게 공통적이다.
② 기본 욕구는 인간성 유지에 필수적이다.
③ 기본 욕구는 해결을 목적으로 하는 사회적 서비스의 양과 질에서 일정한 수준이 정해진다.

3. 사회적 욕구

1) 사회적 욕구의 개념

사회적 욕구가 갖는 개념은 욕구해결의 주 동기를 이윤추구로 삼아서는 안 된다는 점이다. '사회적'이라는 뜻은 '경제적'의 반대 의미를 지니고 있다. 특히 사회적 욕구의 충족은 인간성 상실이라는 중대한 위기에 처해 있는 사람들을 겨냥하기 때문에 제3자의 이윤추구가 관여해서는 안 된다는 것이다.

따라서 시장에서 해결되지 못한 기본 욕구의 해결이 사회문제로 비화되어 사회적 욕구가 된다. 결국 사회서비스의 대상이 되는 욕구는 기본적 욕구들 중에서도 시장 메커니즘이 적절히 해결할 수 없는 욕구들로 제한되는 것이다.

이와 같이 인간의 욕구들 중에서 기본적 욕구로 1차 제한을 한 뒤 사회서비스의 개념으로 2차 제한을 한 결과가 사회적 욕구이다. 여기에서는 브래드쇼(Bradshaw)의 사회적 욕구를 설명하고자 한다.

2) 브래드쇼(Bradshaw)의 사회적 욕구

사회적 욕구는 인간이 가지고 있는 기본 욕구가 개인적 차원에서가 아니라 사회적 차원에서 발생 가능하다는 인식이 이루어졌을 때 존재하게 된다.

따라서 사회복지제도에서 관심을 가지게 되는 사회적 욕구는 기본적 욕구의 사회적 특징을 반영하고 있는데, 브래드쇼(Bradshaw)의 사회적 욕구는 누구에 의해 기본적 욕구가 사회적 욕구로 규정되었는가에 따라 욕구를 구분하고 있다. 브래드쇼(Bradshaw)의 사회적 욕구에는 규범적 욕구, 느껴진 욕구(인지된 욕구), 표현된 욕구, 비교적 욕구가 있다.

① 규범적 욕구

규범적 욕구는 전문가의 판단에 의해 규정된 욕구로서 전문가가 기준을 정하고 실제 비율이 특정 기준에 미치지 못하는 욕구가 있는 상태를 말한다.

규범적 욕구는 전문가의 객관적인 사실 파악에서 비롯되기 때문에 욕구의 목표가 기존의 서비스 수준 등과 비교 가능하다.

② 인지된 욕구

인지된 욕구는 느껴진 욕구, 감지된 욕구, 잠재된 욕구라고도 한다. 인지된 욕구는 개개인이 감지되거나 느끼는 욕구로 사람들이 실제로 생각하거나 선호하는 욕구를 말한다.

주로 선호하는 것을 묻는 사회조사를 통해 파악하게 되는데, 인지된 욕구는 사람, 환경 그리고 상황에 따라 각각의 기준이 변할 수 있기 때문에 한계가 있다.

③ **표현된 욕구**

표현된 욕구는 표출된 욕구, 나타난 욕구라고도 하는데 서비스 수요조사에 기초한 욕구로서 사회복지분야에 가장 많이 이용되는 욕구개념이다.

표출된 욕구란 수요에 의해 느껴진 체감욕구가 행동으로 표출된 것으로서 복지수혜자가 필요하다고 직접적으로 표현한 것이 핵심변수인 욕구이다. 이 욕구는 느껴진 욕구를 실제로 행동에 옮기게 되는 상황을 강조한 욕구라는 데 의의가 있다.

④ **비교적 욕구**

비교적 욕구는 상대적 욕구라고도 하는데 비슷한 자격을 가지고 있으면서도 서비스를 받지 못하고 있는 사람들에 대한 욕구를 말한다.

즉, 특정 집단성원의 욕구를 그 집단과 유사하다고 인식되는 다른 집단성원과의 욕구와 비교할 때 나타나는 욕구로서, 개인적으로는 전혀 불편한 것이 없었는데 누군가와 비교함으로써 상대적으로 불편하다고 느끼게 되는 것이다.

제3절 자 원

세상의 자원은 한계가 있다. 원하는 것을 모두 채워줄 수도 없다. 이처럼 사회자원은 언제나 늘 부족한 것이 현실이다. 때로는 자원에 접근하는 방법을 몰라서 불행한 사람도 있다.

이처럼 욕구와 자원은 양과 질의 측면에서 모두에게 균형 상태를 이루지 못한다. 만일 사람의 욕구에 정확하게 대응할 수 있는 자원이 있다면 인간 사회는 불행하지 않을지도 모른다.

일반적으로 자원이라 함은 대상자인 개인, 가족, 공동체구성원 그리고 국민 전체의 사회적 욕구를 충족시키거나 그들이 당면한 문제를 해결해 주기 위한 수단을 의미한다.

사회적 욕구를 적절히 충족하기 위해서는 충분한 수준의 자원이 확보되어야 함은 물론이다. 그런 의미에서 한 국가의 복지수준을 예측하는 지표로 그 국가의 경제 상태에 비추어 투입하는 사회복지자원의 총량 비중이 자주 쓰이기도 한다.

지역사회복지에 필요한 자원을 구분하는 방법은 다양하다.

① 자원을 부담하는 주체의 성격에 따라 크게 공공(정부)자원과 민간자원으로 구분할 수 있다.
② 자원 자체의 성격에 따라 유형자원(현금, 현물)과 무형자원(서비스) 혹은 인적자원과 물적자원 등과 같이 형태에 따라 구분할 수 있다.
③ 공급자의 공급동기를 기준 삼아 수급자의 권리에 대한 의무수행이 될 수 있는가 하면 공급자 측의 선의 표시가 될 수도 있다.

이상과 같이 자원의 여러 형태 중 공공자원과 민간자원을 분류하여 살펴보면 다음과 같다.

1. 공공자원

현대 복지국가의 복지자원 측면에서 공공자원의 역할은 가장 중요하다. 실제로 복지 선진국들에서는 공공자원이 지역사회복지자원의 거의 대부분을 차지한다.

공공부문이 제공하는 공공자원은 크게 일반예산, 사회보험제도 운용을 위한 기여금으로 나눌 수 있다.

① 일반예산은 정부가 다양한 조세제도를 통하여 징수한 세금으로 이루어진다. 모든 국민을 대상으로 하는 조세제도를 통해서 이루어지는 일반예산은 그 안정성과 지속성이 높으며 조세제도에 누진적 성격을 가미함으로써 소득재분배의 효과도 거둘 수 있기 때문에 복지자원 중 그 중요성이 매우 크다.
② 사회보험을 위한 조세 성격의 자원은 사회보험제도를 운용하기 위하여 사회보험 가입자와 가입자의 피고용자에게 부과하는 기여금이다. 이러한 기여금은 국가에 의하여 강제로 징수되기 때문에 사회보험을 위한 특수목적세의 성격을 가진다.

실제 우리나라에서는 산재보험, 국민연금, 고용보험, 건강보험, 요양보험 등 5대 사회보험제도를 운영하기 위하여 기여금으로 자원을 마련하고 있다.

조세비용은 실제로 정부가 비용을 지출하지는 않지만, 사회적 욕구에 해당하는 부분에 대하여 세금 납부를 면제함으로써 실제로는 비용을 지출한 효과를 얻는 자원이다.

예를 들면, 우리나라의 조세제도에서도 자녀수에 따라 자녀양육비에 대한 일정 금액의 소득을 징수대상에서 감면해 주고 있다. 이 경우 정부가 직접 자녀양육비를 제공하지는 않지만, 감세된 금액만큼을 자녀양육에 대한 자원으로 사용할 수 있게 되는 효과를 거둔다.

2. 민간자원

공적자원이 현대 복지국가의 복지자원으로서는 중요성이나 그 비중이 가장 크지만, 민간자원도 무시할 수 없는 중요한 복지자원이다. 특히 현대 복지국가에서는 늘어나는 복지욕구를 충당하기 위해서 공적자원을 보충해 줄 수 있는 민간자원의 역할이 더욱 강조된다.

이러한 민간자원은 이용자 부담금, 기부금, 기업복지, 비공식자원(가족, 이웃, 친지 등을 통해 얻을 수 있는 자원) 등으로 나누어진다.

① 이용자 부담금은 말 그대로 복지서비스를 이용하는 사람들이 부담하는 비용이다. 예를 들어, 건강보험을 이용할 때 부담하는 자기부담이나 바우처를 이용한 사회서비스의 경우에는 서비스 가격의 일정한 부분을 서비스 이용자가 부담한다. 그러나 통상적으로 사회서비스를 이용하는 계층은 소득수준이 낮기 때문에 이용자 부담금을 통해 축적되는 자원의 양은 많지 않다. 특히 우리나라에서는 대부분의 복지서비스가 무료로 제공되고 있기 때문에 더욱 그렇다.

② 기부금은 기업이나 개인이 자발적으로 지역사회복지를 위해 쓰도록 기여하는 자원이다. 이러한 자원은 현금일 수도 있고 현물일 수도 있다. 가령 사회복지공동모금회가 해당 연도에 모금한 금액이나 어느 기업에서 지역사회 푸드뱅크를 통해서 식품을 무상으로 제공하는 것은 기부금의 유형이다.

③ 지역사회복지의 자원 중에는 기업이 그 종사자들을 위해 지출하는 것들이 있다. 예를 들면, 기업에서 제공하는 자녀학비보조, 사원주택, 직장보육시설, 퇴직연금 등은 기업복지를 통한 자원 확보의 대표적 유형이다.

④ 비공식자원은 비공식적 관계망을 통하여 지역사회복지를 위해 사용되는 자원이다. 비공식자원 중 가장 대표적인 유형은 가족 내에서 이루어지는 자원의 교환이다. 예를 들어, 어르신의 부양을 위하여 자녀가 부담하는 부양비는 복지를 위해 쓰이는 비공식자원이다. 이러한 비공식자원은 가족 내에만 국한되는 것은 아니다. 이웃끼리 어려움을 당한 경우에 조금씩 돕는 것도 비공식자원의 일종이다.

따라서 현대 복지국가에서는 공식적인 자원이 중요성이나 비중 면에서 가장 크지만, 비공식자원은 여전히 복지자원으로서 우리 사회에 중요한 역할을 한다.

제4절 전달체계

전달체계란 지역사회복지에 관한 정책을 수립하고 서비스대상자에게 필요한 서비스를 마련하는 데 있어서 기본적으로 고려해야 할 요소로서의 전달체계, 즉 복지욕구를 찾아내고 그 욕구에 상응하는 서비스를 공급해 주는 조직과 기관을 말한다.

지역사회복지의 궁극적 성과는 욕구와 자원이 적재적소에서 적시에 연결되는 것에 달려 있다. 또한 서비스를 구체적이고 효율적으로 실천하기 위해서는 복지 업무의 연계 및 협력, 전달체계의 효율성을 증대시켜 원스톱서비스로 지원할 수 있는 새로운 조직체계가 필요하다.

다시 말하면 욕구와 자원의 연결이 생각만큼 원활하게 이루어지지 않으므로 서비스 전달체계가 지역사회복지의 3대 구성요소에 포함된다.

1. 사회서비스 전달체계의 개념

클라이언트와 지역사회에 필요한 서비스를 제공하는 지역사회복지는 그 조직적 환경 여하에 따라 사업의 성패가 좌우된다고 할 수 있다. 복지수급자에게 조직적 환경이란 그에게 직접 도움을 주는 지역사회복지 기관, 시설, 단체는 물론 중앙과 지방의 모든 공·사 조직을 지칭한다.

이와 같은 모든 공·사 기관들은 정부의 정책 혹은 민간기관의 방침에 따라서 클라이언트에게 어떤 성질의 서비스를 제공하느냐를 결정짓게 되는 것이다.

클라이언트들은 여러 지역사회복지기관들로부터 동시에 여러 가지 도움을 받아야 할 복합적 문제를 지닌 경우가 많다. 기초생활보장수급권자의 경우는 저소득에 의한 생계유지의 어려움뿐만 아니라 주택불량, 교육기회 상실, 건강결핍, 사회부적응 등 다양한 문제로 어려움을 겪는다.

그렇기 때문에 정부의 공공부조서비스와 동시에 다른 공·사 지역사회복지기관으로부터의 추가 서비스를 필요로 하는 경우가 많다. 심신장애인의 경우도 장애와 관련된 의료서비스는 물론 재활에 필요한 특수교육, 직업훈련, 사회적응 등의 측면에서 여러 전문기관의 도움을 받을 필요가 있다.

따라서 클라이언트 한 개인이나 가족을 초점에 두고 서비스 효과를 극대화시키려면 조직적 환경인 서비스 전달체계가 제대로 작동해야 한다. 다시 말해서, 서비스를 제공하는 모든 지역사회복지기관들이 서비스 내용, 제공 절차 등에서 유기적 관계를 유지해야 하는 것이다.

왜냐하면 단위조직이나 몇 개의 단위조직으로 구성된 협력체(연합체)가 맡은 바 기능을 제대로 수행하지 못하면 여러 가지 부작용이 나타나기 때문이다. 예를 들면, 자원의 낭비, 서비스의 중복 또는 누락이 발생할 수 있으며, 심한 경우에는 클라이언트의 치료와 재활에 역기능을 초래하기도 한다.

2. 사회서비스 전달체계 구축의 주요 원칙

효과적 사회서비스의 전달체계 구축에서 고려해야 할 기본 원칙을 지역사회복지기관의 행정구조적 측면과 서비스공급자의 측면으로 나눌 수 있다.

행정구조적 측면이란 수급자의 욕구가 최선의 행정적 지원 조건하에서 처리될 수 있도록 배려함을 의미한다. 반면 서비스공급자 측면은 클라이언트에게 서비스를 제공하는 전문가들이 지켜야 할 수칙들을 최대한 실천할 수 있도록 하는 여건 조성을 말한다.

1) 행정구조적 측면

사회복지 측면에서 인간의 욕구를 측정하기란 어렵다는 학설이 많다.

따라서 지역사회복지기관이 수행하는 과정으로 서비스 전달체계 기능들의 효과성과 효율성을 극대화시키는 데 필요한 행정구조적 원칙들은 대략 다음의 여섯 가지가 중요하다.

① 기능분담의 체계성 원칙
② 전문성에 따른 업무분담 운칙
③ 책임성의 원칙
④ 통합조정의 원칙
⑤ 지역사회참여의 원칙
⑥ 조사와 연구 원칙

2) 서비스공급자 측면

앞에서 설명한 행정구조적 측면이 다소 포괄적인 데 반해 서비스공급자의 측면은 이용자들이 쉽게 서비스 공급을 받을 수 있도록 연결을 위한 직접서비스제공 기능과 관련된다. 특히 하부 전달체계에서 지켜야 할 원칙들이 주로 포함된다. 여기에는 대략 여섯 가지의 원칙이 중요하다.

① 평등성의 원칙
② 재활 및 자활 목표의 원칙
③ 적절성의 원칙
④ 포괄성의 원칙
⑤ 지속성의 원칙
⑥ 가족중심의 원칙

| 제5절 | 사회복지사

1. 사회복지사의 자격

사회복지사 자격제도는 사회복지에 관한 소정의 전문지식과 기술을 가진 자에게 사회복지사 자격을 부여하고, 이들에게 사회복지 업무를 담당하도록 함으로써 아동·청소년·노인·장애인 등 보호가 필요한 사람들에게 전문적이고 체계적인 복지서비스를 제공하기 위해 마련되었다.

보건복지부는 1998년 학과중심 교육에서 교과목 이수중심으로 사회복지사 자격기준이 변경된 이후 20여 년간 개편 없이 수행되어 오다가 현장에서의 사회복지사의 전문성을 키우기 위한 이론과 실습교육 강화가 요구되었다.

따라서 시대변화와 현장 욕구를 반영하여 사회복지현장에서 필요로 하는 수요에 따라 법정 교과목을 추가하여 사회복지 관련 교과목 이수학점을 필수 10과목, 선택 7과목으로 상향 조정하였고, 사회복지현장실습을 160시간으로 확대하여 2020년부터 시행하고 있다.

사회복지사 등급은 1급과 2급으로 나누어지며(3급의 경우 2017년 법률개정 시 삭제), 등급별 자격기준 그리고 자격증 발급절차 등은 대통령령으로 정한다.

사회복지사 1급의 경우 응시자격을 갖춘 자가 사회복지사 1급 국가시험을 합격해야 자격증이 주어지며, 사회복지사 2급의 경우 일정 학점의 수업이수와 현장실습·실습세미나 등의 요건을 충족하면 무시험으로 자격증을 취득할 수 있다.

사회복지사의 수가 현저하게 늘어가고 그 역할 또한 중대해져 감에 따라 사회복지사업법 제11조의2의 규정에 따라 사회복지사의 결격사유를 규정하고 있다.

① 피성년후견인(금치산자)

② 금고 이상의 형의 선고를 받고 그 집행이 끝나지 아니하였거나 그 집행을

받지 아니하기로 확정되지 아니한 사람.

③ 법원의 판결에 따라 자격이 상실되거나 정지된 사람

④ 마약·대마 또는 향정신성의약품의 중독자

⑤ 「정신건강증진 및 정신질환자 복지서비스 지원에 관한 법률」에 따른 정신질 환자(다만, 전문의가 사회복지사로 적합하다고 인정한 사람은 예외)

그러므로 이에 해당하지 않는 사람은 누구나 사회복지사 자격을 취득할 수 있다. 사회복지사의 자격은 일반적 자격기준과 학력을 기준으로 한 등급별 자격기준으로 다음과 같이 분류할 수 있다.

첫째, 일반적 자격기준은 사회복지사의 등급에 관계없이 모두 적용되는 자격요건으로 앞서 언급된 사회복지사의 결격사유에 해당되지 않아야 한다. 한국사회복지사협회에서는 자격증을 교부할 때 별도로 신원조회를 통해 사회복지사 자격의 결격사유 해당 여부를 확인해야 한다.

둘째, 학력을 기준으로 한 등급별 자격기준으로 사회복지사는 사회복지에 관한 전문지식과 기술을 갖추어야 한다. 사회복지사의 전문성을 높이기 위하여 2003년부터 사회복지사 1급은 국가시험에 합격한 자에 한해 자격증을 부여하고 있다.

1) 사회복지사 1급 국가시험

사회복지사 1급을 취득하고자 하는 자는 국가시험에 합격하여야 한다. 국가시험은 보건복지부장관이 매년 1회 이상 시행하되 시험의 관리는 대통령이 정하는 바에 의하여 시험관리 능력이 있다고 인정되는 관계전문기관에 위탁할 수 있다.

과거에는 사단법인 한국사회복지사협회가 국가시험을 위탁받아 관리하였으나, 2008년 10월 23일 보건복지부 고시에 따라 한국산업인력공단이 1급 사회복지사 국가시험의 관리기관으로 지정되었다.

단, 1급 국가시험의 전문성을 고려하여 응시자격 서류접수 및 심사 관련 업무는 한국사회복지사협회가 담당하고 있다. 시험과목은 다음과 같다.

〈표 4-2〉 1급 사회복지사 국가시험과목

시험영역	시험과목	문항수	총점	비고
사회복지기초	인간행동과 사회환경 사회복지조사론	영역당 25문항	50점	객관식 5지선다형
사회복지실천	사회복지실천론 사회복지실천기술론 지역사회복지론		75점	
사회복지정책과 제도	사회복지정책론 사회복지행정론 사회복지법제와 실천		75점	
계	8과목	200문항	200점	

사회복지사 1급 국가시험 응시자격은 다음과 같은 기준으로 시행되고 있다.

(1) 실무경험 관계없는 응시자격

다음에 해당하는 자는 실무경험이 없어도 1급 사회복지사 국가시험에 응시자격이 있다.

① 고등교육법에 따른 대학원에서 사회복지학 또는 사회사업학을 전공하고 석사학위 또는 박사학위를 취득한 자, 다만 대학에서 사회복지학 또는 사회사업학을 전공하지 아니하고 동 석사학위를 취득한 자는 보건복지부령이 정하는 사회복지학 전공 교과목과 사회복지 관련 교과목 중 사회복지현장실습과목을 포함한 필수과목 6과목 이상(대학에서 이수한 교과목을 포함하되 대학원에서 4과목 이상을 이수하여야 한다), 선택과목 2과목 이상을 각각 이수하여야 한다

② 고등교육법에 따른 대학에서 보건복지부령이 정하는 사회복지학 전공 교과목과 사회복지 관련 교과목을 이수하고 학사학위를 취득한 자

③ 법령에서 고등교육법에 따른 대학을 졸업한 자와 동등 이상의 학력이 있다고 인정하는 자로서 보건복지부령으로 정하는 사회복지학 전공 교과목과 사회복지 관련 교과목을 이수한 자

④ 외국의 대학 또는 대학원에서 사회복지학 또는 사회사업학을 전공하고 학사학위 이상을 취득한 자로서 등급별 자격기준과 동등하다고 보건복지부장관이 인정하는 자

(2) 실무경험 있는 자의 응시자격

다음에 해당하는 자로서 1년 이상 사회복지사업의 실무경험이 있는 자는 사회복지사 1급 국가시험에 응시자격이 있다.

① 고등교육법에 의한 전문대학에서 보건복지부령이 정하는 사회복지학 전공 교과목과 사회복지 관련 교과목을 이수하고 졸업한 자

② 법령에서 고등교육법에 따른 전문대학을 졸업한 자와 동등 이상의 학력이 있다고 인정하는 자로서 보건복지부령이 정하는 사회복지학 전공 교과목과 사회복지 관련 교과목을 이수한 자

③ 고등교육법에 따른 대학을 졸업한 이후 보건복지부장관이 지정하는 교육훈련기관에서 12주 이상 사회복지사업에 관한 교육훈련을 이수한 자

④ 종전의 사회복지사업법에 따라 사회복지사 3급 자격증을 취득한 이후 3년 이상 사회복지사업의 실무경험이 있는 자

2. 사회복지사 2급 자격증 취득

① 대학교에서 사회복지 관련 교과목을 이수하고 학위를 취득한 자로, 2년제와 4년제 대학에 관계없이 필수 10과목과 선택 7과목으로 총 17과목 이상을 이수해야 한다.

② 대학원에서 사회복지 관련 교과목 필수 6과목과 선택 2과목으로 총 8과목 이상 이수하고, 관련 학위를 취득한 자로 이수할 교과목은 다음과 같다.

〈표 4-3〉 사회복지학 전공교과목과 사회복지 관련 교과목

구분	교과목	이수과목(학점)	
		대학	대학원
필수 과목	사회복지학개론, 인간행동과 사회환경, 사회복지조사론, 지역사회복지론, 사회복지실천론, 사회복지실천기술론, 사회복지정책론, 사회복지행정론, 사회복지법제와 실천, 사회복지현장실습(160시간)	10과목	6과목
선택 과목	가족복지론, 가족상담 및 가족치료, 국제사회복지론, 교정복지론, 노인복지론, 복지국가론, 빈곤론, 사회보장론, 사회복지지도감독론, 사회복지자료분석론, 사회복지윤리와 철학, 사회문제론, 사회복지와 인권, 사회복지와 문화다양성, 사례관리론, 사회복지역사, 산업복지론, 의료사회복지론, 여성복지론, 아동복지론, 자원봉사론, 장애인복지론, 정신건강론, 정신건강사회복지론, 청소년복지론, 학교사회복지론, 프로그램 개발과 평가	7과목	2과목

※ 교과목의 명칭이 동일하지 아니하더라도 교과의 내용이 동일하다고 보건복지부장관이 인정하는 경우에는 동일 교과목으로 본다. 그리고 대학 및 대학원에 관계없이 사회복지현장실습과목은 필수로 이수하여야 한다.

3. 사회복지사현장실습에 관한 기준

① 사회복지현장실습 교과목의 구성으로 사회복지현장실습 교과목은 사회복지현장실습기관에 출근하면서 이루어지는 '기관실습'과 학생의 소속 교육기관에서 이루어지는 '실습세미나'로 구성된다.

② 기관실습일 경우, 실습시간은 160시간(구 대상자는 120시간)으로 한다. 실습지도자의 자격은 사회복지사 1급 자격증을 취득한 이후 3년 이상 또는 사회복지사 2급 자격증을 취득한 이후 5년 이상 사회복지 실무경력이 있는 사회복지사로 한다. 단 실습기간 중 실습교육기관에 재직하는 사람으로서 전년도에 법 제13조에 따라 보수교육을 이수한 사회복지사로 한정한다.

③ 사회복지사 1인당 지도학생 수는 1회기당 5인 이내로 한다.

④ 사회복지현장실습기관은 사회복지사업을 위해 설립된 법인·시설·기관 및 단체와 사회복지사업을 목적으로 하며, 개별 법률에 따라 설립된 비영리 법인·시설·기관 및 단체가 해당된다.

사회복지현장실습기관에는 실습지도자 자격을 가진 사회복지사가 2명 이상 상근하고, 보건복지부장관이 지정·공고하는 실습기관이어야 한다.

⑤ 실습세미나 시간은 30시간 이상으로(단, 온라인교육을 제공하는 교육기관의 경우 '실습세미나'에서 온라인 또는 오프라인 대면수업을 3주 이상 실시) 한다.

⑥ 실습지도교수의 자격은 학사, 석사, 박사 학위 중 2개 이상 사회복지학을 전공하고 사회복지학 교육경력 또는 사회복지 실무경력 3년 이상인 교수로 한다.

⑦ 지도학생 수는 1강좌당 수강 학생 수가 30인 이내로 한다.

⑧ 학점부여는 실습지도에 따른 교과목 이수 여부와 기관실습지도자와 실습지도교수의 평가결과를 합산하여 산정한 점수를 실습지도교수가 최종적으로 부여한다.

⑨ 사회복지현장실습기관 지정 절차, 실습세미나의 개념 및 시행방안 등 구체적인 사항은 보건복지부장관이 정한다.

4. 지역사회복지에서 사회복지사의 역할

지역사회에서 사회복지사의 역할은 매우 다양하며 학자들에 따라서는 강조점에서 다소 차이가 있다. 사회복지사는 '사회복지에 관한 전문지식과 기술을 가진 자로서 보건복지부장관으로부터 그 자격을 교부받은 자'이며, 사회복지는 인간의 기본적인 욕구를 충족시켜 주고 사회문제를 해결하여 삶의 질을 높이려는 제반 활동을 포함한다.

지역사회에서 사회복지사는 아동, 청소년, 노인, 장애인 등 다양한 사회적 보호가 필요한 사람들에게 사회복지제도를 활용하여 사회에 잘 적응할 수 있도록 도우며, 사회복지 기획, 상담, 사례관리, 자원연결 등의 업무를 수행한다.

또한 사회적, 개인적 문제로 어려움에 처한 사람의 상황과 문제를 파악하고, 문제를 처리하고 해결하는데 필요한 방안을 찾기도 한다. 그 외에도 각종 사회복지 프로그램을 기획, 시행, 평가하기도 하며, 공공복지서비스의 전달을 위해서는 대상자 선정, 복지 조치, 생활 지도 등의 업무를 수행한다.

따라서 사회복지사의 역할은 사회복지 기관 및 시설의 특성에 따라 매우 다양하며, 사회 취약계층뿐만 아니라 보호와 지원이 필요한 영역에 개입하여 지역사회 구성원이 복지 혜택을 누릴 수 있도록 사회안전망을 조성하는 역할을 한다.

또한 학자들이 말하는 사회복지사의 역할은 상담가, 충고자, 중개인, 의뢰자, 촉진자, 중재자, 안내자, 조정자, 행정가, 토의 리더, 자원 연결자, 사례관리자, 문제 해결자, 자문을 하는 사람 등으로 정의하고 있다.

이처럼 지역사회의 공동체 기능이 약화되면서 발생되는 주민의 복지욕구와 사회문제를 '복지공동체'의 구축을 통해서 해결하고자 할 때 사회복지를 통해서 지역사회 구성원들의 매개 역할을 하는 사람이 사회복지사라고 할 수 있다.

1) 모델별 사회복지사의 역할

지역사회에서 사회복지사는 지역주민 개인과 집단을 대상으로 지역주민들의 욕구에 따라 사정과 평가로 문제해결을 돕고 지원하는 역할을 한다. 또한 각종 사회복지 프로그램을 기획하고 시행·평가하는 등의 업무를 수행하고 있다.

따라서 사회복지사는 공익적인 목적으로는 경제적·사회적 어려움에 놓인 사람들을 돕고 전문적인 측면에서는 치료·보호·자립 등에서 어려움이 있는 대상자를 대신하여 서비스를 연계해 주는 사회복지전문가이다.

사회복지사의 주요 역할은 문제의 근원을 밝히고 제공되는 서비스 제공자와 대상자를 연결하고 상담하는 역할을 수행한다.

특히 지역사회 문제 해결을 위해서 수행되는 사회복지사의 역할은 지역 조건에 의해 영향을 받게 된다. 따라서 지역사회의 목적과 유형에 따라 역할의 내용이 달라질 수 있다.

사회복지사의 주요 역할을 모델별로 분류하면 다음과 같다.

〈표 4-4〉 모델별 사회복지사의 역할

지역사회개발모델		사회계획모델		사회행동모델	
로스 (Ross)	리피트 (Lippitt)	모리스(Morris)와 빈스톡(Binstock)	샌더스 (Sanders)	그로서 (Grosser)	그로스만 (Grossman)
안내자 조력자 전문가 치료자	촉매자 실천가 전문가 조사자	계획가	분석가 계획가 조직가 행정가	행동가 중개자 옹호자 조력자	행동조직가

(1) 지역사회개발모델에서 역할

① 안내자의 역할

사회복지사의 1차적인 역할로서 지역사회의 문제해결에 따른 올바른 목표를 설정하고 이것을 해결하는 방안을 강구하도록 돕는다. 지역사회의 다양한 조건에 대해 객관적인 입장을 견지하며 지역사회 전체와 자신을 동일시한다. 또한 자신의 역할을 수용하고 그것에 만족하며 자신의 제한적인 역할에 대해 설명한다.

② 조력자의 역할

사회복지사는 지역사회 조건에 관한 불만을 일깨워 주고 그 불만을 긍정적으로 표출하여 집약할 수 있도록 도와준다. 지역사회복지 모델의 목표달성을 원활히 하기 위해 조직화를 격려하며 공동의 목표를 강조한다. 지역주민들이 상호관계를 유지하고 협동적인 일에 참여하는 데 있어서 만족감을 갖도록 역할을 한다.

③ **전문가의 역할**

사회복지사는 권위 있게 할 수 있는 영역으로 지역사회사업가에게 필요한 자료를 제공하고 직접적인 충고를 한다. 전문가로서 지역사회복지를 수행하는 데 필요로 하는 지역사회진단, 다른 지역사회에 관한 정보, 방법에 관한 조언, 조사기술, 지원상의 정보, 평가 등의 역할을 수행한다. 지역사회 문제의 일차적 전문가는 지역사회 주민 당사자들이기 때문에 역할을 전면에 내세우지 않는다.

④ **치료자의 역할**

사회복지사는 사회치료자로서 지역사회의 공동적인 노력을 저해하는 부정적 사고나 긴장을 조성하고 집단들을 분리시키는 요인들에 대하여 적절한 진단을 통해 규명된 성격과 특성을 주민들에게 제시하여 주민들의 이해를 증진시킨다. 지역사회의 역사적 배경을 숙지하고 기존의 관습과 현실과의 관계를 인식해야 하며 지역사회 내 역할들 간의 관계 등을 이해한다.

(2) 사회계획모델에서 역할

① **분석가의 역할**

사회복지사는 사회문제와 영향을 미치는 요인들에 대해 조사하며 사회변화를 위한 프로그램의 과정·계획을 수립하는 과정에 관한 분석, 사회문제에 영향을 미치는 요인 등을 분석한다.

지역사회의 계획된 변화를 이루기 위해서 사실적 발견과 분석을 전제조건으로 삼는 역할이다. 지역사회문제에 관한 정확한 근거 없이는 성공적인 결과를 얻을 수 없기 때문에 지역조사를 토대로 분석가의 역할을 수행하게 된다.

② **계획가의 역할**

사회복지사는 지역사회에 충족되지 못한 욕구나 새롭게 대두되는 욕구를 충족시키도록 프로그램을 계획하는 역할을 수행한다.

지역사회의 문제해결을 위해 누가, 무엇을, 어떻게 접근할 것인지 구체적인 계획을 수립하는 역할이다. 물리적인 면보다는 인간적인 면을 중시해야 하고 이에 따른 목표를 설정해야 한다.

③ 조직가의 역할

사회복지사는 지역사회복지의 실천과정에 있어서 지역주민들이 실천해야 할 역할을 분명히 설명하고 역할을 효과적으로 수행할 수 있도록 교육·훈련에 있어서 조직적으로 진행시키는 일이다.

지역주민들에게 참여의식을 고취시켜 지역사회가 수립된 계획을 제도화하여 스스로 추진해 나가도록 자아존중감을 갖도록 하는 일이다. 여기에 지역사회의 행정체계를 참여시킨다.

④ 행정가의 역할

사회복지사는 지역사회복지 프로그램을 계획에 의해 설정된 목표의 효율적·효과적 달성을 위하여 인적·물적 자원을 적절히 관리하는 역할이다.

유의해야 할 점은 프로그램을 운영하는 규칙과 절차를 적용함에 있어서 목표를 유념해야 하며 형식적인 면의 탈피를 위하여 적절한 융통성을 발휘해야 한다. 여러 가지 행정적 문제에 능동적으로 대처할 수 있는 능력이 필요하다.

(3) 사회행동모델에서 역할

① 행동가의 역할

사회복지사는 지역사회 내 소외계층의 이익을 증진시키고 이들의 편에 서서 적극적인 자세로 지역주민들의 행동을 조직화하여 사회복지 활동을 전개하는 역할이다. 사회복지사는 지역사회의 조건이 불평등하게 배분되어 있다고 보고 정부기관에 자원을 얻어내기 위해 노력할 뿐 아니라 서비스제공에 따른 형평성을 제고하도록 압력을 가해야 한다.

② 중개자의 역할

사회복지사는 주민들이 필요로 하는 지역사회 내에 있는 서비스체계나 자원을 활용할 수 있도록 연결해 주는 역할을 수행한다. 지역주민들로 하여금 필요로 하는 자원의 소재를 알려주어 지역사회와 주민 간에 적합한 자원과 서비스를 연결해 준다. 자원을 연결하기 위해서는 지역 자치자원에 관한 지식과 연계기술을 갖추어야 한다.

③ 옹호자(대변자)의 역할

사회복지사는 사회적 약자들이 권리를 박탈당할 때 공인된 합법적 수단을 활용하여 개인, 집단, 지역사회 입장에서 대변하고 보호, 개입, 지지를 통하여 서비스를 받을 수 있도록 직접적이고 적극적인 역할을 수행한다. 사회복지사는 그의 전문적 역량을 종합적으로 판단하여 클라이언트의 이익을 위해서 역할해야 한다.

④ 행동조직가의 역할

사회복지사는 지역에서 바람직한 사회복지가 실현될 수 있도록 관련 조직을 정태적·동태적으로 구성하여야 하고 복지환경 조직화를 형성한 후 서비스 전달 조직화를 추진해야 한다.

그리고 지역에서 자원개발이나 연계를 위해 조직이나 집단의 의견을 모으며 공동의 목표나 문제 해결을 위해 관련 상·하기관과 또는 인접기관과의 의사소통이 원활하도록 조직하여야 한다.

5. 영역별 사회복지사의 역할

지역사회에서 사회복지사는 지역주민 개인과 집단을 대상으로 지역주민들의 욕구에 따라 사정과 평가로 문제해결을 돕고 지원하는 역할을 한다. 또한 각종 사회복지프로그램을 기획하고 시행·평가하는 등의 업무를 수행하고 있다. 이처럼 지역사회문제를 해결하기 위해서 수행되는 사회복지사의 역할은 지역조건에 의해 영향을 받게 되지만 지역사회의 목적과 유형에 따라 역할의 내용이 달라질 수도 있다.

따라서 지역사회에서 전문성을 필요로 하는 사회복지 욕구에 능동적으로 역할을 할 수 있도록 영역별 사회복지사 제도를 시행하고 있다. 즉, 일반 사회복지사자격을 취득 후 소정의 과정을 거쳐 영역별로 전문화된 사회복지사로서 의료사회복지사, 학교사회복지사, 정신건강사회복지사 등이 역할하고 있다.

이 역할은 국민의 의료지원서비스를 복지적 서비스로 연계하고, 학생들에게는 학교폭력 예방 및 상담 등 위기개입을 통해 건강한 학교생활을 할 수 있도록 하며, 지역사회에서 정신건강을 증진하기 위한 목적으로 관련 전문자격제도를 마련하여 복지욕구에 대응하고 있다.

영역별 사회복지사의 역할을 구체적으로 살펴보면 다음과 같다.

1) 의료사회복지사의 역할

의료사회복지는 의료영역에서 질병에 영향을 주는 심리적·사회적·경제적 문제 등 모든 조건들을 조정하고 통합하여 질병을 가진 개인이나 가족 또는 지역사회의 의료 관련 문제를 해결하기 위해 사회복지적 관점에서 환자에 관한 전인적 접근의 필요성으로부터 출발한다고 할 수 있다.

따라서 의료사회복지사란 질병을 가진 대상자와 그 가족뿐만 아니라 지역사회에서 의료진과 함께 협의하여 공동체 의식으로 돕는 전문가이다.

또한 입원할 때뿐만 아니라 퇴원 후에도 사회적 기능을 원활히 수행할 수 있도록 질병의 예방과 회복, 사후관리에 이르는 연속적인 의료복지제도 및 관련 정책 차원의 활용을 통해 의료사회복지실천의 목적을 달성하도록 돕는 복지전문가로서 역할을 한다.

2) 학교사회복지사의 역할

학교사회복지는 학교에서 일어나는 학생의 문제들을 개인의 문제만이 아닌 개인을 둘러싼 환경과의 상호작용의 문제로 보고, 이러한 심리, 사회적 문제들을 학생-학교-가정-지역사회의 연계(방법)를 통해 예방하고 해결함은 물론, 모든 학생이 자신의 잠재력과 능력을 최대한 발휘할 수 있도록 최상의 교육환경과 공평한 교육기회를 제공하는 것을 목적으로 한다.

따라서 학교사회복지사는 지식과 기술로 훈련된 사회복지사로서 학생의 인권 및 학생의 복리증진을 위해 사회복지의 실천기술 방법으로 학생을 지원하는 역할을 하며, 또한 학교사회복지 실천 여건을 조성하고, 개별사회사업, 집단사회사업, 가족자원활동, 지역사회자원 구축 및 연계서비스 등을 제공하는 교육영역의 전문 사회복지사라 할 수 있다.

3) 정신건강사회복지사의 역할

2008년 이후 지역사회에서 전개된 정신건강에 관한 연구의 활발한 활동으로 이 영역에서 사회복지사는 보다 전문적이고 포괄적인 역할을 요구받게 되었다.

더욱이 이 분야의 관련법은 정신건강의 개념과 패러다임의 변화로 인해 기존의 '정신보건법'에서 '정신건강증진 및 정신질환자 복지서비스 지원에 관한 법률(정신건강복지법)'로 개정되면서 2017년부터 '정신보건사회복지사'의 명칭이 '정신건강사회복지사'로 변경되었다.

이러한 변화는 무엇보다 지역사회에서 사회복지사의 외형적인 조직적·전문적 실천이 아닌 대상자를 중심으로 하는 맞춤형 복지 서비스와 관련된 요구에서 비롯되었다.

특히 정신건강의 결핍에 관하여 예방과 재활에 사회적 관심이 지역사회로 확대되면서 이 분야의 사회복지 영역은 다양한 변화에 직면하게 된 과제였다.

그리고 전문화에 대한 인식이 정신건강분야로 확산되는 이유는 지역사회 내에서 정신건강을 위한 역할로 전문사회복지사의 폭넓고 다양한 역할 수행이 요구되기 때문이었다.

KEY POINT

지역사회복지의 구성요소

① 욕구
② 자원
③ 전달체계

매슬로우(Maslow) 욕구론

단 계	욕 구	내 용
5단계	자아실현 욕구	자신의 재능, 능력, 잠재력 등의 최적 실현
4단계	자아존중 욕구	긍정적인 자아상, 자신감, 자기존중과 타인존중
3단계	사랑의 욕구	감정의 자유로운 표현, 자애로움, 수용과 친밀함
2단계	안전의 욕구	신체적·정서적·정신적인 안전과 안락, 안정
1단계	생존의 욕구	생존에 필요한 물, 공기, 의식주, 성, 수면 필요

브래드쇼(Bradshaw) 욕구론

욕 구	내 용	동일 용어
규범적 욕구	사회복지사 등 전문가의 결정	
인지적 욕구	내면에 느끼고만 있는 욕구	감지적 욕구, 체감적 욕구
표현적 욕구	인지적 욕구가 나타난 욕구	표출된 욕구
상대적 욕구	비슷한 상황은 동등 급여 욕구	비교적 욕구

기초생활보장수급자

국민기초생활보장법에 따라 최저생계비를 지급받는 사람(공공부조의 대표적 수급자)

차상위계층

기초생활보장수급자의 바로 위의 계층으로 기초생활보장 대상자에서 제외된 빈곤층

의료비 지원 제도

① 수급자 : 병원 규모에 관계없이 세금으로 의료급여법에 의한 기준으로 지원
② 비수급자 : 일정 규모 이상의 병원 소속 의료사회복지사의 상담 결과로 지원

사회복지사 윤리강령

사회복지사가 개인, 가족, 집단, 지역사회와 같은 복지대상과 직접 일하면서 그 사명을 다하기 위해서 갖추어야 할 윤리기준

사회복지사 결격사유

다음 어느 하나에 해당되면 사회복지사가 될 수 없다.
① 피성년후견인(금치산자)
② 금고 이상의 형을 선고받고 그 집행이 끝나지 아니한 자
③ 법원의 판결로 자격상실 및 정지된 자
④ 마약·대마초 또는 향정신성의약품 중독자
⑤ 「정신건강증진 및 정신질환자 복지서비스 지원에 관한 법률」에 따른 정신질환자(다만, 전문의가 사회복지사로 적합하다고 인정한 사람은 예외)

사회복지사 선서문

나는 모든 사람들이 인간다운 삶을 누릴 수 있도록
인간존엄성과 사회정의의 신념을 바탕으로
개인, 가족, 집단, 조직, 지역사회, 전체사회와 함께한다.

나는 언제나 소외되고 고통받는 사람들의 편에 서서
저들의 인권과 권익을 지키며
사회의 불의와 부정을 거부하고 개인이익보다 공공이익을 앞세운다.

나는 사회복지사 윤리강령을 준수함으로써
도덕성과 책임성을 갖춘 사회복지사로 헌신한다.

나는 나의 자유의지에 따라 명예를 걸고
이를 엄숙하게 선서합니다.

요양보호사의 결격사유

다음 어느 하나에 해당되면 요양보호사가 될 수 없다.

① 「정신건강증진 및 정신질환자 복지서비스 지원에 관한 법률」 제3조 제1호에 따른 정신질환자
② 마약·대마 또는 향정신성의약품 중독자
③ 피성년후견인(금치산자)
④ 금고 이상의 형을 선고받고 그 집행이 끝나지 아니한 자
⑤ 법원의 판결에 따라 자격이 정지 또는 상실된 사람
⑥ 요양보호사의 자격이 취소된 날부터 1년이 경과되지 아니한 사람

피성년후견인

① 피성년후견인이란 성년이 되었는데도 도움받아야 생활하는 사람
② 과거 금치산자제도와 유사하고 법으로 결정

징역의 종류(금고 · 징역)

① 금고 : 교도소에 구금은 되지만 노동을 하지 않는 징역(징역보다 가벼운 실형)
② 징역 : 교도소에 구금되고 노동을 하는 징역(금고보다 무거운 실형)

클라이언트의 욕구와 관계론의 7대 원칙(비스텍 : Biestek)

클라이언트의 욕구	관계론의 원칙
개인으로(한 인간으로) 처우받고 싶은 욕구	개별화
자신의 감정을 표현하고 싶은 욕구	의도적 감정표현
문제에 대해 공감적 이해와 반응을 얻고 싶은 욕구	통제된 정서적 관여
가치 있는 인간으로서 인정받고 싶은 욕구	수용
자신의 처지에 대해 심판·비난을 받고 싶어 하지 않는 욕구	비심판적 태도
자신의 생활에 관해 스스로 결정하고 싶은 욕구	자기결정
자신에 관한 비밀을 지켜주기를 바라는 욕구	비밀보장

05

지방자치제도와 복지재정분권

| 제5장 | 지방자치제도와 복지재정분권

| 제1절 | 지방자치제도의 개념

1. 지방자치제도의 개념

지방자치란 중앙집권의 상대적 개념으로 중앙정부의 권한이 지방정부로 이전되는 것을 의미하는 것으로, 중앙정부에 과도하게 집중되어 있는 행정기능과 권한을 지방정부에 이양하여 지방자립을 도모하는 정치형태를 말한다. 이에 따라 사회복지의 지역화로 복지제공에 대한 중앙정부의 책임을 상당 부분 지방정부로 이전하게 되었다.

지방자치제가 성립되려면 첫째, 중앙정부로부터 독립된 자치권이 있는 지방자치단체가 있어야 하고 둘째, 지방자치단체의 행정사무가 지역주민의 참석에 의해 이루어져야 한다. 이는 권력의 수직적 분권으로 권력이 필요 이상 강해지는 것을 방지하는 지방분권사상과 나라의 주인이 국민이며 국가와 권력은 국민으로부터 나온다는 민주주의 사상에 근거를 두고 있다.

지방자치의 핵심은 지역주민의 복지증진에 있다. 우리나라 헌법 제117조에서 "지방자치단체는 주민의 복리에 관한 사무를 처리하고, 법령의 범위 안에서 자치에 관한 규정을 둘 수 있다"고 정하고 있어 지방자치단체의 존립 목적이 주민들의 구체적인 삶의 질을 높이는데 주력하고 있다.

2. 지방자치의 목적

지방자치제도는 지역주민의 복리증진을 목적으로 한다. 지역주민의 자발적인 참여를 통해 자신이 사는 지역에서 풀뿌리 민주주의 실현에 동참할 수 있으며, 지방자치제도를 통해 주민이 정치에 참여할 수 있는 기회가 확대되기도 한다.

중앙정부의 권력을 지방정부가 나누어 맡음으로써 국가 권력이 중앙정부에 집중되어 나타날 수 있는 문제를 예방할 수도 있고, 지역의 현실과 필요에 맞는 업무와 정책을 추진할 수도 있다.

이렇게 지방자치제도의 목적은 여러 관점에서 접근할 수 있으나, 크게 정치적 관점과 경제적 관점으로 나누어 살펴보기로 한다.

1) 정치적 관점

정부의 의사결정구조를 다원화하여 권한이 한곳에 집중되는 것을 상쇄시키는 목적이 있다. 다시 말해서 국가권력 담당자 간의 경쟁과 균형이 필요하다는 것이다.

삼권분립이론도 이러한 맥락에서 필요한 정치이며, 지방자치는 삼권분립에 대한 부차적인 정치로 개발된 것으로 지방분권주의와 동의어적 성격을 띤다.

2) 경제적 관점

경제적 관점에서의 지방자치는 전 국민의 경제적 복리후생을 증진시킬 수 있다는 논리에 근거한다. 중앙집권화의 상태에서는 개별 국민의 경제적 능률을 향상시키기보다는 획일적인 공공재의 공급으로 자원배분의 효율성을 기할 수 없다는 것이다. 즉, 지역의 특수성에 알맞은 행정집행을 가능하게 하여 행정의 효율성 향상을 기대할 수 있으며, 선의의 경쟁을 통한 지역발전에 이바지할 수 있다는 장점이 있다.

| 제2절 | 한국 지방자치제도의 발달과정

지방자치는 국가통치기구의 하나로서 중앙정부와 더불어 지역사회복지의 구현이라는 공통의 목적을 추구한다.

지방자치는 지역사회는 물론 국가행정에 대하여 중앙정부와 공존하며 상호분담과 협동관계의 유지를 강조하고, 중앙정부와 지방자치단체의 행정적 결점을 보완하면서 지역사회의 실정에 적합한 행정수행과 지역주민의 복지증진에 이바지하는 것에서 그 존재가치를 찾을 수 있다.

지금에 와서는 주민자치와 단체자치를 종합하여 지방적 행정사무를 지방자치단체에 맡겨 지방주민 자신의 뜻에 따라 처리하게 하는 것으로서, 우리나라의 경우는 정부가 수립된 이듬해에 처음으로 도입되었으나, 그 이후 군사정권에 의해 퇴색되면서 중단된 사례가 있다.

그러나 1987년 헌법 개정을 통해 지방자치제가 다시 부활하게 되었고, 1991년 지방선거를 실시하면서 본격적으로 지방자치 시대가 시작되었다.

이처럼 여러 가지 어려운 과정을 거쳐서 지금까지 지역사회복지와 함께 실시되고 있으며, 지방자치단체의 역사적 발달과정은 다음과 같다.

1. 1단계 : 지방자치 발전의 시기

1단계는 제1·2공화국 정권으로서 지방자치 발전의 시기라 할 수 있다. 근대적 의미로서 지방자치제도가 처음 도입된 것은 정부수립 다음 해인 1949년 지방자치법의 제정이 이루어지면서부터이다. 그러나 지방자치법은 여러 차례에 걸친 개정 끝에 결국 5·16군사정변으로 폐기되기에 이른다. 개정된 내용의 주요 골자를 요약하면 다음과 같다.

우리나라의 지방자치는 제헌 헌법에 근거가 마련되어 광복 이후인 1949년 '지방자치법' 제정을 통해 구체화되었다. 당시 특별시장과 도지사는 대통령이 임명하고, 지방의회 의원은 주민이 선출하여 시·읍·면장은 의회에서 선출하도록 하였다.

지방자치단체장은 이후 1956년 개정으로 시·읍·면장의 선출이 주민의 직선제로 바뀌고, 지방자치단체의 장에 대한 지방의회의 불신임권이 폐지되었으며, 1958년 개정을 통해 시·읍·면·동·이장의 선출이 임명제로 변경되면서 점차 반강제적 자치로 전락하게 되어 지방자치의 의미가 퇴색하였다.

이러한 지방자치제도는 4·19혁명에 의해 일대 전환을 맞게 되고, 그 이후 전면적인 민주화의 열기 속에 지방행정 민주화에 대한 제도적 구현이 요청되었다. 따라서 1960년 1월 제4차 개정을 통하여 전 지방자치단체의 장을 주민이 직접 선출하는 직선제로 다시 바뀌면서 민선 지방자치제의 기틀이 마련되었다.

그러나 한국전쟁으로 인해 유명무실하게 운영되어 오던 지방자치는 1961년 5월 군사혁명위원회에 의해 지방의회가 해산되고, 지방자치단체장 선출이 다시 임명제로 바뀌면서 후퇴하게 된다.

2. 2단계 : 지방자치제의 중단기

지방자치의 두 번째 단계는 제3·4공화국 시대로 지방자치제의 중단기라고 할 수 있다. 5·16군사정변 이후 군 출신 집권자들은 권위주의적 정치형태를 지니고 있었고, 갈등과 비능률에 지나친 반대성향을 지녔기 때문에 지방자치와 분권에 대해 철저히 부정적 태도를 보였다.

1962년 지방자치에 대한 임시조치법을 공포·시행함으로써 지방자치는 중단되고, 고도로 중앙집권화한 강력한 행정체제하에서 하향식 의사소통에 의한 일방적인 행정집행이 이루어졌다.

또한 유신체제에서는 집권세력의 정치적 의도에 따라 1972년 헌법 개정을 통해 지방의회의 구성을 조국통일이 될 때까지 보류함으로써 주민의 행정참여를 막고, 과도했던 중앙집권화를 더욱 강화한 독재적 정치권력이 장기화되었다.

3. 3단계 : 지방자치의 부활기

지방자치의 세 번째 단계는 제5공화국에서 현재에 이르는 시기로 지방자치의 부활기라고 할 수 있다. 제5공화국 헌법은 지방의회의 구성시기를 지방자치단체의 재정자립도를 감안하여 법률로 정한다고 규정함으로써 지방자치에 대한 논의의 가능성을 제시하였다.

결국 1984년 국회에서 1987년 상반기 중 적합한 일부 지역에서 지방의회를 1차적으로 구성하기로 합의하기에 이른다. 그러나 지방자치제는 그 후 긴박한 정치적 변화 속에서 2차적 논제가 되어 1988년 대통령선거, 1989년 국회의원 선거 이후로 미루어지게 되었다.

1989년 상반기 개정안이 13대 국회를 통과하였으나 대통령의 거부권 행사로 무산되고 말았다. 이렇게 국회에서 통과된 지방자치제 법안은 정치적인 우여곡절 속에서 1990년 극적으로 여·야가 합의함에 따라 1991년 지방의회, 1995년 지방자치단체장 선출로 다시 실시하게 되었다. 이로 말미암아 우리나라도 지방자치제의 실시와 함께 지역사회복지가 더욱 발전하는 계기가 되었다.

| 제3절 | 지방자치단체(지방정부)

지방자치 실행을 위해서는 지방자치단체가 필요하며, 지방자치단체는 지역주민들을 위하여 대표들이 지역의 여러 일들을 처리하기도 하고, 지역주민들과 지역의 발전을 위해 토의하고 결정하는 단체이다. 지역주민들은 지방자치단체라는 독립적인 공법인을 설립하여 지역주민의 성숙한 시민의식 고취와 주민복지의 발전을 위해 능동적으로 지방자치를 실현하는 곳이다.

지방자치단체가 갖는 권한으로는 주민복리 증진과 행정사무 처리권, 자치입법권, 재산관리권 등이 있다. 또한 지방자치단체는 주로 주민의 복리증진과 생활환경 시설 그리고 지역개발 등의 사무를 처리하는데, 이에는 고유사무와 위임사무가 있다.

고유사무란 일반적으로 지방자치단체의 존립을 목적으로 하는 사무, 즉 주민의 복리증진을 위하여 적극적으로 서비스를 제공하는 사무를 말하며, 위임사무는 법령에 의하여 중앙정부나 광역지방자치단체로부터 위임받은 사무를 말한다. 위임사무에는 지방자치단체 자체에게 위임되는 단체위임사무와 지방자치단체장이나 기타 집행기관에 위임되는 기관위임사무가 있다.

단체위임사무의 예로는 조세 등 공과금 징수, 전염병 예방접종, 하천 보수·유지 등을 들 수 있고, 기관위임사무의 예로는 가족관계등록사무, 주민등록사무, 병무사무, 소방사무, 경찰 등을 들 수 있다.

자치입법권으로 지방자치단체는 법령의 범위 내에서 자치에 관한 규정을 제정할 수 있는데, 이에는 조례와 규칙이 있다.

조례는 법령의 범위 내에서 지방의회가 제정하는 것으로서 주민의 권리·의무에 관한 사항이나 기타 사무와 관련된 중요 규범이나 방침을 그 내용으로 한다. 규칙은 법령 또는 조례가 위임한 범위 내에서 지방자치단체장이 그 권한에 속하는 사무에 관하여 제정하는 것이다.

재산 관리권으로 지방자치단체는 그 사무 처리를 위하여 재산을 소유·관리하며, 지방세를 비롯하여 각종 공과금 및 수수료·사용료 등을 징수할 수 있으며, 필요에 따라서는 지방채를 발행할 수도 있다.

1. 광역지방자치단체

광역지방자치단체는 시·도를 의미하는데 특별시와 광역시, 특별자치시, 특별자치도가 있다. 그리고 인구 규모에 관계없이 세종특별자치시 및 제주특별자치도는 광역지방자치단체이다. 광역지방자치단체인 시·도 단위에서 지역사회복지 정책을 관장하는 조직은 문화복지국, 여성정책국, 보건복지여성국 등으로 구성되어 중앙정부의 보건복지부, 여성가족부, 고용노동부 등의 직무를 국(局) 내에서 관장하고 있다.

2. 기초지방자치단체

기초지방자치단체인 시·군·구 단위에서는 지역사회복지에 관한 업무를 관장하기 위하여 문화복지과, 사회복지과, 여성정책과 또는 가정복지과 등의 명칭으로 지역마다 특성에 맞는 다양한 조직이 운영되고 있다.

기초지방자치단체의 하부조직이며, 주민과 밀접한 조직인 읍·면·동사무소에서는 국민기초생활보장 업무와 함께 아동, 노인, 장애인, 한부모가족 등에 관한 지역사회복지서비스 업무를 모두 관장하며, 종합적인 복지행정서비스를 제공하고 있다.

기초지방자치단체는 1995년 지방선거에서 서울특별시의 구청장을 비롯한 전국 각 지역의 시장, 군수, 구청장인 기초지방자치단체장이 직접 국민에 의해 선출됨으로써 기초자치단체도 자치권을 행사하는 행정기관이 되었다.

|제4절| 지방자치단체 업무의 주요 요소

1. 자치사무(공공문제)

지방자치는 지방정부의 자율성, 지역주민의 책임성, 성숙한 시민의식을 전제로 하며, 지역사회서비스의 질적 향상과 정치·행정 효율화를 통한 복지행정을 강화하면서 그 지역의 주민들이 공통으로 처리해야 할 일정한 공공문제를 창의와 혁신을 통해 지방자치가 성장할 수 있는 기반을 마련하는 것을 말한다.

즉, 처리권한과 책임이 전적으로 지방자치단체에 속하는 고유사무로서 당해 지방자치단체에만 이해관계가 있는 사무를 말한다. 예를 들면, 상하수도 사업, 운동장 설치 및 관리, 지방도로 신설관리, 청결·소독·미화사업 등이 있다.

2. 자주재정(자기부담)

지방자치에 있어서는 지역의 여러 문제들을 주민 스스로 발견·진단하여 이에 대한 해결방안을 강구하고, 자원 및 노력을 동원하여 문제를 해결하는 것으로서 주민의 자치능력과 자기부담이 필수요건이라 할 수 있다.

예를 들면, 경비부담의 경우 자치단체 부담 또는 국가나 상급 단체의 보조 등의 경우를 말한다.

3. 주민참여(자기처리)

지방자치의 문제는 지방화, 자율화, 그리고 복지화의 이념적 가치를 토대로 스스로의 문제를 해결하려는 실천 의식의 장으로 인식해야 하고, 주민들이 자기들의 문제는 스스로 처리하는 것이 필수요건이다. 참여민주주의와 더불어 강조되고 있는 주민참여는 조직 내부의 의사결정에 대한 하위계층의 참여와 함께 참여행정의 핵심적 요소를 이룬다.

4. 국가감독(중앙통제)

중앙정부가 지방정부(지방자치단체)를 지휘·감독하여 행정의 통일성을 기함과 동시에 지역 간의 균형된 발전을 도모하기 위하여 지방정부에 대하여 재정적·기술적 지원을 하는 것이라 할 수 있다.

재정·기술·자료 등이 부족한 지방자치단체에 대해서 중앙정부가 재정지원, 기술지원, 권고, 조언 등으로 관여하는 것으로 예방접종, 국세징수, 생활보호, 재해 구호사업, 보건소 운영 등이 있다.

5. 협치유형(자치과정)

1) 민주성

지방자치에 있어서 민주성은 지방정부의 의사결정 과정에서 비교·분석 등 개방성과 경쟁성의 조건을 충족시켜야 한다는 것을 의미한다. 이 과정에서 주민의 참여를 유도하거나 대안요구가 반영될 수 있도록 합의와 참여과정을 공개해야 한다.

경쟁성에 기초한 평등한 정책으로 사회적 갈등을 반영하고, 그 사이에서 균형을 이루게 되어 어느 일방에만 유리한 선택이 되는 것을 예방하고, 타협의 산물로서 정책의 대안이 선택될 수 있도록 해야 한다. 따라서 바람직한 의사결정과정에 있어 민주성은 중요한 가치가 된다.

민주성은 정치적 민주주의로 민간의 요구를 수렴하여 행정에 반영시키는 대응성의 확보 및 책임행정 구현을 의미하고, 지방정부 내 조직구성원의 하의상달, 분권화, 자아실현 욕구의 충족을 위한 조직 관리에 필요한 이론이다. 민주성은 목적의 가치로 능률성이 전제되어야 실천력이 있다.

2) 능률성

지역사회복지문제 해결에 있어서 동원할 수 있는 자원이 한정되어 있다면 한정된 자원을 가지고 지역사회서비스를 최대로 창출·제공하는 것이 능률적일 것이고, 제공되는 복지서비스의 수준이 만족스럽다면 최소한의 소요되는 자원으로 복지서비스를 제공하는 것이 능률적일 것이다. 따라서 투입이 일정하면 산출을 최대한으로 만드는 것이 능률적이고, 산출이 일정하다면 투입을 최소화하는 것이 능률적일 것이다.

그러나 능률성이라는 기준도 시간적인 요소를 고려한다면 모호해지는 경우가 있는데, 단기적으로는 능률적이지만 장기적으로 볼 때 자원의 낭비일 수도 있다. 또한 능률성은 수단의 가치로 민주성이 전제되어야 실효력이 있다. 능률성을 강조하면 민주성이 약화될 것이고, 민주성을 강조하면 능률성이 약화될 것이다.

제5절 지역복지분야의 재정분권화

1. 재정분권화의 개념

재정분권이란 중앙정부나 상위 단계의 정부로부터 지방정부 등 낮은 단계에 위치한 정부에게 조세와 재정지출에 관한 의사결정권을 포함한 재정적 권한과 책임을 이양하는 것을 말한다.

재정분권화는 지방정부의 분권화된 복지재원 확보에도 중요하므로 재정분권화에 관한 연구와 관심은 중요하다. 따라서 재정적으로 분권화된 체제하에서 지방정부는 주도적으로 조세수입을 마련하고, 지출 프로그램을 결정할 수 있는 능력을 보유해야 한다.

재정분권은 공공서비스의 공급과 소비가 안고 있는 불가피한 문제를 시장의 원리를 통해 해결함으로써 전체적인 경제의 효율성을 높이고자 하는 것이 주요 개념이다. 널리 인용되는 오츠(Oates)의 분권화 정리는 바로 이런 점을 요약하고 있다. 즉, 지역별로 서로 다른 주민들의 선호와 환경을 반영하여 차별적으로 공공서비스를 공급할 수 있다면, 모든 지역에 통일적으로 공공서비스를 공급하는 경우 보다 사회적 후생을 높일 수 있다는 것이다.

2. 재정분권화의 조건

분권화 정리에서 주장하는 바가 제대로 작동하기 위해서는 다음과 같은 몇 가지 조건이 필요하다.

① 분권적인 공공서비스 공급의 효율성을 높이기 위해서는 규모의 경제가 발생하지 않아야 한다. 만약 규모의 경제가 발생한다면 지방정부 단위의 소규모 공급으로 인해 중앙정부에 의한 대량공급을 통한 비용절감이라는 이익을 포기해야 한다는 것이다.

따라서 규모의 경제가 작용하는 공공서비스의 경우에는 중앙정부가 집단적으로 공급하는 것이 보다 효과적일 수 있다.

② 지방정부는 주민들의 선호를 잘 파악해야 하며, 또한 파악한 선호를 공공서비스 공급에 제대로 반영할 수 있어야 한다.

우선 분권적인 시스템하에서는 공공서비스 공급주체와 소비자 간 정보적 거리가 축소되므로 지방정부는 주민들의 선호를 보다 낮은 비용으로 보다 정확하게 파악할 수 있다고 주장된다.

한편 파악된 주민들의 선호를 공공서비스 공급에 제대로 반영하고자 하는 지방정부의 의지와 능력도 중요한데, 이는 주민들의 투표와 이동성에 의해 증진된다. 즉, 주민들은 선거를 통해 자신의 선호에 대한 지방정부의 반응성을 평가하거나 혹은 발로 하는 투표를 통해 자신들에게 가장 바람직한 재정적 패키지를 제공하는 지역을 거주지로 선택하게 된다.

③ 공공서비스 공급의 재원은 원칙적으로 지방세를 통해 마련해야 하며, 지방세는 가격기능을 담당해야 한다.

즉, 지방세는 공공서비스로부터 편익을 수혜하는 주민들이 그 대가로 지불하는 비용의 개념으로서 혜택이 증가하면 지방세 부담도 증가하는 메커니즘이 마련될 필요가 있다. 이를 위해서는 지방정부가 세율 결정을 포함한 지방세에 관한 자율권을 보유할 필요가 있다.

3. 교부세와 지방재정 구조

1) 교부세

지역사회복지 실행에 있어서 지방재정 및 지방재원을 확보하기 위하여 국가(중앙정부)가 지방정부(지방자치단체)에 교부하는 중앙정부의 지원금인 교부세가 지방의 복지재정 확보에도 중요한 비중을 차지한다.

교부세는 지방자치단체의 사정에 따라 또한 정치권의 영향으로 중앙정부의 주관적 지원이 될 수 있으므로 공정하고 객관적인 운용이 필요하다.

교부세에는 보통교부세와 특별교부세 두 가지가 있다.

① 보통교부세는 중앙정부가 각 지방자치단체의 재정력 균형을 위해 각 자치단체의 재정부족액을 산정해 용도에 제한을 두지 않고 교부(지원)하는 재원을 말한다.

보통교부세는 용도를 지방자치단체에서 임의로 정하여 사용할 수 있다.

② 특별교부세는 일정한 조건을 붙이거나 용도를 제한해 교부하는 지방교부세를 뜻한다. 즉, 특별한 사정이 발생할 때마다 수시로 교부(지원)하게 되어 있다. 따라서 특별교부세는 지정된 용도 외에 지방자치단체에서 변경하여 사용할 수 없다.

2) 지방재정 구조

분권적 재정시스템하에서 지방정부 등 하위정부는 재정수입과 지출에 관한 권한과 책임을 가지는데, 법률 등 제도에 의해 부여된 재정지출 책임을 지방세 등으로 수행한다.

이처럼 지방정부의 재정지출 책임수행에는 상위정부의 재정이전이 반드시 요구된다. 이러한 현실로 인해 지방세 등 지방의 자체 재원이 지방재정 수입에서 차지하는 비중은 어느 정도가 적정한지, 지방정부는 지방세에 관하여 어느 수준까지 자율권을 보유해야 하는지, 지방세는 어떤 세원에 대해 과세되는 것이 적당한지 등에 관한 논의는 매우 중요하다.

그러나 지방이 담당해야 할 재정적 기능과 그에 따른 필요 재원 규모를 정확히 산정하는 작업은 매우 힘들며, 시간이 지남에 따라 변화한다. 때문에 지방세를 통해 마련된 재원은 필요한 재원 규모와 일치하지 않으며 대부분 부족한 현상이 나타난다.

따라서 지방의 재원부족에 따른 중앙과 지방 간 수직적 재정 불균형이 나타나며, 이를 해소하기 위하여 중앙으로부터 지방으로 재정이전이 필요하게 된다.

특히 수직적 및 수평적 재정 불균형의 해소를 위해 교부되는 의존 재원은 대부분 우리나라의 보통교부세와 마찬가지로 무조건부로 교부되므로 지방정부가 필요에 따라 아무런 제약 없이 자율적으로 사용할 수 있다는 점에서 자체 재원과 전혀 다름이 없다고 볼 수도 있다.

나아가 지방세 위주가 된다면 항상 재정수입의 불균형 문제가 나타나므로 오히려 재정 불균형을 해소하는 방식으로 교부되는 의존 재원이 보다 문제가 적다고 볼 수도 있다.

4. 재정분권화의 한계

지방자치제도의 실시로 개인의 권리와 자유의 신장, 주민의 복리증진, 자원의 효율적 배분 등 지역주민과 지역복지대상자에 대한 접근성 보장 측면에서는 긍정적인 의미도 있으나, 열악한 지방재정으로 인한 지역 간 빈익빈 부익부 현상마저 초래되어 또 다른 지역격차문제와 지역갈등을 야기할 우려가 있다.

지역복지 재정분권화는 지역 특성에 따른 수요자 중심의 서비스를 제공하기 위한 정책 변화의 핵심이라고 할 수 있다. 하지만 여러 가지 긍정적 효과를 기대할 수 있음에도 불구하고, 많은 사회복지전문가들은 재정분권화정책의 한계와 문제점을 지적해 오고 있다. 그 내용을 요약하면 다음과 같다.

① 국가의 사회복지에 대한 책임이 약화되고, 이에 따른 사회복지예산이 축소될 가능성이 있다. 과거에 비해 사회복지예산이 증가해 오고 있지만, 아직까지 전체 국민의 복지수준은 열악한 상태에 있다.

② 재정자립도가 낮은 일부 자치단체의 경우 재원조달에 대한 부담으로 복지사업에 대한 적극성이 결여되어 복지품질의 격차가 크게 나타날 것으로 예상되고 있다.

③ 지방자치단체의 지역복지에 대한 이해 부족, 의지 미약, 지방자치단체장의 선거를 의식한 인기 위주 사업 추진, 님비(NIMBY)현상[1] 등으로 인하여 지역에 필요한 복지사업의 추진이 지연되거나 포기할 수 있는 상황을 예상할 수 있다.

---

1) 님비(NIMBY) 현상은 'Not In My Backyard'를 줄인 말로 자기 지역에 혐오성 시설 설치 기피현상

KEY POINT

지방자치

지방의 정치와 행정을 그 지역 주민들 스스로에 의해 또는 주민의 대표자를 통해 자율적으로 처리해 나가도록 하는 제도

지방자치단체의 지역사회복지기능

① 주민복지증진에 관한 사무와 지역사회복지기능을 구체적으로 열거
② 지역사회복지의 수준과 범위를 기초자치단체인 시·군·구로 한정
③ 생활보호사업과 의료보호사업, 주민건강관련사업, 일반적 사회복지서비스

지방분권의 장·단점

장 점	단 점
• 개인의 권리와 자유의 신장 • 주민복지의 증진 • 자원의 효율적 배분	• 자원분배를 둘러싼 갈등 • 사회적 형평성의 문제 • 지역 이기주의

교부세(중앙정부 지원금)

① 보통교부세 : 중앙정부 지원금으로 보통교부세는 용도를 지방자치단체에서 임의로 정하여 사용 가능
② 특별교부세 : 중앙정부 지원금으로 특별교부세는 지정된 용도 외에 지방자치단체에서 자체변경 불가능

세금 관련 연금

국민의 일반조세인 세금으로 지급하는 연금(공공부조)
① 장애인연금
② 기초연금

신청주의

도움이 필요한 국민이 국가를 상대로 수급 심사 신청(수급자의 신청)

직권주의 · 신청주의

① 직권주의 : 예산의 범위에서 공무원이 직권으로 찾아서 지원
② 신청주의 : 도움이 필요한 국민이 신청하여야 심사 후 지원

장애인복지제도

장애등급제를 폐지하고 장애정도를 점수화한 맞춤형 복지제도
① 중증장애정도(1급~3급) ② 경증장애정도(4급~6급)

복지카드

① 장애정도에 따라(읍 · 면 · 동에서 복지카드 지급)
② 복지카드 소유자는 통신료 및 고속도로통행료 등 각종 할인 혜택

수급자의 권리 · 의무

① 급여변경금지 ② 압류금지
③ 양도금지 ④ 신고의무

지방자치단체

① 광역지방자치단체(시 · 도)
② 기초지방자치단체(시 · 군 · 구)

지방자치단체장

① 광역지방자치단체장 : 특별시장 · 광역시장 · 도지사(시 · 도지사)(선출직)
② 기초지방자치단체장 : 시장 · 군수 · 구청장(시 · 군 · 구청장)(선출직)

> 특별시나 광역시가 아닌 일반시의 구청은 출장소 형태의 행정구청으로 임명직 구청장
> (성남시 분당구, 청주시 흥덕구, 전주시 완산구, 창원시 진해구 등 전국 30여 구청)

인플레이션(inflation)

화폐 가치가 떨어져 물가가 일정 기간 지속적으로 올라가는 현상, 따라서 임금이 인상되어도 인상에 대한 체감 효과가 적은 현상

스태그플레이션(stagflation)

경제불황 속에서 물가상승이 동시에 발생하고 있는 상태로 스태그네이션(stagnation)과 인플레이션(inflation)의 합성어

경제시장

능력에 따른 자원의 자유로운 교환에 의한 분배(쌍방적 교환)(자유시장)

사회시장

능력이 없는 자에 대한 일방적 급부에 의한 분배(일방적 분배)(국가개입)

시장의 실패

경제활동을 시장에 맡길 경우 나타나는 자원의 비효율적 배분과 불공정한 소득분배 현상(정부 개입 필요성)

정부의 실패

시장 실패를 해결하기 위한 정부 개입이 오히려 효율적인 자원배분을 더 저해하는 상황(정부 개입 불필요)

국가 및 지방자치단체책임

① 사회보험 : 국가책임(중앙정부책임)(사전적 제도)
② 공공부조 : 국가 및 지방자치단체 공동책임(사후적 제도)

국가개입 축소·확대

축 소	확 대
탈중앙화	탈지방화
탈시설화	탈상품화
탈규제화	탈분권화
탈산업화	탈민영화

06

지역사회복지정책의 실제

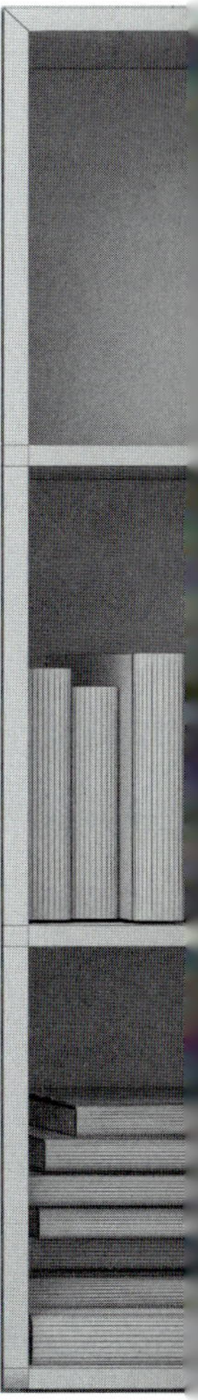

제6장 지역사회복지정책의 실제

인간은 끊임없이 행복을 추구하여 왔으며, 이는 앞으로도 계속될 것이다. 최근 사회변화와 이에 따르는 제도, 풍습 등 여러 분야도 급변하고 있는데, 특히 우리 사회는 환경의 변화에 따라 지역사회복지의 전문성에 대한 기대수준도 점점 높아지고 있으며, 지역사회복지현장의 정체성 형성과 전문성 제고는 더욱더 요구되고 있다.

따라서 지역사회복지의 출현에 대해 국가가 문제를 인식하고 대안을 찾는다는 일련의 정책과정에서, 즉 국가의 역할이 중요해졌다는 전제하에서, 국가중심론을 기반으로 한다는 이론에서 헌법을 토대로 살펴볼 필요가 있다.

따라서 우리나라 헌법 제34조에 따르면 “모든 국민은 인간다운 생활을 할 권리를 가지며, 국가는 사회보장, 사회복지의 증진에 노력할 의무를 진다. 또한 국가는 여자의 복지와 권익의 향상을 위하여 노력하여야 하며, 노인과 청소년의 복지 향상을 위한 정책을 실시할 의무를 진다”라고 명시되어 있다.

이상과 같이 헌법의 관련 조항에 따라 사회복지를 포괄적으로 기술하고 있으며, 이와 관련해 헌법을 근거로 제정된 사회보장기본법 제3조 제1항에서는 사회보장을 크게 사회보험, 공공부조, 사회서비스 등으로 규정하고 있다.

|제1절| 사회보험

1. 사회보험의 개념

'사회보험'이란 국민에게 발생하는 사회적 위험을 보험의 방식으로 대처함으로써 국민의 건강과 소득을 보장하는 제도를 말한다.

이는 사회보장기본법 제3조 제1항의 8대 원칙으로 출산, 양육, 실업, 노령, 장애, 질병, 빈곤, 사망 등의 사회적 위험에 대처하여 위험분산과 소득재분배를 통해서 국민을 보호하고 빈곤을 해소하며 국민생활의 질을 향상시키기 위한 제도로서 가입의 강제성을 지닌 사회적인 방법이다.

현재 시행되고 있는 사회보험의 종류는 크게 5대 제도로 산업재해보상보험, 국민연금, 고용보험, 국민건강보험, 노인장기요양보험 등으로 구성되어 있다.

2. 사회보험의 특성

사회보험은 최저생활보장의 원리, 소득재분배의 원리, 보편주의 원리, 보험료 부담 원리 등으로 구분할 수 있다. 이 원리들을 바탕으로 사회보험의 특성을 구체적으로 설명하면 다음과 같다.

① 사회적 위험인 출산, 양육, 실업, 노령, 장애, 질병, 빈곤, 사망 등으로부터 사람들을 보호하기 위한 의무적인 제도이다.

② 사회적 위험에 대비하기 위한 최저소득보장제도이다.

③ 개인적 형평성보다는 사회적 충분성을 중시한다. 사회적 충분성이란 모든 가입자들에게 최저생계수준 이상을 유지하도록 급여를 제공하는 것을 말하며, 개인적 형평성이란 자신이 낸 보험료에 비례하여 급여를 받는 것을 말한다.

사회보험이 사회적 충분성을 보장하기 위해서는 저소득층, 대가족, 고령층 등이 더 유리하도록 배려한다.

④ 급여수준과 소득수준은 직접적인 연관이 없다. 개인적인 생활수준이나 자신이 낸 보험료의 액수보다는 현재의 욕구에 따라 급여가 결정된다. 그러나 소득비례연금 등에서 보듯이 급여와 소득이 비례하는 경우도 있다.

⑤ 급여는 권리이며, 자산조사가 없다. 사회보험 수급권은 수급자와 보험자 간의 계약에 의해 규정된 권리이다. 수급자가 수급에 필요한 제반 요건을 모두 충족시켰기 때문에 수급하는 것이며, 사회보장 관련법에 의해 보장된 권리이다. 사회보험 수급권은 수혜자 존엄성을 보장해 주는 동시에 사회보험에 대한 시민들의 지지도 이끌어 낸다.

⑥ 사전에 규정된 욕구에 따라 급여가 제공된다. 예를 들어, 연금은 모든 노인에게 자동적으로 지급되는 것이 아니라 관련규정에 의거하여 급여를 제공하는 것이다.

⑦ 사회보험 재정은 그 수혜자인 피용자와 자영업자 그리고 피용자를 고용하는 고용주가 책임을 진다. 이를 수익자재정책임원칙이라고 한다.

⑧ 급여는 법령으로 규정되어 있다.

⑨ 사회보험은 정부가 주도하지만 정부의 피용자인 공무원만을 위해서가 아니라 정부 개입이 필요한 사회문제의 해결을 위해 운용된다.

⑩ 재정의 완전 적립이 불필요하다. 민간보험은 완전 적립을 반드시 요구하지만, 사회보험은 그렇지 않다. 민간보험과 같은 적립 프로그램에서는 축적된 자산(기금)의 가치가 가입자의 제반 권리(수급권리)를 충족시킬 정도로 충분해야 한다.

민간보험이 완전 적립을 강조하는 가장 큰 이유는 언제든지 종료될 수 있기 때문이다. 하지만 사회보험은 그럴 필요가 없다. 사회보험 기금은 경우에 따라서 수지 불균형이 일어날 수 있다.

1) 사회보험과 사보험의 유사점과 차이점

사회보험도 '보험'이라는 점에 있어서는 사보험과 유사한 점이 있다.

① 사회보험과 사보험은 사회적 위험을 광범위하게 공동으로 분담한다.
② 사회보험과 사보험은 적용범위, 급여, 재정과 관련된 모든 조건을 구체적으로 명시한다.
③ 사회보험과 사보험에서 급여를 받을 자격과 급여량을 정하기 위해서는 명확한 계산이 필요하다.
④ 사회보험과 사보험은 운용에 필요한 충분한 기여금과 보험료가 필요하다.
⑤ 사회보험과 사보험은 사회구성원에게 경제적 안정을 제공함으로써 사회전체에 유익하게 된다.

반면 사회보험과 사보험 간의 차이점은 다음과 같다.

① 사회보험은 강제적 가입이 원칙이나 사보험은 자발적 가입, 즉 임의가입이 원칙이다.
② 사회보험은 최저소득만을 보호하나, 사보험은 개인적 필요와 개인 지불능력에 따라 더 많은 양의 보호를 받을 수 있다.
③ 사회보험은 사회적 적절성을 강조하여 복지 요소에 초점을 두나, 사보험은 개인적 적절성을 강조하여 보험 요소에 초점을 둔다.
④ 사회보험급여를 제공하는 근거는 법에 명시되어 있는 법정급부이나, 사보험급여를 제공하는 근거는 사적 자유계약에 있는 계약급부이다.
⑤ 사회보험은 주로 정부독점이나 사보험은 보험시장에서 경쟁이 이루어진다.
⑥ 사회보험은 정부가 지급을 법으로 보장하기 때문에 자금의 예측이 비교적 쉬우나, 사보험은 자금 흐름의 예측이 어렵다.
⑦ 사회보험은 법에 의한 강제가입이기 때문에 개별적 보험계약이 필요 없으나, 사보험은 보험회사와 가입자 간에 개별적 보험계약이 있어야 한다.

〈표 6-1〉 사회보험과 사보험의 비교

구 분	사회보험	사보험
제도의 목적	최저생계 또는 의료보장	개인적 필요에 따른 보장
보험가입	강제	임의
부양성	국가 또는 사회	없음
수급권	법적 수급권	계약적 수급권
독점/ 경쟁	정부 및 공공기관의 독점	자유경쟁
공동부담 여부	공동부담의 원칙	본인부담 위주
재원부담	능력비례 부담	개인의 선택

2) 사회보험의 기본 원리

(1) 최저생활보장의 원리

사회보험법에서 소득보장의 수준은 최저생활수준을 원칙으로 하며, 그 이상의 수준은 개인의 노력에 맡기는 것이 자본주의 사회의 기본 이념이다. 사회보험법에서 보장하는 소득보장수준은 그 하한이 최저생활보장에 있고(공공부조법에서 규정한 최저생활보장과 의미를 달리함), 그 상한은 퇴직 전의 생활과 비슷한 생활수준의 보장을 이상으로 하고 있는 데 반하여, 공공부조법에서 규정한 소득보장수준은 그 상한이 공공부조대상자가 스스로 노력하여 획득한 소득으로 생활하는 수준의 최저한도까지만 급여를 지급해야 한다는 데 의미가 있다.

(2) 소득재분배의 원리

사회보험에 의한 소득보장은 그 내용에 반드시 재분배효과가 일어나야 하며, 소득재분배원리는 기여와 급여의 과정에서 고소득층과 저소득층 간 또는 선세대와 후세대 간에 수직적·수평적 소득재분배 효과가 나타남으로써 소득재분배가 전혀 없는 사보험과 구별되는 것이 가장 핵심적인 특징이 된다.

(3) 보편주의 원리

사회보험법의 적용범위는 전 국민을 대상으로 하며, 특정한 신분·지위·성별·종교 등에 관계없이 모든 국민에게 평등하게 적용된다. 국가가 복지증진 노력을 기울여야 한다는 헌법상의 기본 원리와도 맥을 같이하며, 사회보험법의 목적달성을 위해 모든 사회적 위험의 분산과 예방에 보편주의 원리가 적용되어야 한다.

(4) 보험료 부담 원리

사회보험법의 운영에 필요한 재원은 사용자·피용자·국가가 분담하여 조달하는 것을 원칙으로 하며, 국가가 전액 부담하는 공공부조법의 원리와는 구별된다. 피용자의 보험료 부담은 자본주의 사회 원리에 입각하여 보험료를 분담하게 되며, 사용자인 국가는 모든 사회적 사고에 대한 국가책임의 원리에 의해 보험료를 각각 분담하게 되는 것이다.

〈표 6-2〉 5대 사회보험 시행 연도 및 특성

구 분	산재보험	국민연금	고용보험	건강보험	요양보험
시행년도	1964년	1988년	1995년	2000년	2008년
기본성격	산재보상	소득보장	실업고용	질병치료	장기요양
급여방식	현물-균등급여 현금-소득비례	현금급여 소득비례	현금급여 소득비례	현물급여 균등급여	현물급여 현금급여
보험료 관장	고용노동부장관	보건복지부장관	고용노동부장관	보건복지부장관	보건복지부장관

3) 사회보험의 구성 체계

(1) 사회보험의 주체

사회보험은 국가가 전 국민의 최저생활을 보장하는 제도이므로 그 주체는 국가이다. 그러나 사회보험제도의 목적을 효율적으로 달성하기 위해서 공단을 설립하여 운영하도록 하고 있다.

(2) 사회보험의 대상

사회보험의 적용범위는 전 국민이다. 그러나 사회보험제도가 도입된 초기 단계부터 전 국민을 적용대상으로 한 것은 아니다. 사회보험제도의 형태와 제도의 종류에 따라서는 국민 중 일부나 특수한 계층을 대상으로 하지만, 원칙적으로 사회보험제도의 적용범위는 전 국민이 되어야 한다.

(3) 급여의 종류와 수준

사회보험법에서 급여는 피보험자가 일정한 수급자격을 갖추었을 때 보험자로부터 지급받는 금전·물품 및 기타 혜택을 의미한다. 사회구성원의 경제적 생활을 보장하기 위해, 생활에 위협을 가져오는 사고가 발생할 경우 보험의 원리를 응용해 생활을 보장하고자 하는 사회보장정책으로서 가장 중심이 되는 급여형태는 현금급여와 현물급여이다.

(4) 재원조달

사회보장제도는 제도를 운영하기 위하여 많은 비용을 필요로 한다. 이때 비용을 조달하기 위해서 여러 가지 방식이 채택된다. 산업재해보상보험에서는 비용의 전액을 사용자가 부담하고 국가가 관리운영비를 보조하고 있다. 기타 사회보험의 경우에는 사용자 또는 피용자의 2자 부담을 원칙으로 하고 국가가 관리운영비를 부담하는 방식을 취하고 있다.

따라서 우리나라와 같이 복지제도가 사회보험을 중심으로 구축돼 있는 국가에서는 조세부담 증가보다 사회보험료 부담 증가를 예의 주시해야 한다.

근로세대의 보험료 부담으로 노령세대의 사회보장이 이루어지는 재원조달 구조에서는 노인인구가 빠르게 늘고 출산율이 급속히 하락한다면 근로세대의 부담이 이중적으로 커지는 근본적인 문제가 발생할 수 있다.

특히 베이비붐 세대가 노령인구로 전환되면서 국민연금과 건강보험 지출이 급속히 증가할 수밖에 없고, 공무원연금, 군인연금, 사학연금, 별정우체국연금 등 특수직역연금 지출 또한 늘게 된다. 따라서 국민의 기대에 부응할 수 있는 재원적 확충과 효율적 운영에 대처하지 않으면 안 된다.

3. 5대 사회보험제도

1) 산업재해보상보험

산업화가 진전됨에 따라 근로자의 업무상 부상, 질병, 신체장애 또는 사망으로부터 재해를 입은 근로자와 유족 그리고 사업주를 보호하기 위하여 1963년 제정되어 1964년부터 실시된 우리나라 최초의 사회보험제도이다. 이 보험은 1884년 독일의 재해보험법을 효시로 현재 많은 나라에서 채택하고 있다.

산업재해보상보험은 근로자의 업무상 재해를 신속하고 공정하게 보상하고, 불의의 재해를 입은 근로자나 그 가족의 생활을 보호하기 위한 근로복지사업이다. 동시에 불의의 재해로 인한 사업주의 경제적 부담을 분산시켜 부담을 경감시켜 주는 데 의의가 있다.

이를 위하여 사업주의 보험가입 의사와는 관계없이 강제성을 가지고 있으며, 보험료 전액을 사업주에게 부담하도록 하고 있다는 측면에서 다른 사회보험과는 차이가 있다.

산업재해보상보험제도는 사회보험으로서 그 특성은 다음과 같다.

① 무과실 책임주의로서 산업재해보상보험제도는 사용자의 고의, 과실의 유무를 불문하고 업무상의 재해에 대하여 사용자에게 무과실책임을 부과한다.
② 사업자 중심의 관리인 산업재해보상보험제도는 다른 사회보험제도와 달리 사업장 단위로만 가입이 이루어지고 개별근로자의 관리는 별도로 이루어

지지 않고 있다.

③ 산업재해보상보험은 보험관계 성립 등 제반 행정이 자진 신고 및 보험료의 자진 납부를 원칙으로 하고 있다.

④ 산업재해보상보험제도에서 보험 사업에 소요되는 비용인 보험료는 사업주가 전액을 부담한다.

⑤ 산업재해보상보험제도는 사회보험으로서 임의가입 방식이 아닌 강제가입 방식을 택하고 있다.

⑥ 산업재해보상보험제도는 재해보상의 위험 책임을 위험결함을 통해 가입자들에게 분산시키는 사용자보험적 성격과 재해를 입은 근로자와 그 가족의 생활을 보장하는 근로자보험적 성격을 동시에 가지고 있다.

산업재해보상보험제도의 보험급여로는 요양급여, 휴업급여, 장해급여, 간병급여, 유족급여, 상병보상연금, 장례비, 직업재활급여 등이 있다.

2) 국민연금

국민연금은 1988년 국민연금법 시행 이후 국가가 사회보험의 형태로 국민의 생활안정과 복지증진을 도모하고자 만든 사회보장제도이다.

국민연금제도는 산업화와 함께 사회구조가 점차 고령화시대로 나아감에 따라 전통적인 확대가족체계가 무너지고 핵가족화가 심화되어 가면서 노인에 대한 가족의 부양의식과 상호부조정신이 점차 약화되는 등, 사적부양체계가 약화되어 감에 따라 국가 사회적 차원에서 공적부양체계의 일환으로 발전된 노후소득보장제도이다.

국민연금은 산업재해보상보험, 고용보험, 국민건강보험, 노인장기요양보험과 더불어 5대 사회보험 중 하나로 같은 동종집단의 연대성을 기초로 조직되고 운영되는 사회보험제도의 기틀을 마련하였다고 할 수 있다.

또한 동시에 특수직역연금으로 공무원연금, 군인연금, 사립학교교직원연금, 별정우체국연금 등 공적연금을 함께 구성하고 있다.

국민연금은 예방적 소득보장제도로서 노령, 폐질 및 사망으로 인한 개인과 가족구성원의 빈곤화를 예방하는 기능을 가지며, 장기보험적 성격을 가지고 있다.

3) 고용보험

우리나라 고용보험은 1993년에 고용보험법이 제정되면서 1995년부터 시행되었다. 고용보험은 실업예방, 고용촉진 및 직업능력의 개발을 통하여 1차적으로는 취업 중인 근로자의 고용안정을 촉진하고, 부득이 실업이 되더라도 2차적으로 실업급여를 지급하고 재취업을 촉진함으로써 근로자의 실업으로 인한 사회·경제적인 어려움을 해소하는 것을 주된 내용으로 하고 있다. 또한 여성 근로자들의 고용기회 확보를 위해 직장과 가정생활의 양립을 지원하는 육아휴직급여 및 출산전후휴가급여 등을 실시하고 있다.

고용보험은 가장 발전된 형태의 사회보험제도로서 과거의 실업보험이 가진 소극적·제한적인 기능을 넘어 보다 적극적으로 실업을 예방하고, 직업능력을 개발하며, 근로자의 고용안정을 위한 사업까지 포함하는 것이 고용보험제도의 목적이다.

특히 고용보험의 시행을 통해 산업구조조정에 따른 잉여인력이 새로운 산업으로 신속히 이동할 수 있도록 지원하고, 국가의 직업안정기능이 체계화되어 구조적인 인력수급의 불균형에 대응할 수 있도록 해야 한다.

따라서 고용보험제도는 실업자에 대해 필요한 급여를 행함으로써 생활의 안정을 꾀함과 동시에 구직활동을 용이하게 하는 등 재취업을 촉진하는 것과 근로자의 직업안정에 기여하기 위한 제도이다. 또한 실업예방, 고용기회의 증대, 고용구조의 개선, 직업능력개발, 기타 근로자의 복지증진을 목적으로 하는 강제 가입형태의 사회보험 제도이다.

고용보험제도에는 다음과 같은 특성이 있다.

① 고용보험제도는 실직근로자의 생활보장과 고용대책의 통합으로서의 사회복지정책으로 산업구조조정과 경영합리화를 촉진하고 인력수급을 원활하게 하는 한에서 고용정책이 함께 융화된 제도이다.

② 국가책임의 관리운영으로서 고용노동부는 구체적인 사업 중 많은 부분을 근로복지공단에 위탁하여 실행하고 있다.

③ 연금보험 및 건강보험, 산재보험은 비교적 안정적이나 고용보험의 경우 실업률이 경기변동과 밀접한 관계에 있으므로 국가의 통화정책, 재정, 사회 전반의 경기 흐름 등에 영향을 받기 때문에 보험발생률의 예측이 어렵다는 점이 있다.

4) 국민건강보험

우리나라는 1963년 의료보험법으로 제정되어 1977년 500인 이상의 사업장부터 점진적으로 확대되어 시행해 오던 중 이 법의 대체 입법으로 1999년 국민건강보험법을 제정하여 2000년부터 시행되고 있다.

국민건강보험은 일상생활의 우연한 질병이나 부상으로 인하여 일시에 고액의 진료비가 소비되어 가계가 파탄되는 것을 방지하기 위해 마련된 보험이다.

또한 보험원리에 의거 국민들이 평소에 보험료를 내어 기금화 하였다가 보험사고가 발생할 경우 보험급여를 해줌으로써 국민 상호 간에 위험을 분담하고 의료서비스를 제공하는 사회보장제도이다.

국민건강보험은 각 개인의 경제적 능력에 따른 일정한 부담으로 재원을 조성하고, 개별부담과 관계없이 필요에 따라 균등한 급여를 제공함으로써 질병 발생 시 가계에 지워지는 경제적 부담을 경감시켜 주는 소득재분배 기능을 수행한다.

따라서 국민건강보험은 일정한 법적요건이 충족되면 본인의 의사와 관계없이 건강보험가입이 강제되며 보험료 납부의무가 부여되는 제도이다.

(1) 국민건강보험제도의 기본 원칙은 다음과 같다.

① 보험급여의 '포괄성'을 보장한다.

병의 치료뿐만 아니라 예방·재활 및 건강증진에 대하여 적극적이고 포괄적인 급여를 제공함으로써 국민건강수준의 향상을 도모한다.

② 보험료 부담의 '형평성'을 보장한다.

모든 국민에게 단일 부과기준을 적용함으로써 계층·지역 간 보험료 부담의 형평성을 제고한다.

③ 제도운영의 '효율성'과 '투명성'을 확보한다.

조직기구의 경량화, 보험업무의 혁신, 전산정보공유시스템화 등을 통해 작고도 효율적인 관리운영체계의 구축과 주요 정책결정에서 가입자, 의료공급자, 보험자, 정부의 참여에 의한 4자 간 견제와 균형을 유지한다.

④ 의료자원의 효율적 활용과 의료서비스의 '질적 향상'을 기한다.

⑤ 보험재정의 '건전성'을 확보한다.

재정운영시스템을 현행 '저부담 저급여' 구조에서 '적정부담 적정급여' 구조로 전환하도록 한다.

⑥ 국민건강보험법은 적용대상자 본인의 자유의사에 의하여 가입 여부를 결정하는 것이 아니라 동법의 규정에 의하여 가입이 강제된다는 성격을 가지고 있으며, 강제보험제도의 실효성을 확보하기 위해 피보험자에게는 납부의 의무를, 보험자에게는 보험료징수의 강제성을 부여한다.

(2) 국민건강보험법의 적용대상은 다음과 같다.

국내에 거주하는 국민으로서 국민건강보험법에 의한 건강보험의 가입자 또는 피부양자에게 적용이 되며, 국내에 체류하는 외국인도 가입자 또는 피부양자가 될 수 있다. 가입자의 종류는 직장가입자와 지역가입자로 구분한다.

〈표 6-3〉 국민건강보험 급여

급여형태		지급대상
현물급여	요양급여	가입자, 피부양자
	건강검진	가입자, 피부양자
현금급여	요양비	가입자, 피부양자
	장애인 보장구	가입자 및 피부양자 중 장애인복지법에 의해 등록한 장애인
	본인부담액 보상금	가입자, 피부양자
	임신·출산 진료비	가입자 및 피부양자 중 임산부

(3) 건강보험 임의계속가입 제도

근무하던 직장을 퇴직한 사람이 소유한 재산이 많은 경우 지역 건강보험료 산정 시 높은 점수가 반영되어 보험료가 증가하게 된다.

이때 퇴직한 사람들의 경제적인 부담을 덜어주고자 재직 중일 때 직장가입자로서 회사에서 납부하던 수준의 건강보험료를 납부할 수 있도록 마련된 제도가 건강보험 임의계속가입제도이다.

이 제도는 퇴직 전 다니던 직장의 근속기간이 1년 이상이어야 하고, 지역가입자로 자격이 변동된 후 최초로 고지되는 지역 건강보험료의 납부기한으로부터 2개월 이내에 건강보험공단에 신청(관할 지사 방문, 우편, 팩스, 유선 접수가능)해야 가능한 제도이다.

임의계속가입기간은 퇴사 후 3년의 기간 동안은 직장가입자일 때의 보수월액 수준으로 건강보험료를 납부할 수 있으며, 임의계속가입 적용 후 최초 납부기한까지 보험료를 납부하지 않을 경우 임의계속가입 자격이 상실된다.

5) 노인장기요양보험

노인장기요양보험은 고령이나 노인성 질병 등의 사유로 다른 사람의 도움을 받지 않고서는 생활하기 어려운 노인 등에게 신체활동 또는 가사지원 등의 장기요양급여를 사회적 연대 원리에 의해 제공하는 사회보험제도이다.

또한 고령화 사회로 급속하게 진전함에 따라 요양보호가 필요한 노인의 생활자립을 지원함으로써 가족의 부담을 줄여주고, 늘어나는 노인 요양비와 의료비 문제에 적절하게 대처하고자 도입된 공적 제도이다.

이처럼 요양보호가 필요한 노인은 빠르게 증가하고 있는 현실을 감안하여서 2008년부터 노인장기요양보험제도가 시행되었으며, 운영의 효율성을 도모하기 위하여 보험자 및 관리운영기관은 국민건강보험공단으로 일원화하여 운영하고 있다.

국민건강보험가입자(피부양자 포함)는 기본적으로 장기요양보험 수급대상이 된다. 또한 소득과 상관없이 건강보험가입자 또는 의료급여수급권자 중 혼자서는 일상생활이 곤란한 65세 이상 노인은 물론 치매와 뇌혈관성 질환 및 파킨슨병 등 노인성 질환을 앓는 65세 미만도 그 대상이 된다.

따라서 1~5등급과 장기요양인지지원등급의 장기요양인정을 받은 자는 장기요양인정서가 도달한 날부터 장기요양급여를 받을 수 있는데, 장기요양급여는 크게 재가급여, 시설급여, 특별현금급여로 구분하고 있다.

〈표 6-4〉 고령화사회 이행기간 비교

구 분	프랑스	독 일	미 국	일 본	한 국
고령사회	115년	40년	71년	24년	19년
고령화사회	41년	40년	15년	12년	7년

노인장기요양보험의 특성으로는 보험제도, 급여의 장기성과 복합성, 급여의 제공과 사례관리 등으로 다음과 같다.

① 사회보험제도로서 장기요양보호서비스인 노인장기요양보험법은 기존의 국민건강보험제도의 장기요양보험료를 기반으로 한다.

② 장기요양급여의 장기성과 복합성인 노인장기요양보호서비스는 고령자의 만성질환과 장애에 대응한 서비스이므로 급여기간이 장기적으로 주어지는 것이 대부분이다.

③ 요양급여제공과 사례관리로서 급여의 신청에서 인정까지의 절차는 장기요양인정 신청, 방문조사, 등급판정, 장기요양인정결과의 통지, 장기요양급여의 이용 등에 이르기까지 여러 단계를 거쳐 급여가 실시된다.

이 요양보험 제도에 관하여는 제9장 재가복지 편에 상세히 기술하였다.

〈표 6-5〉 장기요양보호 등급 판정

등 급	심신의 기능상태
1등급	일상생활에서 전적으로 다른 사람의 도움이 필요한 상태
2등급	일상생활에서 상당 부분 다른 사람의 도움이 필요한 상태
3등급	일상생활에서 부분적으로 다른 사람의 도움이 필요한 상태
4등급	심신의 기능상태 장애로 일상생활에서 일정 부분 다른 사람의 도움이 필요한 상태
5등급	치매(노인성질병) 환자로 장기요양인정점수가 45점 이상 51점 미만인 사람
인지지원 등급	치매(노인성질병) 환자로 장기요양인정점수가 45점 미만인 사람

| 제2절 | 공공부조

1. 공공부조의 개념

공공부조는 사회보장기본법 제3조에 의해 국가와 지방자치단체의 책임하에 생활 유지능력이 없거나 생활이 어려운 국민의 최저생활을 보장하고 자립을 지원하는 제도를 말한다. 과거에는 '공적 부조'라는 용어를 사용했으나, 1995년 12월 30일

사회보장기본법에서 용어를 변경하며 '공공부조'라는 용어를 사용하게 되었다.

공공부조에 대한 협의의 개념은 자본주의의 모순이 심화됨에 따라 빈곤이 발생되었다는 역사적 인과관계를 인정해 국가의 책임하에 일정한 법령에 따라 공공비용으로 경제적 보호를 요구하는 자들에게 최저한도의 사회보장을 해주는 것을 일컫는데, 이 역시 사회보장의 일환으로 이해되고 있다.

이처럼 빈곤이 사회문제로 대두된 이후 국가가 빈곤문제를 해결하기 위한 시책으로 사회보험, 사회서비스와 함께 공공부조는 우리나라 사회보장제도의 3대 구성 체계를 이루고 있다.

우리나라에서는 40여 년간 시행되어 오던 생활보호법을 대체한 국민기초생활보장법은 공공부조 제도로서 수급자의 권리성이 강화되어 2000년 10월 1일부터 시행되고 있다.

공공부조는 국민의 생존권 보장이념에 근거를 두고 있으며, 생활유지의 능력이 없거나 생활이 어려운 자에게 필요한 급여를 행하여 이들의 최저생활을 보장하고 자활을 조성하는 것을 목적으로 하고 있다.

공공부조에 속하는 5대 제도로는 국민기초생활보장, 의료급여, 긴급복지지원, 장애인연금, 기초연금 등이 있다. 여기에서 장애인연금, 기초연금은 연금이라는 용어를 사용하지만 세금으로 지급하는 공공부조이다.

2. 공공부조의 원리

1) 생존권 보장의 원리

헌법은 모든 국민은 인간다운 생활을 할 권리를 가지며, 건강하고 쾌적한 환경에서 생활할 권리와 환경보전을 위하여 노력하여야 할 의무가 있음을 명시하고 있다.

2) 국가책임의 원리

사회보장기본법은 생활유지의 능력이 없거나 생활이 어려운 국민의 최저생활을 보장하고 자립을 지원하기 위하여 국가 및 지방자치단체의 책임을 규정하고 있다.

3) 최저생활보장의 원리

국민기초생활보장법은 수급자에게 지급하는 수급품은 건강하고 문화적인 최저생활을 유지할 수 있어야 한다. 이때 최저한의 생활이란 생존수준을 말하는 것이 아니라 건강하고 문화적인 생활을 유지하기에 충분한 정도를 말한다.

4) 무차별평등의 원리

헌법 제11조는 모든 국민은 법 앞에 평등하며, 인종·종교·성별 또는 사회적 신분에 의하여 정치적·경제적·사회적·문화적 생활의 모든 영역에 있어 차별대우 없이 평등한 보호를 받을 권리가 있음을 명시하고 있다.

5) 보충성의 원리

헌법은 수급자에 대한 급여는 수급자가 자신의 생활유지 및 향상을 위하여 소득·재산·근로능력 등을 활용하여 최대한 노력하여야 하는 자립조장의 원리를 전제로 한다. 자립에 대해 최대한 노력을 한 후 그래도 부족한 부분에 대해 보충함을 기본 원칙으로 규정하고 있다.

6) 자립조장의 원리

급여를 받는 국민이 갖고 있는 가능성을 최대한 끌어내어 육성함으로써 수급자가 혼자 힘으로 사회생활에 적응해 나갈 수 있도록 하는 원리이다.

3. 공공부조의 원칙

1) 신청보장의 원칙

수급권의 신청은 수급자와 그 친족 및 기타 관계인은 관할 시장·군수·구청장에게 수급의 권리를 신청할 수 있으며, 관련 사회복지공무원은 급여가 필요한 사람이 누락되지 않도록 수급권자에 대한 급여를 직권으로 신청할 수 있다. 이 경우 수급권자의 동의를 얻어야 하며, 동의한 경우에는 수급권자가 신청한 것으로 간주한다. 이것은 권리적 차원의 선 신청보호와 보충적 차원의 후 직권보호를 의미한다.

2) 필요즉응의 원칙

수급의 권리는 필요시 즉시 이루어져야 하며, 시장·군수·구청장은 신청이 있을 경우 지체 없이 조사를 실시해야 한다. 급여실시의 여부와 급여의 내용을 결정하여 신청인에게 알려야 한다는 원칙이다.

3) 세대단위의 원칙

국민기초생활보장법의 규정에 따라 수급자에 대한 수급품은 세대를 단위로 실시하여야 한다. 그러나 가구원에게 개별적인 급여가 필요한 경우에는 개인을 단위로 실시할 수 있다.

4) 금전보장의 원칙

수급자에게 생계급여를 지급할 경우 금전을 지급하는 것을 원칙으로 한다. 그러나 금전지급을 할 수 없거나 적당하지 않을 경우에는 물품을 직접 지급할 수 있다. 이것은 수급자의 낙인감과 오명을 최소화할 수 있고, 수급자에게 선택의 기회를 제공할 수 있는 권리적 장점이 있다. 반면 사회복지사업법은 보호대상자에 대한 보호의 방법을 현물보장의 원칙으로 규정하고 있다.

5) 주거보장의 원칙

수급자에게 생계급여를 실시할 경우 주거에서 실시하여야 한다. 그러나 주거가 없거나 있어도 그곳에서 급여의 목적을 달성할 수 없을 때와 특별히 수급자가 희망하는 경우에는 사회복지시설이나 타인의 가정에 위탁할 수 있다.

6) 타법우선 보장의 원칙

부양의무자의 부양과 기타 다른 법령에 의한 보호는 국민기초생활보장법에 의한 급여에 우선하여 실시하여야 한다.

4. 공공부조와 사회보험의 차이점

공공부조와 사회보험은 모두 사회보장제도의 하나로 실시되나 목적, 이념, 원리, 대상, 수급자격 요건, 재원, 급여수준, 수급권의 성격 등에서 큰 차이가 있는데, 이를 비교하면 다음과 같다.

① 목적에 차이가 있다

공공부조는 빈곤 등의 사회적 위험이 발생한 이후 국가나 지방자치단체가 최후에 해결하는 사후적 대응책이다. 이에 대하여 사회보험은 미래에 직면할 수 있는 사회적 위험을 정형화하여 보험기술을 통해 사전적 대비 제도이다.

② 이념상에 차이가 있다

공공부조제도는 도움이 필요한 사람을 선정하여 원조를 제공하는 선별주의에 입각하고 있으나, 사회보험은 모든 국민을 대상으로 하고 적당한 자격요건을 갖추어서 보험사고를 당할 때 급여를 제공하는 점에서 보편주의를 택하고 있다.

③ 원리상에 차이가 있다

공공부조는 사람들을 무차별 평등하게 취급하여 빈곤에 처한 모든 사람에게 동일한 조건에서 똑같은 급여를 제공한다는 점에서 무차별 평등주의이다. 이에 반하여 사회보험은 특히 급여의 제공에 있어 가능한 한 기여금에 비례하거나 가입연한에 비례하여 제공하는 경향이 있다. 물론 이는 제도적 운용과 연관하여 국가마다 어느 정도 차이는 있지만 사회보험은 평등보다는 비례급여를 선택하는 경향이 있다.

④ 대상의 차이가 있다

공공부조는 소수의 빈곤층이 주 대상인 데 반하여 사회보험은 국민 전체를 대상으로 규정하는 경우가 대부분이다.

⑤ 수급자격 요건의 차이가 있다

공공부조는 자산조사를 통해서, 그리고 사회보험은 기여금의 제공과 가입기간 등을 요건으로 정하고 있다.

⑥ 재원의 차이가 있다

공공부조는 일반 조세를 통하여 재원을 마련하나(소득의 일방적 이전), 사회보험은 가입자의 보험료를 통하여 재원을 마련한다.

⑦ 급여수준의 차이가 있다

공공부조는 인간다운 생활을 보장하려고 하지만 근로의욕을 저하시키지 않는 수준에서, 그리고 사회적 자원의 정의로운 배분을 위하여 가능한 한 사회적 최소한의 수준을 설정하고 있다. 이는 앞서 말한 최저한의 생활을 영위할 수 있는 수준으로서 흔히 최저생계비를 매개로 하여 책정된다. 사회보험은 급여수준이 기계적으로 산정되어 있는데, 이것은 가능한 한 기여금 정도와 과거의 생활수준 그리고 사회적 통념 등을 고려하여 급여의 적정선을 선택한다. 이 적정선은 최저생계비와 이를 기반으로 만들어지는 최저임금수준 등이 함께 검토된다.

⑧ 수급권의 성격 차이가 있다

수급권의 성격과 연관하여 공공부조는 권리성이 약한 데 비하여 사회보험은 권리성이 상대적으로 강한 성격을 가진다.

〈표 6-6〉 **공공부조와 사회보험의 차이점**

구 분	공공부조	사회보험
목 적	사후적 대응	사전적 대응
이 념	선별주의	보편주의
원 리	무차별주의(동일급여 제공)	비례원리(비례급여 제공)
대 상	소수의 빈곤층	국민 전체
자격요건	자산조사	기여금의 제공, 가입기간 등
재 원	일반조세	가입자의 보험료
급여수준	최저생계비를 매개로 하여 책정한 최소한의 수준	최저생계비, 최저임금수준 등을 고려한 적정선
수급권의 성격	권리성 약함	권리성 강함

5. 5대 공공부조제도

1) 국민기초생활보장제도

2000년부터 시행되고 있는 국민기초생활보장제도는 헌법에 규정된 인간다운 생활을 할 권리이며, 생존권, 사회권, 복지권 내지 사회보장수급권을 실현하기 위한 제도이다.

이 제도는 국가와 지방자치단체가 생활이 어려운 자에게 빈곤의 정도에 따라 필요한 급여를 행하여 법으로 정한 최저생계비 수준 이상의 생활을 보장하고, 자활을 조성하는 것을 목적으로 하고 있다.

이 제도는 일할 수 있는 사람에게는 일자리를 제공하고 생활이 어려운 사람에게는 최저생활을 보장하는 '생산적 복지'에 기초를 두고 있으며, 생계급여, 주거급여, 의료급여, 교육급여, 해산급여, 장제급여를 수행하여 생활상 곤란을 완화시켜 주고, 자활급여를 제공함으로써 빈곤에 처한 사람들이 스스로 자립·자활할 수 있도록 국가가 적극적으로 지원한다는 점이다.

따라서 국민기초생활보장제도는 생산적 복지에 기초하고 있으며, 생산적 복지의 근간은 근로연계복지를 추구한다는 것이다.

이러한 생산적 복지정책은 우리나라의 사회복지제도의 내용이나 수준으로 볼 때 아직은 미약하고 전달체계가 취약하여 실질적인 보호의 효과성은 미흡한 실정이다.

특히 선진국에 비해 낮은 현실을 인정하면서도 복지비용의 축소와 운영의 효율성 제고라는 세계적인 복지개혁의 추세에 맞추어 복지제도의 확충에 따른 부작용, 소위 '도덕적 해이' 문제를 최소화하면서도 국민의 기초생활을 보장하자는 의도를 가지고 있다고 할 수 있다.

2) 의료급여제도

의료급여제도는 국가에 의해 행해지는 공적의료부조로 공공부조법의 원리에 의해 그 비용을 원칙적으로 국가가 전적으로 부담하고 있다. 또한 건강보험과는 달리 주요 재원을 일반 조세수입으로 충당하고 있다.

이 제도는 자신의 소득이 최저생계비 이하인 절대 빈곤층이 주 대상이 되는 선별적 프로그램이며, 헌법상 보장된 인간다운 생활을 할 권리와 건강권을 구체화하는 공적원조 프로그램이라 할 수 있다.

의료급여제도는 소득이 없거나 일정한 소득이 있어도 생계유지가 곤란한 저소득층을 대상으로 그들이 자력으로 의료문제를 해결할 수 없는 경우, 국가 사회에 공헌을 하였거나 희생한 유공자와 그 가족에 대하여 응분의 예우 차원에서, 또는 이재민, 의상자 및 의사자의 유족, 입양아동(18세 미만), 중요 무형문화재의 보호, 5·18 민주화운동 관련자, 노숙인, 북한이탈주민, 등록 결핵질환자, 희귀·중증난치질환자, 중증질환자, 행려환자 등의 보호를 위해 국가재정으로 의료혜택을 제공함으로써 국민보건 향상과 사회복지 증진에 기여하기 위한 제도이다.

의료급여의 내용으로는 수급권자의 질병·부상·출산 등에 대한 진찰·검사, 약제·치료 재료의 지급, 처치·수술과 그 밖의 치료, 예방·재활, 입원, 간호, 이송과 그 밖의 의료 목적의 달성을 위한 조치 등이 있다.

의료급여의 방법·절차·범위·한도 등 의료급여의 기준에 관하여는 보건복지부령으로 정하고, 의료수가기준과 그 계산방법 등에 관하여는 보건복지부장관이 정한다.

수급권자는 1종과 2종 수급권자로 구분하고 있으며, 1종은 진료비를 전액 면제받는 반면, 2종은 어느 정도 진료비를 부담하고 있다.

3) 긴급복지지원제도

긴급복지지원제도는 경제 양극화 및 이혼증가 등 사회변화 속에서 소득상실, 질병과 같이 갑작스러운 위기상황이 발생한 경우 누구든지 손쉽게 도움을 청하고 필요한 지원을 받을 수 있도록 마련된 제도이다.

지역사회의 각종 복지지원을 활용하여 위기상황에 처한 자를 조기에 찾을 수 있는 체제를 갖추고, 이들에게 필요한 지원을 신속하게 실시하며, 기존의 공공부조제도나 사회서비스와 연계되도록 하기 위한 목적으로 2005년 제정되고, 2006

년부터 '긴급생계비 지원제'라는 이름으로 시행되었다.

긴급지원은 금전 또는 현물 등의 직접지원과 민간기관·단체와의 연계지원(대한적십자사, 사회복지기관·단체로의 연계)이 있다.

직접지원은 다음과 같다.

① **생계지원**

식료품비·의복비 등 생계유지에 필요한 비용 또는 현물지원

② **의료지원**

각종 검사 및 치료 등 의료서비스 지원

③ **주거지원**

임시거소 제공 또는 이에 해당하는 비용 지원

④ **사회복지시설 이용지원**

사회복지시설 입소 또는 이용 서비스 제공 비용 지원

⑤ **교육지원**

초·중·고등학생의 수업료, 입학금, 학용품비 등 필요한 비용 지원

⑥ **그 밖의 지원**

연료비, 해산비, 장제비, 전기요금 등 지원

4) 장애인연금제도

경제활동이 어렵고 생활수준이 낮으나 국민연금 등 공적소득보장제도의 사각지대에 놓인 장애인들을 위하여 소득인정액이 일정 수준 이하인 사람에게 매월 일정액을 세금으로 지급하는 무기여 연금인 장애인연금제도를 2010년 4월 12일

제정하여 2010년 7월부터 시행하였다.

장애인연금제도는 중증장애인에 대한 사회보장 사각지대를 해소하고 사회통합을 강화하는 긍정적인 효과를 가져 오게 되었다.

장애인연금법이 제정됨에 따라 국민기초생활보장법상의 생계·의료급여 수급자로서 장애인으로 등록된 자가 받던 장애수당 중 중증장애인이 받는 중증장애수당은 2010년 7월 이후 장애인연금으로 전환되고, 경증장애수당과 장애아동수당은 존치하게 되었다.

2017년 12월 19일 일부개정에서는 장애등급제가 장애인 개개인의 욕구와 특성 등을 반영하지 못한다는 지적에 따라 개별 장애인의 욕구와 필요를 고려한 맞춤형 서비스지원체계 구축의 일환으로 기존의 장애 등급을 장애 정도에 따라 중증(1~3급)과 경증(4~6급)으로 개편하였다.

5) 기초연금제도

현재 노인들은 우리나라가 선진국이 되는 토대를 마련하였고 자녀들이 잘 살 수 있도록 헌신해 왔지만 정작 본인들의 노후대비는 제대로 하지 못하였다. 또한 실제로 소득이나 재산이 전혀 없이 생활하는 노인들이 많고 이들을 부양하는 자녀 또한 경제적인 부담이 커서 국가 차원의 지원이 필요하게 되었다.

따라서 생활이 어려운 65세 이상의 소득인정액이 기준 이하인 노인들에게 매월 일정액의 기초연금을 지급함으로써 노인들의 생활안정 지원과 복지증진을 위해 당시의 기초노령연금법을 폐지하고, 2014년 5월 20일 새로운 기초연금법을 제정하게 되었다.

이 연금은 보험 가입자가 기여한 보험료로 지급하는 보편주의 성격의 사회보험인 국민연금과는 차이가 있다.

즉, 기초연금의 명칭은 연금이라는 용어를 사용하지만 65세 이상 대상 노인의 기여 없이 세금으로 지급하는 선별주의 성격의 공공부조에 해당하며, 2014년 7

월 1일부터 시행하고 있다.

기초연금은 만 65세 이상이고 대한민국의 국적을 가지고 있으며, 국내에 거주하는 노인 중 가구의 소득인정액이 선정기준액 이하일 때 지급된다. 여기서 '소득인정액'이란 월 소득평가액과 재산의 월 소득환산액을 합산한 금액을 말한다(소득인정액 = 소득평가액 + 재산의 소득환산액).

6. 대상자 선정 방법

지역사회에서 복지서비스 대상자 선정방법은 다음과 같다.

① 자산조사 실시 없이 해당(가입) 자격만 확인하여 수급자를 선정하는 보편주의 방법이 있다. 사회보험은 대부분 보편주의로 운용되는 제도이다.

② 자산조사를 실시하여 빈부를 확인한 후 급여대상자를 선정하는 선별주의 방법이 있다. 공공부조는 대부분 선별주의로 운용되는 제도이다.

1) 보편주의

대상자 선정에 있어서 보편주의는 제도적 개념으로 사회적 급여가 모든 주민들에게 하나의 사회적 권리로서 인정되고 있다. 우리나라의 65세 이상 노인의 무료 전철 이용, 초등 및 중학교 무료급식 등이 이에 해당된다.

따라서 대상자의 자격과 조건에 소득과 재산을 조사하지 않고 보편적으로 평등한 급여를 원칙으로 삼아야 한다는 개념이 보편주의이며, 그 전형적인 예로는 사회보험 급여를 들 수 있다.

즉, 소득수준에 관계없이 보편적인 사회급여를 제공해야 한다는 제도로 필요를 충족시키는 데 가족과 시장보다는 정부의 적극적 역할이 극대화된다.

사회구성원 대부분이 혜택을 입기 때문에 수급자와 비수급자 간의 구분이 무의미해진다. 지역사회복지를 둘러싼 계층대립이 약해지는 대신 지역구성원 사이의 연대와 결속이 강조된다.

또한 최저소득을 보장함으로써 빈곤을 예방할 수 있다. 수혜자에게는 심리적·사회적 낙인을 가하지 않고, 시혜의 균일성을 유지할 수 있으며, 모든 시민의 구매력을 일정 수준에서 유지함으로써 경제적 안정과 성장에 기여할 수 있다.

2) 선별주의

대상자 선정에 있어서 선별주의는 잔여적 개념으로 복지의 사회적 급여가 지역사회 소수의 약자를 대상으로 제한적으로 주어진다. 사회보장급여를 저소득층에 효과적으로 집중시키기 위해 소득 및 재산조사, 기타 필요사항을 엄격한 조사에 바탕을 두고 수급자격요건에 해당하는 사람들에게만 선별적으로 급여를 제공하는 것을 원칙으로 한다.

우리 사회의 국민기초생활수급자선정제도, 의료급여제도, 긴급복지지원제도, 기초연금제도 등이 대표적인 선별주의 제도이다.

이 제도는 정부의 개입과 역할이 최소 수준으로 제한되는 대신 가족과 공동체, 시장이 욕구충족과 자원배분의 최적 수단으로 강조된다. 정부의 개입은 개인과 가족, 자원봉사 등이 모두 실패할 경우에만 허용된다.

이런 경우에도 주요 목표는 자활의 증진에 있다. 따라서 이 제도의 장점으로는 목표의 효율성이 높다는 것이다.

그러나 선별주의는 자원의 낭비가 없고 사회복지급여의 비용이 적게 드는 장점이 있는 반면, 대상자 선정과정에서 지역사회의 수급자들의 낙인감은 피할 수 없다. 또한 선별주의는 선정절차가 복잡하여 행정의 비용이 보편주의에 비하여 과다하다는 단점이 있다.

| 제3절 | 사회서비스

1. 사회서비스의 개념

우리나라에서는 사회보장기본법이 1995년 제정된 이래, 2012년 전부개정 되어 2013년부터 시행되었다. 이 당시 전부개정의 주된 요점은 '사회복지서비스' 규정이 '사회서비스'로 바뀌었다는 점이다.

사회서비스의 확대는 무엇보다도 새로운 사회적 위험 등 사회환경의 변화에 대한 전략적 대응의 성격이 강하다. 최근 들어 저출산·고령화와 같은 인구 문제에 대응하기 위하여 임신과 출산부터 노후, 임종, 장례에 이르기까지 전 생애주기를 포괄한 서비스를 제공하고 있을 뿐만 아니라 복지 수준을 향상시키고 고용과 성장에도 기여하고 있다.

현대사회는 과거에 비해 가족의 기능이 많이 약화되었고, 이로 인해 출산, 보육, 노후 등에 대한 사회적 돌봄의 필요성이 증가하고 있으며, 이와 관련한 서비스의 제공을 통해 사회적 신뢰를 형성하고 사회 안전망을 강화함으로써 사회통합에 기여할 수 있다.

따라서 사회서비스란 일반적인 의미에서 개인 또는 사회 전체의 복지증진 및 삶의 질 향상을 위해 사회적으로 제공되는 서비스를 말하며, 공공행정, 사회복지, 보건의료, 교육, 문화 등 다양한 분야를 포괄하는 개념이라 할 수 있다.

또한 사회보장기본법 제3조에 따르면, 사회서비스란 '국가·지방자치단체 및 민간부문의 도움이 필요한 모든 국민에게 복지, 보건의료, 교육, 고용, 주거, 문화, 환경 등의 분야에서 인간다운 생활을 보장하고, 상담, 재활, 돌봄, 정보의 제공, 관련 시설의 이용, 역량 개발, 사회참여 지원 등을 통하여 국민의 삶의 질이 향상되도록 지원하는 제도'로 정의되고 있으며, 관련 법률로는 '사회서비스 이용 및 이용권 관리에 관한 법률' 등이 있다.

2. 사회서비스의 전달체계

사회서비스 전달체계는 사회서비스의 공급자와 소비자를 연결시키기 위한 조직적 연결로 정의할 수 있다.

사회서비스 전달체계의 종류로는 일반적으로 공적서비스 전달체계와 민간서비스 전달체계로 구분하며, 공적서비스 전달체계는 정부(중앙 및 지방)나 공공기관이 직접 관리·운영하는 것이고, 민간서비스 전달체계는 민간(단체)이 직접 관리·운영하는 것이다.

사회서비스 공급 구조는 흔히 복지혼합으로 표현되는데, 복지혼합의 주요개념은 정부는 사회서비스의 공급과 관련된 정책결정과 재정을 담당하고, 서비스의 생산과 전달은 민간 공급자가 담당하게 된다.

이러한 역할 분담 하에서 사회서비스 전달의 기능을 정부에서 민간기관으로 이전하는 민영화의 개념이 대두되고 있으며, 민영화란 효율성을 위해 국가나 공기업의 재산 등을 민간 자본에 매각하고 그 운영을 민간에 맡기는 과정을 의미한다.

시장화의 개념은 사회서비스의 민영화의 기반 위에 서비스 수요와 공급에 시장기재를 도입하는 것이 초점이므로 바우처(이용권) 사업 등이 이러한 시장기제 도입의 한 예라 할 수 있겠다.

KEY POINT

5대 사회보험

① 산재보험
② 국민연금
③ 고용보험
④ 건강보험
⑤ 요양보험

도덕적 해이

도덕적으로 위험을 불러일으킬 수 있다는 개념으로 주로 보험산업에서 사용되는 용어로 사회보험은 이를 방지하기 위하여 강제가입 제도

5대 사회보험 시행 순서

사회보험	산재보험	국민연금	고용보험	건강보험	요양보험
시행연도	1964	1988	1995	2000	2008

실업급여

근로자가 실직했을 때 재취업을 하는 조건으로 지원해 주는 급여로 고용보험 사업 중 하나의 제도

건강보험 임의계속가입제도

① 퇴직 전 직장가입자의 자격을 유지한 기간이 1년 이상인 사람만 신청 가능
② 종전 직장건강보험료 본인부담액 정도로 3년간 유지 가능
③ 지역보험료와 비교하여 가입자의 판단으로 임의가입 가능

사회보험 · 민간보험

사회보험	민간보험(사보험)
강제적 가입	임의적 가입
중앙정부의 통제	자유계약의 준수
사회적 적합성(국가책임)	시장성 참여(사적책임)
법적 권리	계약 권리
비용지출 예측 곤란	비용지출 예측 가능

사회보험

① 보험료
② 자격확인
③ 제도적
④ 보편주의
⑤ 독일(세계 최초)

공공부조

① 세금
② 자산조사
③ 잔여적
④ 선별주의
⑤ 영국(세계 최초)

기초연금

65세 이상의 저소득 노인에게 인간다운 생활을 보장하기 위하여 세금으로 일정액을 매월 지급하는 공공부조성 연금

국민연금 · 기초연금

구 분	국민연금	기초연금
제 도	사회보험	공공부조
재 원	보험료	세금
대 상	가입자	65세 이상 노인
성 격	보편주의	선별주의

5대 공공부조

① 국민기초생활보장
② 의료급여
③ 긴급복지지원
④ 장애인연금
⑤ 기초연금

빈곤의 함정(가난의 덫)

① 수급자에 대한 재정적 급여가 높을 경우 일할 능력이 있는 사람이 근로를 회피하는 현상
② 열등처우원칙 정책으로 빈곤함정을 방지

열등처우원칙·균등처우원칙

① 열등처우원칙 : 수급자는 비수급자보다 소득이 낮아야 한다는 이론
② 균등처우원칙 : 수급자끼리는 균일하게 급부하여야 한다는 이론

자산조사

재산과 소득을 개별적으로 조사하는 것(선별주의)
① 급여비용 낮음(부정수급자 감소)
② 행정비용 높음(과정비용이 많음)
(행정비용은 많이 들지만 부정수급자 감소로 전체예산은 감소)

보편주의·선별주의

구 분	보편주의	선별주의
방 법	자격(가입)확인	자산조사
범 위	모든 국민	일부 국민
장 점	운영의 효율성(공평성)	목표의 효율성(예산감소)
단 점	낭비 가능	낙인 우려
관련제도	사회보험	공공부조

07

지역사회복지의 분석이론 및 실천모델

| 제7장 | 지역사회복지의 분석이론 및 실천모델

| 제1절 | 사회체계이론

1. 기본 개념

사회체계란 우리가 살고 있는 사회적 환경 안에 존재하는 다양한 형태의 인간 공동체에 적용할 수 있는 사회조직의 모형 또는 단일 실체를 함께 구성하고 있는 일련의 상호 관련 활동들을 말한다. 사회체계 내에서 한 부분의 행동은 다른 부분에 영향을 미친다. 사회체계의 한 예로 가족을 들 수 있다.

가족구성원은 개체로서 작용하며 일정한 속성을 가지고 서로 상호작용을 한다. 가족구성원 간의 행동과 성격·특성 등은 전체 체계변화에 영향을 미치며, 이러한 상호작용의 모든 합은 가족이라는 독특한 전체를 만들어 낸다.

우리 주위에 존재하는 체계의 유형은 매우 다양하다. 가족이나 학교와 같이 구체적인 경우도 있고, 신념체계나 법률체계와 같이 추상적인 경우가 있다. 또한 종교체계나 신분체계와 같이 추상적 요소와 구체적인 요소를 함께 갖는 경우도 있다.

사회체계이론에서는 인간의 행동에 영향을 미치는 다양한 체계수준, 즉 개인·가족과 조직을 포함하는 소집단, 지역사회와 같은 보다 복잡하고 넓은 사회체계에 관심을 둔다.

2. 지역사회와 사회체계이론

지역사회에서 사회체계이론은 인간도 하나의 체계로 간주하여 인간을 신체적·심리적·사회적 부분의 이해를 체계라는 개념의 틀을 기반으로 접근하는 것을 의미한다.

지역사회체계 내에 다양한 사회제도들을 관련시키는 방식으로 지역사회의 능력을 향상시키기 위해서는 전체로서의 지역사회체계와 지역사회 내의 다수의 하위체계를 동시에 고려해야 한다.

따라서 상위체계와 하위체계의 기능이 상호 간 원활히 작동될 때 지역사회는 균형 있는 발전을 기여할 수 있다.

예를 들면, 좋은 지역사회는 지역사회주민의 이익을 위하여 하위체계들이 효과적으로 작동하는 상태를 의미한다. 또한 지역사회를 사회체계론적 관점에서 보는 것은 지역사회를 하나의 행위자로 보는 것을 의미한다.

즉, 사회체계이론은 지역사회가 구조화되고 조직화되는 방식을 설명해 준다. 지역사회는 지위, 역할, 집단, 제도들로 이루어진 하나의 체계로서 파악할 수 있다. 지역사회의 각 요소들이 상호 긴밀하게 연결되어 집단이 형성되고, 여러 집단과 제도들이 서로 결합되어 지역사회를 이룬다.

지역사회복지실천의 초점은 사람들과 사회 환경 사이에 존재하는 체계들의 상호작용에 있으며, 체계들 간의 역동성을 상실했을 때 지역사회문제가 발생한다고 본다.

따라서 지역사회의 문제에 개입하는 사회복지사는 사회체계론적 인식을 가지고 지역사회문제를 사정하고 개입하고 적용할 수 있는 변화의 매개인이 되어야 한다.

그러나 사회체계이론은 많은 이론적 유용성에도 불구하고 너무 추상적이고 총체적이라는 것, 그리고 체계라는 개념을 불신화하는 경향이 있다는 점에서 비판이 제기되고 있다.

| 제2절 | 생태체계이론

1. 기본 개념

생태체계이론은 생태학의 주요 개념을 도입함으로써 이전의 단선적이고 인과론적인 시각에서 통합적이고 전체적이며 역동적인 인간·환경관계에 대한 시각으로의 전환점을 제공하였다. 즉, 기존의 관점과는 달리 환경의 제 요소들과 끊임없이 상호 교류하는 인간의 적응적이고 진화적인 견해를 제공해 주며, 인간과 환경 간의 상호영향 변화관계를 잘 설명해 주는 인간관을 가지고 있다.

생태체계이론의 기본적인 개념은 '인간의 행동은 그들이 살고 있는 사회체계에 대한 설명 없이는 이해할 수 없다'는 것이다. 즉, 인간의 행동을 적절하게 설명하기 위해서는 전체체계와 그것의 영향을 함께 이해해야 한다는 것이다.

체계이론가들은 어떻게 복잡한 체계의 모든 부분이 함께 기능하는지, 그리고 어떻게 전체체계로서 유기체가 이해될 수 있는지를 보여주기 위해서 생태학적 체계 또는 살아 있는 생물체에 대한 분석을 하고 있다.

체계(system) 그 자체는 보이지 않는 것으로 그것은 표면 밑에 존재하며, 직접적으로 접근할 수도 없다. 그러나 그것은 체계를 구성하고 있는 가시화된 현상을 제시하는 데 있어서 강력한 힘을 가진다.

파곤(Fagon)의 체계에 대한 정의는 널리 상용되고 있는데, 그에 따르면 '체계란 대상과 그 속성 사이의 관계를 통합하는 대상체들이다. 그 대상체들은 체계의 구성요소가 되고 그것의 속성은 대상의 특성이고 관계는 그 체계를 함께 묶는 역할을 한다'고 설명하고 있다

체계는 또한 자신의 하위체계를 가지고 있다. 기능적인 가정 내에서 이러한 하위체계 사이의 규칙은 위계질서이다. 가족 내에서 가족집단은 유기체 또는 개방체계로 개념화될 수 있다.

생태체계관점에서 그 경계에 따라 미시적·중간적·거시적 수준의 환경으로 나눌 수 있는데, 미시적 수준의 환경이란 개인이 일상생활 속에서 직접 접촉하고 상호 교류할 수 있는 부분이다. 가족, 학교, 직장, 여가생활 등을 통해 개인이 직접 경험하는 일상적 세계가 포함된다. 이러한 미시적 수준의 환경은 인간의 행동 및 정서 발달과 성장에 매우 중요한 영향을 끼친다.

중간적 수준의 환경은 개인이 일상적으로 경험하는 생활에 영향을 주는 직장, 교회 등의 일반적 환경 특성(예를 들면, 학교의 구조 운영과정, 정책결정 과정, 규칙의 경직성 등), 여가체계의 일반적 특성, 개인이 이용할 수 있는 지역사회 자원체계들의 성격 등이 여기에 해당된다.

거시적 수준의 환경은 사회구성원 모두에게 공통적으로 해당되는 환경을 의미하는데, 넓은 사회의 물리적·사회적·문화적·경제적·정치적 구조 등이 여기에 해당된다.

생태체계이론에서는 인간과 환경은 끊임없이 상호교류하면서 영향을 주고받는 교환 작용의 결과로 파악한다. 그리고 인간과 환경의 상호작용이 적응적이고 긍정적인 방향을 지향할 때 인간은 성장, 발달, 정서적·육체적 만족감이 촉진되고 지지된다고 한다. 인간은 자신들의 욕구에 적합하도록 환경을 변화시키고 그 환경 변화에 적응해 가는 존재로 생태학은 환경에 대한 인간의 적응을 다루는 것이다.

2. 지역사회와 생태체계이론

생태체계이론은 상황과 환경의 맥락 속에서 인간 그리고 인간과 환경의 호혜적 상호작용과 교류, 진화적 변화로서의 발달, 개인과 환경의 적합성, 적응과 같은 개념들을 사회복지실천에서 고려하고 적용할 수 있게 하였다.

특히나 '환경 속의 인간'이라는 맥락에 초점을 두고, 인간의 욕구와 문제 혹은 환경 자체의 산물이 아니라 상호교환의 산물로 보게 하고, 개인, 가족, 집단, 조직, 지역사회를 상호연계 속에서 이해할 수 있게 한다는 점에서 사회복지실천의 통합적 접근을 뒷받침하는 주요 개념틀이자 관점으로 평가된다.

이에 우리는 환경 속의 인간 개념을 이해할 수 있는 실제 삶의 현상 사례를 생각해 보고, 체계이론이나 생태체계이론 등 통합적 접근의 등장배경과 필요성 여부에 대해 이해하는 데 도움이 된다.

브론펜브레너(Bronfenbrenner)는 인간발달 과정을 분석하는 가운데 체계론적 관점을 확대하여 생태체계라는 용어를 사용하였고, 이 용어는 저메인과 지터맨(Germein & Gitterman)이 생활모델이라는 사회복지실천모델을 제시하는 가운데 생태체계모델을 도입하면서 사회복지실천에 자리 잡게 되었다.

따라서 지역사회를 제대로 이해하기 위해서는 우리가 지역사회 내부의 체계들 사이에서 일어나는 교류에 초점을 두어야 한다. 모든 것이 서로 연관되어 있고 서로 영향을 주고받기 때문에 종합적이고 거시적인 관점에서 지역사회의 변화과정을 역동적으로 설명할 수 있어야 한다.

또한 생태체계이론 시각에서 지역사회는 조직적·비조직적 상태에 있으며, 특정한 공간에 위치를 점유하는 인구 집합체로도 이해할 수 있다.

생태체계이론의 기본적 원리는 체계 내의 한 부분이 변화하면, 전체 체계의 기능을 변화시키면서 체계의 다른 부분의 변동까지 창출하게 된다는 것이다. 따라서 사회복지실천에 있어 주요 이론적 토대가 되는 생태체계이론은 인간과 환경을 분리할 수 없는 상호의존적 관계로 보고 있으며, 이러한 관점에서 생태체계이론을 지역사회복지실천에 적용했을 때, 변화를 위해 강조되는 전략을 살펴보면 개략적으로 다음과 같다.

① 지역사회현상을 시간적·공간적 차원에서 다양하게 분석하도록 만든다. 지역사회 구성원들의 특징, 상호 접촉빈도와 접촉의 성격, 교환관계, 의사소통 및 상호 의존성 정도, 도덕적 통제력 정도, 인구밀도와 스트레스의 관계 등을 파악할 수 있다.

② 지역사회 내 집단경쟁 및 질서형성 과정, 집단이 주변 환경에 적응하는 방식과 개입방안 모색 그리고 물리적 환경(주거상태, 지역 인프라 등)이 지역사회의 삶의 질과 어떠한 관계가 있는지를 알 수 있다.

③ 특정 계층의 특정 지역을 중심으로 한 집중화, 소수집단의 격리, 빈민화, 비행화 등의 과정을 이해하는 데 도움을 주며, 지역사회 수준에서 나타나는 다양한 집단들의 생활양식을 이해하는 데 도움이 된다.

| 제3절 | 갈등이론

1. 기본 개념

갈등이론이란 사회가 통합이 잘 되어 있고, 잘 짜인 체계가 아니라는 관점에서의 이론이다.

따라서 사회는 서로 다른 이해관계를 추구하는 개인과 집단으로 구성되어 있으며, 이들이 대립과 경쟁, 갈등과 변화의 관계에 있다고 주장하는 이론이라 정의할 수 있다.

즉, 갈등주의적 시각은 사회의 본질을 경쟁과 갈등의 관계로 파악한다. 현실적으로 모든 사회는 갈등이 존재하고 사회는 해당 사회의 구성원의 합의에 의해서가 아니라 강압에 의해서 유지되며, 갈등이 사회변화의 원인이 된다고 본다.

그러므로 갈등은 비정상적이거나 병리적인 것이 아니며, 통합보다도 오히려 중요한 요인으로 인식한다. 즉, 사회는 구성원 간의 세력다툼, 이해의 상충, 지배자와 피지배자 간의 갈등과정에서 유지된다고 보는 것이다.

지역사회 내의 경제적 문제로 인한 갈등, 권력이나 권위로 인한 갈등, 문화적 가치 및 신념의 차이로 인한 갈등에서 비롯되는 지역사회의 갈등은 특정 쟁점에서 일반 쟁점으로 변화될 수 있고, 지역사회의 갈등이 지속되면 새로운 쟁점이 부각되거나 특정 쟁점에 대한 반대에서 반대자에 대한 직접적인 적대감으로 비화되는 경향이 있고, 갈등으로 인해 수혜자가 순식간에 뒤바뀌기도 한다.

지역사회 구조에 대한 갈등의 영향으로 조직 간의 변동이 일어나기도 한다. 특히 영향력 있는 지역사회 지도자들 및 지역사회조직들은 갈등에 많은 영향을 미칠 수 있다.

갈등이론의 대표적인 이론가로는 마르크스(Karl Heinrich Marx), 짐멜(Georg Simmel), 코저(Lewis A. Coser) 등을 들 수 있는데, 마르크스(Karl Heinrich Marx)는 갈등에 의해 궁극적으로 권력 집단의 전복이 이루어져 계급과 갈등이 없는 사회가 온다고 가정하였고, 짐멜(Georg Simmel)과 코저(Lewis A. Coser)는 갈등은 원래 나쁜 것이 아니고 집단 내부를 단결시키고 집단의 응집력을 강화하며 집단 구성원의 에너지를 동원한다고 말하였다.

2. 지역사회와 갈등이론

지역사회의 각 부분들 간의 관계는 협동적이라기보다는 경쟁적이라는 관점을 가지고 있다.

갈등이론은 '힘을 가진 자와 가지지 못한 자가 지역사회자원을 위해 경쟁하고, 힘을 가진 자는 가지지 못한 자들에 대해서 힘의 사용에 따른 이익과 자원을 갖게 되며, 억압받는 집단들의 구성원들은 일자리, 교육, 돈 및 그 밖의 다른 자원에 접근하고 획득하기 위해 지역사회 조직화를 실현한다'라는 함축적인 의미를 주고 있다.

갈등이론을 지역사회복지에 적용하였을 때에는 특정 쟁점에서 일반 쟁점으로 변화가 가능하며, 갈등이 지속되면 새로운 쟁점이 제기되거나 특정 쟁점에 대한 반대에서 반대자에 대한 직접적인 적대감으로 비화되는 경향이 있다. 그리고 지역사회구조에 대한 갈등의 영향으로 조직 간의 변화가 일어나며, 영향력 있는 지역사회 지도자들 또는 지역사회조직들은 갈등에 많은 영향을 미치게 된다.

지역사회문제나 주민의 욕구를 해결하기 위해서는 지역사회갈등의 주요 소재인 권력, 경제적 자원, 권위 등의 재분배를 요구하게 되고, 이에 따라 사회행동으로 표출되기도 한다. 따라서 지역사회갈등이 사회문제를 심화시키고, 사회문제의 성격에 따라 사회의 변화를 이끄는 사회행동과 같은 방식으로 나타날 수도 있으며, 지속적인 사회 속의 갈등이 그 사회를 변화시키는 동력이라고 보고 있다.

즉, 갈등주의적 관점에서는 갈등을 부정적으로만 보지는 않는다는 것이다. 갈등은 나쁘거나 정상의 범주에서 벗어난 것이 아닌 사회를 통합하는 중요한 기제로 파악하고 있다. 갈등이론에서 지역사회실천가들의 역할은 옹호와 조직화를 통해 힘 또는 자원을 가지지 못한 자들이 지역사회 내 의사결정권한에 접근할 수 있도록 언론, 투표와 같은 다른 형태의 힘을 만들기 위해 노력하는 것이다.

지역사회에서 갈등을 통해 민주적인 사회로 거듭나기 위해서는 갈등은 단지 비판만 하는 것이 아니라 구성원들의 역동적이고 긍정적인 방법으로 집단의 응집력을 증대시킬 수 있다고 할 수 있다.

| 제4절 | 지역사회 권력구조이론

권력구조이론은 국가와 사회는 서로가 서로에게 영향을 미치는 상호적 개념이다. 사회가 국가를 만든다는 주장과 국가가 사회를 만든다는 주장이다.

지역사회 권력구조란 일정 지역사회의 범위 내에서 지역의 변화를 주도할 수 있는 세력의 주체, 즉 지역사회 권력 엘리트 사이에 형성되어 있는 권력 배분 형태 그리고 그러한 권력 엘리트 간의 권력적 상호작용을 의미한다.

이처럼 권력구조에 따라 지역사회는 크게 엘리트주의 지역사회와 다원주의 지역사회로 구분되며, 지역사회 의사결정 구조를 분석하기 위해 이슈분석과 지위 접근(정치, 산업, 군대의 엘리트가 지역사회의 엘리트를 구성) 방법을 사용할 수 있다.

지역사회 권력은 지역사회 내의 정치적 과정의 기본 구성요소로서 지역사회 권력구조의 파악을 통해 소외계층을 위한 권력재분배를 위한 실천이 가능하다는 점에서 지역사회복지실천을 위한 필수과정과 긴밀하게 연관된다.

권력의 유형에는 강압적 권력, 보상적 권력, 합법적 권력, 전문성 권력, 준거성 권력 등이 있다.

강압적 권력은 인간의 공포에 기반을 둔 권력의 유형으로 어떤 사람이 다른 사람을 처벌할 수 있는 능력을 가지거나 육체적·심리적으로 타인을 위해할 수 있는 권력을 가진 경우에 발생한다.

보상적 권력은 다른 사람이 가치를 두고 있는 보상 정도를 의미하는 권력으로 다른 사람에게 보상을 제공할 수 있는 능력에 기반을 둔다. 따라서 조직이 제공하는 보상으로는 승진, 지위 요구, 인센티브 등의 형태로 나타난다.

합법적 권력은 권한과 유사한 개념으로 상사가 보유하고 있는 직위에 기반을 둔 권력의 형태로, 일반적으로 지위가 높으면 높을수록 합법적 권력은 더욱 커지는 경향이 나타난다. 따라서 합법적 권력은 직위의 공식적·비공식적 규범 및 전통에 의해 결정된다.

전문성 권력은 타인이 가치를 두는 정보를 갖고 있는 정도를 의미하며, 타인이 필요로 하는 전문적인 기술이나 지식 등을 가지고 있을 경우 발생한다. 특히 그 정보의 중요성이 강할수록, 그러한 정보를 얻을 수 있는 대안이 적을수록, 전문적 권력은 강하게 작동하게 된다. 전문성 권력의 특징으로는 직위와 직무를 초월하여 조직 내의 누구나 가질 수 있으며, 공식적 직위와 일치하지는 않는다.

이처럼 권력은 개인 또는 조직에 영향을 주는 행위자의 절대적인 능력이며, 또한 행위자에게 강제력을 행사할 수 있게 만들며, 조직 내에서 집단과 타인에게 영향력을 줄 수 있는 잠재적인 능력으로 작동한다.

이익집단의 의사결정자에 대한 영향력의 행사과정에 따라, 지역사회 권력구조의 정치적 의사결정 모델은 크게 엘리트주의 모델, 다원주의 모델 등으로 구분한다.

1. 엘리트 이론

정책은 집단 사이의 갈등이나 요구를 통해 만들어지는 것이 아니라 파워엘리트 또는 지배엘리트에 의해서 결정된다고 보는 이론이다. 정부, 군대, 경제 연합 조직 등 대규모의 사회조직에서 조직을 이끄는 사람 또는 집단을 엘리트라고 보고, 중앙 및 지방의 엘리트들로 구분한다. 권력은 조직을 이끌고 통제할 수 있는 능력과 그 지위에 의해 결정된다.

즉, 국가권력이 다수의 이익집단에 분할되어 있는 것이 아니라 소수의 엘리트 집단이 권력을 장악하고 있다는 개념이다. 이들이 권위를 지님으로써 엘리트집단의 사회변화 주도는 정당화된다.

소수 엘리트들이 하나의 지배계급으로 결합하면서 국가는 이들의 이해관계를 배타적으로 대표하는 지배수단으로 전락한다. 때로는 엘리트집단은 자신의 헤게모니(패권, 주도권, 지배권)와 권력 강화를 위해 이데올로기(사회 집단에 있어서 사상, 행동, 생활 방법을 근본적으로 제약하고 있는 관념이나 신조의 체계, 역사적 · 사회적 입장을 반영한 사상과 의식의 체계)를 활용하기도 한다.

엘리트 이론은 고전적 엘리트 이론과 1950년대 미국에서 발전된 엘리트 이론, 그리고 신 엘리트이론으로 나누어 볼 수 있다.

모스카(Mosca), 파레토(Pareto), 미첼스(Michels) 등으로 대표되는 고전적 엘리트 이론은 어떠한 사회조직에서도 소수 엘리트에 의한 지배, 즉 과두지배(몇몇 소수가 지배하는 정치체제) 체제가 필연적으로 대두된다는 '과두제의 철칙(iron law of oligarchy)'으로 특징지어진다.

밀스(Mills)와 헌터(Hunter) 등으로 대표되는 1950년대의 엘리트 이론은 군·산 복합체(military-industry complex)의 개념으로 미국 사회를 지배하는 권력 엘리트는 정부·군·기업체와 같이 정치적으로 중요한 기관이나 조직의 지도자들이라는 점을 실증적 연구를 통해 입증하고자 했다.

한편, 달(Dahl) 등에 의해 대표되는 신 엘리트 이론은 중요한 정책결정에 참여한 지도자의 영향력 및 그들 간의 갈등과 타협 등을 밝혀내어 엘리트의 다원성과 대중의 간접적 영향 등을 주장하였다. 신 엘리트 이론은 편향성의 동원을 통해 무의사 결정을 유도하는 지배엘리트의 존재를 지적하여 권력이 분산되어 있다는 다원론의 입장을 비판하는 입장이다.

무의사결정이 행해지는 원인으로는 여러 가지가 있겠으나 기득권을 가진 개인 또는 지배집단이 그 사회의 지배적인 가치나 이해에 대해 도전을 받게 될 우려가 있거나 어떤 이슈의 작용으로 불이익한 사태가 발생할 것을 방지하기 위해 행해지는 것이 보통이다.

무의사결정의 수단으로는 폭력을 쓰기도 하며, 권력으로 억압하기도 하고 편견을 동원하기도 한다. 폭력은 유치한 수단으로서 오히려 권력을 상실할 수도 있는 위험이 뒤따른다. 권력의 행사로는 가치를 박탈하겠다고 위협하기도 하고, 의사결정에 참여한 사람을 자기편으로 포섭(적응적 흡수)하는 수법을 쓰기도 한다. 그리고 편견을 동원하는 예로는 의제에서 제외시키거나 정치권에서와 같이 필리버스터(filibuster)와 같은 지연전술을 통해 의사결정을 저지시키는 것 등을 하기도 한다.

2. 다원주의 이론

엘리트 이론에 반대되는 개념으로 민주주의 사회에서 사람들은 각자의 이해관계에 따라 집단을 형성하고, 그들을 바탕으로 하여 정치가 행해진다고 보는 이론이다. 다원주의 접근방식은 집단이론과 민주주의 엘리트들의 경쟁관계를 통해서 볼 수 있다.

벤틀리(Bentley)는 정치란 '집단의 활동'이라는 입장을 제시하였다. 그는 정치과정에서 중요한 단위는 독립된 세력이 아니라 이익집단이라고 보았고, 정치현상을 이익추구 활동의 주체인 상이한 집단들이 쟁점에 따라 자유롭게 이합집산을 거듭하는 항상 유동적인 과정으로 파악하였다.

이익집단은 그 구성원을 보호하고 혜택을 보장하기 위해 활동하면서 정부의 통치에 다양한 방법으로 영향을 미치게 되면서 권력의 분산화를 가져온다.

달(Dahl)은 경쟁적 이익집단 간의 상호작용 관계가 다원주의 정치과정의 주된 흐름을 형성한다고 보았다.

결과적으로 민주적인 정치체계는 다양한 이해관계를 지닌 집단들이 서로 상호작용을 통해서 만들어 내는 다수지배체제 특성을 가지는 것으로 보고 있다.

이처럼 다원주의 이론은 다원화된 현대사회에서 개개인의 특정 목표를 중심으로 여러 집단과 조직을 구성하면서 이익을 표출하는 것을 통해 정책과정에 영향을 끼칠 수 있다고 주장한다.

그래서 다원주의 이론에서는 소수의 지도자가 서로 갈등하는 이익을 조정하여 공공이익을 실현시킬 수 있다고 보는 것은 환상이라고 간주하며, 거대한 사회변동에 대응하여 이익 보존의 필요성을 공감한 사람들, 특수 이익을 공유하고 있는 개인들, 그리고 불리한 상황에 있던 사람들이 타 집단에 대한 그들의 위상을 개선하고자 이익집단을 만든다고 주장한다.

따라서 이익집단 상호 간의 관계를 경쟁적 상호작용 관계로 인식하게 되면서 시민사회는 저절로 움직여 가는 항상성을 가진 체계로 발전하게 되고, 자기 조절적 자동메커니즘이 있어서 스스로 균형을 유지해 나가는 사회로 변화한다는 개념이다.

제5절 지역사회복지실천모델

지역사회복지실천은 조직화, 개발, 계획, 변화전략 등을 통해 지역사회의 다양한 문제해결을 위한 노력이라 할 수 있다. 지역사회복지실천은 지역사회의 사회

경제적 상황이나 문제해결 방법, 이데올로기적 가치 지향 등에 따라 다양한 방식으로 전개되어 왔으며, 그 결과 지역사회구성원의 욕구 충족과 삶의 질을 높이고 변화를 목적으로 하는 실천모델들이 제시되었다.

이처럼 지역마다 사회적 여건 및 환경이 다르고 지역사회복지의 실천모델은 관점과 가치에 따라 상이하므로 정치적·사회적 관계로 표현된다. 또한 인간·사회·환경과의 상호작용에 의하여 다르게 표현될 수 있으며, 지역사회의 문제와 욕구를 보다 효과적으로 해결하기 위한 실천모델이 다양하게 제시되고 있다.

로스만(Rothman), 테일러와 로버츠(Taylor & Roberts), 웨일과 갬블(Weil & Gamble), 포플(Popple)의 모델이 대표적인 것으로, 특히 로스만(Rothman)의 모델은 지역사회개발, 사회계획 및 정책, 사회행동으로 구분되고, 현재 가장 많이 활용되는 모델이다.

최근에 지역사회복지는 이러한 실천모델을 토대로 사회적 상황에 따라 다양하게 발전되고 있으며, 여러 가지 형태로 적용되고 있다.

1. 로스만(Rothman)의 실천모델

로스만(Rothman)은 지역사회복지 활동을 체계적으로 분류하고, 지역사회조직 모델을 제시하였다. 로스만의 지역사회조직 모델은 1968년에 처음으로 논문을 통해서 발표되었고, 1995년에는 지역사회조직 모델을 지역사회개발, 지역사회계획, 지역사회행동 세 가지 모델로 나누어 제시하였다.

먼저 지역사회개발모델은 지역사회 문제해결을 위한 지역사회의 능력향상과 사회통합이라는 과정중심 목표에 중점을 둔다.

각 집단은 파트너가 되고 각 집단이 지역사회문제에 대처하고 해결하는 능력과 협력의 지속적인 향상에 노력한다. 각 구성원의 참여, 자조 및 지도력을 강조한다. 그러나 이에 대하여 지역사회개발에 대한 전 주민의 합의도출 과정은 현실적이지 않다는 비판이 있다.

사회계획모델은 지역사회의 구체적인 문제를 해결하기 위한 합리적인 접근을 강조한다. 구체적인 문제를 해결하기 위한 효율성 및 효과성을 강조하는 과업중심모델이다.

문제규정, 욕구사정, 목표개발, 실행 및 평가에 이르는 과정을 통해서 문제를 해결한다. 지역주민보다는 전문가의 개입이 중요하다. 그러나 문제해결에 있어 자원의 제약 때문에 합리적인 접근이 어려울 수 있다는 한계가 있다.

사회행동모델은 지역사회 내 소수계층, 사회적 약자 또는 억압계층의 목소리까지 대변할 수 있도록 지역사회가 가지고 있는 기존의 자원, 권력, 의사결정구조 등을 재분배 및 재편하는 데 초점을 둔다. 갈등이론, 힘 관련 이론들이 토대이며, 여성운동, 빈민운동, 환경운동이 대표적인 예이다.

〈표 7-1〉 **로스만(Rothman)의 실천모델**

구 분	지역사회개발 (local development)	사회계획 (social planning/ policy)	사회행동 (social action)
지역사회의 활동목표	지역사회활동 능력과 통합, 자조 (과정목표)	지역문제 해결을 위한 계획 수립(과업목표)	권력관계와 자원의 변화 (과업 및 과정목표)
지역사회구조와 문제상황	지역사회의 상실, 아노미, 민주적 문제해결 능력의 결여	실질적인 사회문제, 정신 및 신체적 건강문제, 주택, 여가	사회적 고통을 당하고 있는 사람, 박탈, 불평등
변화와 전략	문제 결정 및 해결에 다수의 사람 참여	문제에 관한 자료수집과 최적의 합리적 행동조치 결정	표적 대상에 대해 조치를 취할 수 있도록 주민 동원
변화전술과 기법	합의, 상호 의사소통, 집단토의	합의 또는 갈등	갈등, 대결, 직접행동, 협상
사회복지사의 역할	조력자, 격려자, 촉매자	계획가, 분석가, 수집자	행동가, 옹호자, 중개자
변화의 매개체	과업 지향적인 소집단 활용	공식조직과 객관적인 자료 활용	대중조직과 정치과정 활용
권력구조에 대한 견해	협력자로서 권력구조의 구성원	고용주와 후원자로서 권력구조	외부 표적으로서 권력구조

수급자 체계의 범위	지리적 측면에서 전체 지역사회	지역사회 전체 또는 지역사회 일부	지역사회 일부
지역사회 하위 부분의 이해관계	공통의 이해관계 및 조정 가능한 차이	이해관계의 조정 가능 또는 갈등	쉽게 조정할 수 없는 갈등적 이해관계
수급자 개념	시민	소비자	희생자
수급자 역할	상호작용적 문제해결과정에 참여	소비자 혹은 수혜자	고용주, 지역사회 구성원, 회원
임파워먼트의 활용	주민의 개인적 주인의식 고취	소비자의 서비스 선택의 정보제공	참여자의 주인의식 고취 및 역량강화

2. 테일러와 로버츠(Taylor & Roberts)의 실천모델

테일러와 로버츠(Taylor & Roberts)는 로스만(Rothman)의 기본 3모델을 중심으로 2모델을 새로 추가하여 후원자와 대상자가 어느 정도의 결정권한이 있는지에 따라 프로그램 개발 및 조정모델, 계획모델, 지역사회연계모델, 지역사회개발모델, 정치적 권력강화모델 등의 5모델을 제시하고 있다. 이를 좀 더 자세히 살펴보면 다음과 같다.

프로그램 개발 및 조정모델은 후원자가 전적으로 의사결정을 하며, 클라이언트는 기획된 서비스를 제공받게 된다. 주로 공공행정기관이 중심이 되어 서비스를 개발하거나 기획, 제공하는 실천에 초점을 둔다.

계획모델은 기획에 있어 관련자들 상호 간의 교류의 중요성에 초점을 두는 모델로, 지역사회실천방법이나 의사결정과정에서 대상자의 영향력은 매우 미약하고 후견인의 영향력이 많이 적용되는 후원자 중심 모델에 가깝다. 조직과정의 관리, 영향력의 발휘, 대인관계 등의 과정 지향적 기술을 강조한다.

지역사회연계모델은 사회복지기관의 일선 스테프나 행정가들에 의해 수행되는 기능을 중심으로 지역사회와의 바람직한 관계 설립을 강조하는 모델로, 대상자의 요구와 후원자의 영향력이 동등하게 반씩 적용될 수 있는 모델이다.

지역사회개발모델은 시민참여에 기반을 두고 지역사회개발을 추구하는 모델로 대상자에게 거의 대부분 결정권한이 있는 대상자 중심 모델이다. 전문가는 조직가의 역할보다는 주로 조력자의 역할을 담당하게 된다.

정치적 권력강화모델은 로스만의 사회행동모델과 밀접히 관련된 것으로 지역사회복지실천에 있어 지역주민의 정치력을 핵심적 요소로 보며, 합법적 권력구조로의 진입을 강조하는 모델이다.

〈표 7-2〉 **테일러와 로버츠(Taylor & Roberts)의 실천모델**

모 델	결정 권한
프로그램 개발 및 조정	전적으로 후원자가 결정 권한을 가짐
계 획	7/8은 후원자가 결정 권한을 가짐
지역사회연계	후원자와 클라이언트가 각각 1/2의 결정 권한을 가짐
지역사회개발	7/8은 클라이언트가 결정 권한을 가짐
정치적 권력강화	전적으로 클라이언트가 결정 권한을 가짐

3. 웨일과 갬블(Weil & Gamble)의 실천모델

사회학자 웨일과 갬블(Weil & Gamble)의 모델은 1995년에 발표된 로스만(Rothman)의 모델보다 최근 도시의 다양한 변화를 담아낸 모델로 평가받고 있다.

따라서 이 실천모델은 로스만의 모델보다 세분화하여 분류하고, 기존 지역사회복지실천모델에 관한 문헌을 검토한 후 일차적인 구성원, 관심 영역, 사회복지사의 역할 등을 중심으로 지역사회실천모델을 제시하였다.

그리고 지역사회는 각기 다른 가치관과 문화를 가지고 발전되어 왔기 때문에 똑같은 모델을 일반화하여 적용하는 것은 불가능하다고 주장하였다. 이와 같은 이론을 토대로 웨일과 갬블은 지역사회실천모델을 여덟 가지 유형으로 분류하였다.

근린지역사회조직은 지역사회 개발을 통한 지역주민의 삶과 질 향상에 목표를 둔다. 변화를 이끌어 내야 할 표적체계로는 지방자치단체, 정부, 외부 개발자, 지역사회주민 자체이다.

기능적 지역사회조직은 사회적 이슈나 특정 집단(장애인, 수급권자 등)의 권익보호 및 옹호를 목표로 삼고 있는 모델이다.

지역사회의 사회경제적 개발모델은 지역사회의 전반적인 개발을 위해서는 경제적 영역과 사회적 영역의 개발이 동시에 이루어져야 함을 강조한다.

사회계획모델은 지역사회 욕구에 부합한 프로그램을 개발하고, 여러 서비스를 조정하는 네트워크의 제공이다.

프로그램 개발과 지역사회연계모델은 기관이 제공하는 서비스의 효과성 및 질을 증진하거나 새로운 전달체계를 고안하여 서비스개발을 주요 변화목표로 삼는다.

정치사회행동모델은 지역주민의 정치적 권력 향상이나 기존 제도의 변화를 추구하는 것을 목표로 한다.

연합모델은 지역 사회의 문제 해결을 위해서 여러 집단 간의 장기적인 협력으로 사회적 이슈와 관련된 옹호를 주요 변화 목표로 한다.

사회운동모델은 사회정의 실현을 위한 행동의 실행을 목표로 한다.

〈표 7-3〉 웨일과 갬블(Weil & Gamble)의 실천모델

구 분	목 표	변화의 표적체계	1차적 구성원	관심영역	사회복지사 역할
근린 지역사회 조직	조직화를 위한 구성원의 능력 개발, 도시지역 사회계획과 외부개발에 영향과 변화	시, 외부개발자, 지역주민	지역주민	지역주민 삶의 질	조직가, 교사, 코치, 촉진자
기능적 지역사회 조직	행위, 태도의 옹호와 변화에 초점을 둔 사회정의를 위한 행동, 서비스 제공	일반 대중, 정부기관	마음이 맞는 사람	특정 이슈와 대상을 옹호	조직가, 옹호자, 집필가, 정보전달자, 촉진자

지역사회의 사회경제적 개발	지역주민 관점에 입각한 개발계획 주도, 사회경제적 투자를 주민이 이용할 수 있도록 준비	은행, 재단, 외부개발자, 지역주민	지역사회의 저소득층, 주변계층, 불이익계층	소득, 자원, 사회적 자원개발, 교육과 리더십 기술 향상	협상가, 증진자, 교사, 계획가, 관리자
사회계획	선출된 기관 또는 인간서비스 계획협의회가 행동을 하기 위한 제안	지역사회지도자의 관점, 인간서비스 지도자의 관점	선거로 선출된 공무원, 사회기관과 기관 간의 조직	지역계획에 사회적 욕구 통합, 인간서비스 관계망 조정	조사자, 사업계획 제안자, 정보전달자, 관리자
프로그램 개발과 지역사회 연계	지역사회서비스의 효과성을 증진시키기 위한 기관 프로그램의 확대와 방향 수정	기관 프로그램의 재정 충원자, 기관서비스의 수혜자	기관위원회 또는 행정가, 지역사회 대표자	특정 대상자를 위한 서비스 개발	대변인, 계획가, 관리자, 사업계획 제안자
정치사회 행동	정책 또는 정책형성자의 변화에 초점을 둔 사회정의를 위한 행동	선거권자, 선출된 공무원, 잠재적 참여자	특정 정치적 권한이 있는 시민	정치권력의 형성, 제도의 변화	옹호자, 조직가, 조사자, 조정자
연 합	프로그램의 방향 또는 자원을 최대한 끌어낼 수 있는 다조직적 권력기반 형성	선출된 공무원, 재단, 정부기관	특정 이슈에 이해관계가 있는 조직	사회적 욕구 또는 사회적 관심과 관련된 특정 이슈	중개자, 협상가, 대변인
사회운동	특정 대상 집단 또는 이슈에 대해 사회정의를 위한 행동	일반 대중, 정치제도	새로운 비전과 이미지를 창출할 수 있는 조직과 지도자	사회정의	옹호자, 촉진자

4. 포플(Popple)의 실천모델

포플(Popple)은 지역사회 내 보호와 행동을 기준으로 지역사회복지실천모델을 여덟 가지로 유형화하고 있다. 각각의 모델은 독립적으로 구별되기보다는 기법이나 기술 측면에서 중복될 수 있으며 상이한 점을 반영하기도 한다. 이를 좀 더 자세히 살펴보면 다음과 같다.

지역사회보호는 노인, 장애인, 아동 등 지역주민의 복지를 위한 사회적 관계망과 자발적 서비스를 증진하는데 목적이 있다. 복지욕구를 충족시키기 위한 자조개념을 개발하는 데 집중한다.

지역사회조직은 사회복지기관들 간의 상호협력을 증진시키는 수단으로 사용되며, 이를 통해 중복서비스를 방지할 뿐만 아니라 자원의 부족 및 결핍을 극복하여 복지서비스 전달의 효과성과 효율성을 높이는 데 기여한다.

지역사회개발은 지역사회구성원들의 삶의 질을 향상시키기 위한 기술과 신뢰를 습득할 수 있도록 집단을 원조하는 데 중점을 두며, 교육을 통해 자조 개념을 증진시킴으로써 지역사회의 독자성을 반영할 수 있다.

사회지역계획은 지역사회개발모델과 유사한 측면이 있으나 사회적 상황, 사회정책과 사회복지기관의 서비스 분석, 주요 목표 및 우선순위의 설정, 서비스 프로그램의 기획과 적절한 자원의 동원, 그리고 서비스와 프로그램의 집행 및 평가 등에 중점을 둔다.

지역사회교육은 교육과 지역사회 간의 관계를 보다 밀접하고 동등한 관계로 방향을 설정하고자 하는 시도로서 비판적인 사고와 담론을 통해 억압적인 조건이나 상황을 변화시키는 행동양식을 고양시키는 데 중점을 둔다.

지역사회행동은 전통적으로 계급에 기초한 모델로서 갈등과 직접적인 행동을 활용하며, 권력이 없는 집단이 자신들의 효과성을 증진시킬 수 있는 대응으로 볼 수 있다. 이 모델은 특정 이슈에 대해 권력자와의 협상을 위한 직접행동을 선호한다.

여권주의적 지역사회사업은 지역사회설천에 대한 페미니즘의 적용이라는 특징을 가지고 있으며, 여성 불평등의 사회적 요인에 대한 집합적 대응을 통해 여성의 복지를 향상시키는데 초점을 둔다.

인종차별철폐 지역사회사업은 지역사회실천에서 인종차별에 저항하거나 차별받는 인종의 권리보호를 위해 상호원조와 조직화하는 데 초점을 둔다. 교육, 주택, 건강, 고용 등의 영역에서 차별을 시정하기 위해 노력하며, 캠페인, 자조집단 형성, 직접적 행동, 보충적 급여 제공 등 다양한 방식으로 전개된다.

〈표 7-4〉 포플(Popple)의 실천모델

모 형	주요 전략	사회복지사의 역할
지역사회보호	• 사회적 관계망과 자발적 서비스의 증진 • 자조개념의 개발	조직가, 자원봉사자
지역사회조직	• 타 복지기관 간 협력증진	조직가, 촉매자, 관리자
지역사회개발	• 삶의 질 향상과 관련된 신뢰 및 기술 습득을 하도록 집단원조 • 적극적 참여	조력자, 지역사회활동가, 촉진자
사회지역계획	• 사회적 상황의 분석, 목표와 우선순위의 설정, 서비스 및 프로그램의 실행 및 평가	조력자, 촉진자
지역사회교육	• 교육과 지역사회 간의 밀접하고 동등한 관계 시도	교육자, 촉진자
지역사회행동	• 지역수준에서 계급 및 갈등에 기초한 직접적 행동	행동가
여권주의적 지역사회사업	• 여성복지의 향상 • 성 불평등 해소를 위한 집합적 행동	행동가, 조력자, 촉진자
인종차별철폐 지역사회사업	• 소수인종의 욕구충족을 위한 집단조직 및 활동 • 인종주의에 대한 도전	행동가, 자원봉사자

KEY POINT

사회체계이론 · 생태체계이론

사회체계이론	다양한 체계들 간의 상호작용을 강조
생태체계이론	인간과 환경의 상호작용에 동시 초점을 맞추게 함

기능이론 · 갈등이론

기능이론	상호의존적·통합적, 합의를 통한 의사결정, 점진적·누진적
갈등이론	경쟁적·대립적, 지배계급의 이데올로기, 급진적·비약적

사회구성론 · 권력의존이론

사회구성론	소수자 억압구조, 다문화
권력의존이론	거액의 재정지원자에 의존

사회교환이론 · 자원동원이론

사회교환이론	물질적 자원의 교환이 인간 상호작용의 근본
자원동원이론	사회운동조직의 역할과 한계에 관한 이론

다원주의 이론 · 엘리트이론

다원주의 이론	다양한 이익집단 및 단체의 대표와 협의 조정
엘리트이론	소수의 엘리트 집단이 정책을 좌우, 권력 장악

로스만(J. Rothman)의 모델

구 분	지역사회개발	사회계획	사회행동
클라이언트집단에 대한 인식	잠재력을 지닌 정상인, 시민	서비스의 혜택을 받는 소비자	체제의 희생자
클라이언트집단의 역할에 대한 인식	지역사회문제 해결에 적극적 참여	서비스를 이용하는 소비자	혜택을 받는 자 회원으로 적극 참여
임파워먼트 개념에 대한 인식	스스로 문제를 해결할 수 있는 능력의 습득을 의미	자신들의 욕구에 대한 정보를 정책과정에 반영할 수 있는 상태	객관적이고 실질적인 힘을 획득하는 것

웨일과 갬블(Weil & Gamble)의 모델

① 근린지역사회조직모델
② 기능적 지역사회조직모델
③ 지역사회의 사회경제적 개발모델
④ 사회계획모델
⑤ 프로그램 개발과 지역사회연계모델
⑥ 정치사회행동모델
⑦ 연합모델
⑧ 사회운동모델

테일러와 로버츠(Taylor & Roberts)의 모델

① 프로그램 개발 및 조정
② 계획
③ 지역사회연계
④ 지역사회개발
⑤ 정치적 역량 강화

포플(Popple)의 모델

① 지역사회보호
② 지역사회조직
③ 지역사회개발
④ 사회지역계획
⑤ 지역사회교육
⑥ 지역사회행동
⑦ 여권주의적 지역사회사업
⑧ 인종차별철폐 지역사회사업

최저생계비(빈곤선) 측정방법

전물량 방식	예산기준방식	빈곤층 전체 소비지출을 감안 필수품과 소모량에 시장가격 곱하는 방식
반물량 방식	음식물량방식	식품비 비중으로 빈곤선 측정 엥겔계수로 전체 생계비 계산 방식

보호시설·자립시설

① 보호시설 : 국가가 생활이 어려운 사람들을 보호하기 위하여 설치한 사회복지시설로 양로시설, 양육시설, 재활시설 등

② 자립시설 : 자립 준비가 미흡한 가정과 무주택, 저소득 한부모가정의 자립기반 조성을 위하여 운영되고 있는 생활 시설

브론펜브레너(Brofenbrenner) 5체계이론

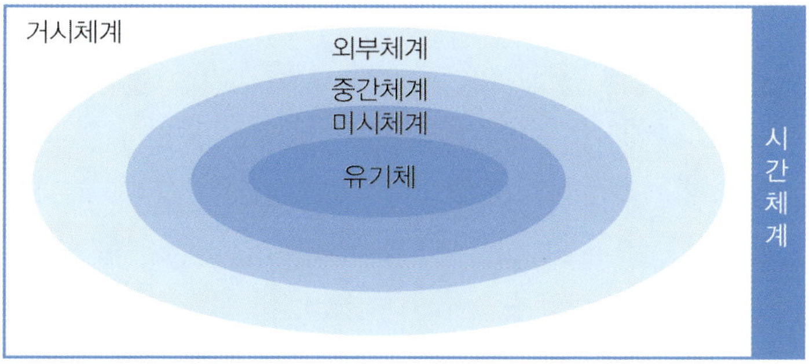

프로이드(Freud) 이론과 에릭슨(Erikson) 이론

프로이드(Freud) 이론	에릭슨(Erikson) 이론
초기 아동기에 성격형성	전 생애에 걸친 성격발달
인간에 대한 비판적 관점	낙관적 관점
결정적 성격발달	가변적·지속적 성격발달
폐쇄체계에 근거함	개방체계에 근거함

08

지역사회복지실천의 기술

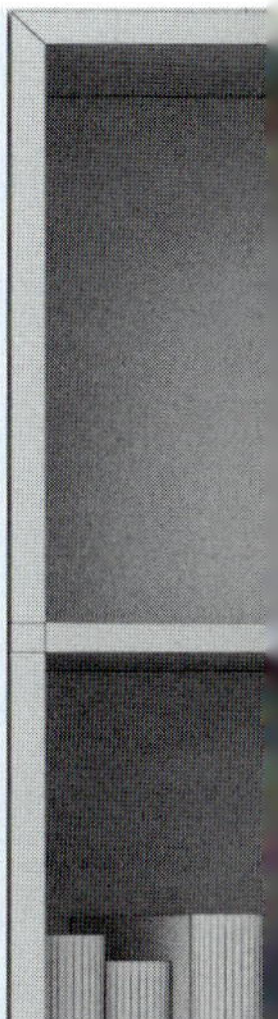

| 제8장 | 지역사회복지실천의 기술

| 제1절 | 지역사회복지실천의 개념

지역사회복지실천은 지역사회를 대상으로 하는 사회복지실천이다. 지역사회 집단, 조직과 제도, 지역주민 간의 관계 및 상호작용의 행동패턴을 변화시키는 실천기술의 적용이라고 할 수 있으며, 지역사회의 변화를 위한 전문적이고 직접적인 개입을 의미하는 거시적인 사회복지실천 활동의 일부라고 할 수 있다.

그러나 거시적인 실천 활동은 지역사회주민들의 상담, 치료 등과 같은 미시적 실천 활동과 연관될 수밖에 없으므로 지역사회복지실천이 거시적 실천에만 제한되는 것은 아니다.

이러한 관점에서 웨일(Weil)의 개념처럼 지역사회조직은 지역사회복지의 실체와 활동영역을 포괄할 수 없기 때문에 지역사회복지실천이라는 용어를 사용하는 것이 바람직하다.

특히 지역사회복지실천은 조직화, 계획, 개발과 변화에 관한 과정, 방법, 실천기술을 포함하고 있으며, 지역사회주민의 참여, 서비스의 계획에 따른 과정 및 기술적 방법, 삶의 조건을 개선하기 위한 지속가능한 개발, 사회행동 및 사회변화전략 등에 관한 실천기술과 밀접하게 연관되어 있다.

따라서 지역사회복지실천은 지역사회복지실천사업과 계획이 추구하는 목적에 따라 지역사회 참여와 통합의 강화, 문제 대처능력의 향상, 사회 조건과 서비스의 향상, 불이익 집단의 이익증대 등 지역사회를 대상으로 하는 사회복지실천을 의미한다.

| 제2절 | 조직화 기술

조직화는 지역사회를 단위로 지역사회주민의 당면 문제 및 욕구를 지역사회 스스로가 조직적으로 해결할 수 있도록 지원하는 지역사회복지실천의 가장 기본적인 기술이다. 즉, 조직화는 지역사회 주민들이 자신들의 문제를 스스로 인식하고 문제를 해결하기 위해 필요한 인력이나 서비스를 규합하는 것이다.

지역사회조직화는 지역사회문제를 해결하는 실천기술로서 주민들을 이 과정에 참여시킴으로써 잠재력 발휘와 공동체 의식을 고양시키고, 자신들이 직면한 문제를 스스로 해결할 수 있는 힘을 길러 나가게 하는 것이다. 따라서 지역사회조직화는 지역사회 공동의 문제에 대하여 주민들을 조직화하여 그 문제의 해결을 돕는 것이다.

이처럼 조직화 기술은 지역사회 전체 또는 일부 집단을 하나의 역동적인 조직으로 만들어 나가는 과정이며, 장기적인 문제 해결을 위해 지속적인 관심과 노력을 요구하는 동적인 과정이다. 또한 이러한 조직화는 하나의 문제 해결로 끝나는 것이 아니라 지역사회에 대한 주인의식과 소속감을 바탕으로 또 다른 문제에 대해서도 주민조직화의 역량이 발휘될 수 있다는 것을 강조한다.

조직화는 쟁점을 중심으로 이루어진다. 쟁점은 시급한 문제로 표현되어야 하며, 구체적이고 실현 가능한 내용이 포함되어야 한다. 조직화 기술을 보다 효과적으로 사용하기 위해서는 인간적인 갈등과 긴장을 조율할 수 있는 대인관계 기술, 타인의 말을 이해하고 중요한 쟁점을 파악하며, 사람들이 정직하고 개방적인 태도로 이야기할 수 있도록 격려하기 위한 경청 기술이 요구된다.

이와 더불어 사람들이 어떤 문제에 대해 행동을 취하도록 하는 촉매자 역할, 문제를 해결할 수 있는 능력을 개발하도록 도움을 제공하는 교사 역할, 정보를 제공하고 조직의 중요한 과업을 다루는 촉진자 역할, 지역사회와 외부 세계의 연결고리를 구축하여 외부 지지자들로부터 정보와 지식을 얻는 연결사로서의 역할을 수행하기 위한 지역사회의 조직가의 역할은 사회복지실천영역의 전문적 활동으로서의 역량이 필요하다.

따라서 지역사회조직화는 지역주민들을 세력화하고 주민조직을 만들어 지역사회 발전을 위해 지속적으로 함께 일할 수 있도록 하는 것이다.

1. 조직화의 원칙

조직화는 지역사회실천의 한 모델일 뿐만 아니라 모든 지역사회실천모델에서 가장 널리 쓰인다. 조직화는 변화를 추구하는 보통 사람들이 자신들의 권력 토대를 건설하는 과정이다. 조직화의 원칙은 다음과 같다.

1) 사적 이익의 활용

사적 이익에 대한 관심을 조직화에 활용해야 한다. 사람들은 대부분 자신의 이익과 무관한 일에는 관심을 보이지 않으며, 조직가는 사람들의 이러한 행태가 조직화에 걸림돌이 된다고 생각하기 때문에 사사로운 개인의 이익에 연연하는 사람들을 공적 이익을 추구하는 조직화에 참여시킴으로써 그들의 힘을 토대로 변화를 가져올 수 있다는 확신을 강조하는 일이다.

따라서 공익도 사익에 연관된다는 점을 인식시키고, 사익과 공익의 공통 영역이 존재한다는 사실을 가르치는 과정은 조직화를 달성하기 위해 가장 필요한 원칙 중의 하나이다.

2) 지속적인 동적 과정

조직화는 지속적인 관심과 노력을 요구하는 동적인 과정이다. 이러한 동적인 과정을 통해 지역사회주민은 협력의 필요성과 효과적인 실천방법에 대해서 배울 수 있다.

그러므로 조직이 지속적으로 성장을 하려면, 헌신적이고 활동적인 구성원을 많이 참여시켜 조직에 활력을 불어넣고 적극적인 활동이 이루어지도록 유도해야 한다.

3) 갈등과 대결에 익숙해지는 법 습득

지역사회 문제가 항상 상대방의 선의에 의존해서 해결되는 것은 아니다. 오히려 그 반대의 경우가 더 많다. 상당히 많은 문제들이 기득권 세력의 권력과 탐욕에 뿌리를 두고 있다. 지역사회조직이 이런 상황에 충분한 영향력을 행사하려면 결국 승자와 패자가 나뉘는 상황을 각오해야 한다는 것이다.

따라서 갈등과 대결에 익숙해지는 법을 배워야 한다. 사람을 동원하는 과정에서 갈등과 대결이 빈번하게 일어날 수 있는데, 조직가는 이때 갈등과 대결에 대한 부담감과 죄책감을 느끼기도 한다.

따라서 이러한 현상을 완화시키기 위해 갈등, 대결, 협상에 익숙해져야 할 필요가 있다. 특히 구조적인 문제일수록 갈등과 대결을 내포하고 있다는 사실을 유념해야 한다.

4) 쟁점의 명확화

지역사회조직화는 쟁점을 중심으로 이루어져서 뭉치기 때문에 명확해야 한다. 따라서 ① 시급한 문제로 인식하게 할 필요가 있고, ② 문제를 구체적으로 규명하며, ③ 실현 가능한 것을 쟁점으로 잡아야 지역주민들이 실감할 수 있다.

2. 조직화의 과정

조직화는 다섯 단계의 원칙을 거쳐 형성하게 된다. 따라서 문제파악－문제를 쟁점으로 전환－전략개발－대중 동원－표적으로부터의 반응－승리 또는 조직의 재편성의 과정을 거친다.

즉, 준비단계, 계획화 단계, 조직화 단계, 지역활동 및 복지운동 단계, 평가 및 과제전환 단계로 구분해 볼 수 있다.

1) 준비단계

준비단계는 인적·물적 자원 확보와 직원의 역할분담 등 조직화를 위한 준비과정이다. 이 단계에서는 전담팀을 구성하여 조직화 사업의 전체적인 윤곽을 설정하고, 지역의 범주를 규정해 해당 지역 내 인적·물적 자원을 탐색하며, 기관 전체의 관심과 참여를 유도하기 위한 사업 전반적인 기획 작업이다.

따라서 준비단계에서는 기관의 자원동원 방법과 계획화 혹은 조직화의 전략이 개괄적으로 소개되어야 한다.

2) 계획화 단계

계획화 단계는 조직화를 이루기 위한 전 단계이기도 하지만, 계획화 단계 그 자체가 사회계획의 정책적 실현과정의 성격을 나타내기도 한다. 이 단계에서는 주로 지역사회 및 주민욕구 평가, 지역사회자원 평가, 프로그램 개발과 평가계획 등이 이루어진다.

3) 조직화 단계

조직화 단계는 계획화 단계에서 설계된 내용을 기초로 실제로 조직화를 이루는 것으로 모집, 정서 강화형 및 문제 해결형 소집단 구성 등이 이루어진다.

먼저 모집에서는 접촉, 자원봉사자 모집, 쟁점화, 홍보 등 다양한 전략을 펼칠 수 있으며, 정서 강화형 소집단 구성에서는 지역 대표자를 중심으로 한 집단을 구성해 구성원 간의 관계형성, 동기화, 의식화 사업 등을 진행한다.

문제 해결형 소집단에서는 대표자를 포함한 임원을 구성하는 조직구조화, 지역지도자로서 지역사회 업무를 추진해 나갈 수 있는 자질과 역량을 갖추도록 하는 교육 실시, 체험 활동에 참여하게 하는 리더십 교육 실시, 기존의 계획에 지역 대표자들의 의견이 충분히 반영될 수 있도록 조정하는 계획수정 작업 등이 포함된다.

4) 지역활동 및 복지운동 단계

지역활동 및 복지운동 단계는 조직화 단계에서의 개입활동을 의미한다.

먼저 지역활동은 민주적 의사결정을 거치면서 주민들의 합의에 의해 주민 자치적으로 지역사회의 복리 향상을 위한 일체의 활동으로 여기에는 주민역량 강화, 민주적 합의과정, 주민자치활동 등이 포함된다.

이에 비해 복지운동은 사회운동의 일환으로 주민복리의 불확실성을 전체 지역주민에게 알리고, 주민들의 힘을 규합해 이를 개선하려는 활동으로 여기에는 불합리한 제도 개선, 약자에 대한 옹호, 주민 계몽활동 등이 포함된다.

5) 평가 및 과제전환 단계

평가 및 과제전환 단계는 지역사회조직사업에 대한 평가와 사업종결과 관련된 제반 과정으로 평가단계는 지역사회조직사업의 성과를 공론화하기 위해서 양적 및 질적 방법으로 효율성에 대해 객관적이고 체계적으로 평가하는 것을 의미한다.

과제전환 단계는 문제해결 및 사업중단 등 사업의 종료, 새로운 과제 찾기, 실현 가능성 검토, 새로운 과제선정 및 기획 등 새로운 사업 전환, 그리고 상호 신뢰 속에서 독자적 조직운영을 유지해 나가는 조직의 역량강화 등을 포함한다.

3. 조직화의 내용

조직화의 내용은 인적자원인 대중을 모집하고, 물적자원인 자금을 모금하는 동원, 동원된 대중 및 자금을 토대로 조직의 목표와 방법을 논의하는 회의, 조직을 이끌어 갈 지도자의 리더십 개발로 구성된다.

1) 동 원

동원은 사람과 자원을 동원하는 일이다. 즉 자원은 지역사회의 변화 및 생활 향상을 위해 유용하게 사용할 수 있는 인적, 물적, 조직, 정보 등으로 지역사회의 각 조직이나 주민들을 설득하여 필요한 자원을 발굴하고 이끌어 내어 지역사회의 공동문제를 해결하기 위함이다.

그러나 대부분의 사람들은 지역사회운동에 대해서 냉소적이거나 방관적이기 때문에 조직에 헌신적인 사람을 찾아내기는 쉽지 않다.

따라서 자원 동원은 지역사회에서 활동하고 있는 기존 조직의 구성원을 접촉하는 것에서부터 시작된다고 할 수 있다.

2) 회 의

조직의 목표와 방법에 대한 논의이며, 조직의 운영은 민주적 회의를 통해서 이루어진다고 할 수 있다.

따라서 조직을 성공적으로 이끄는 양질의 회의는 철저한 준비와 계획, 원활한 진행과 관리, 합리적 의사결정 규칙(일관성과 상황의 유연성, 회의의 근간이 됨), 참여기회의 실제적 보장(모두에게 발언 기회 제공), 정시 종결 등의 원칙을 따르는 것이 중요하다.

3) 리더십

조직을 이끌어 갈 잠재적 리더십 개발이다. 리더십은 조직구성원으로 하여금 바람직한 조직목표에 자발적으로 협조하도록 하는 기술 및 영향력을 말하며, 지도자로서의 모범을 보이는 일련의 과정이라 할 수 있다. 이러한 리더십은 조직의 성패를 좌우하는 결정적 역할을 하므로 양질의 리더십을 개발하기 위해서는 다음과 같은 노력이 필요하다.

① 책임과 권한의 분산을 통해 리더십이 요구하는 동기유발, 책임감, 위험감수 등의 능력을 키울 수 있게 기회를 제공한다.
② 지도자 자신의 경험을 토대로 도전의식과 책임감을 가질 수 있도록 일대일 멘토링을 제공한다.
③ 다른 조직 또는 집단과 리더십을 교환하는 교환 프로그램을 추진한다.
④ 워크숍 등을 통해 특정한 주제를 집중적으로 다룰 수 있는 기회를 제공한다.

| 제3절 | 자원 동원·개발의 기술

지역사회복지 실천을 위한 기술에는 옹호 기술, 연계 기술, 조직화 기술 그리고 자원 동원·개발 기술 등이 있다.

자원 동원·개발의 기술은 지역사회 문제의 성격이나 개입방법과는 상관없이 모든 지역사회복지 실천 활동에 반드시 포함해야 하는 기술이며, 지역사회의 욕구 충족과 문제 해결을 위해 자원이 필요한 경우 자원 동원·개발을 위해 사용되는 기술을 의미한다.

자원 개발은 지역사회의 현재적 자원의 활용뿐만 아니라 지역사회 내 자원의 부족에 대응하여 잠재적 자원을 파악하고, 활용 가능한 형태로 재구조화하는 기술을 포함한다.

자원 동원은 흩어져 있는 인적·물적 자원들을 한데 모으는 일로, 특히 자원이 불충분하여 지역사회복지 실천 활동에 효과적으로 원조할 수 없을 때 다양한 자원을 동원하기 위한 외부의 적극적인 이벤트가 요구되는 상황에서 활용된다.

따라서 지역사회복지 실천 활동에서 대상자의 변화나 그들의 생활을 향상시키는 데 유용하게 사용할 수 있는 인적, 물적, 조직, 기관, 정보 등을 자원이라고 하는데, 이것은 지역사회복지 실천에 필수적인 기술이라 할 수 있다.

지역사회에서 동원할 수 있는 자원의 유형은 크게 인적자원, 물적자원, 정보자원 등으로 인적자원은 사회복지전문인력 등 공공 인적자원과 민간복지시설에 종사하는 사회복지사, 자원봉사자 등 민간자원으로 구분된다. 물적자원은 설비, 건물, 기자재, 후원금품 등을 의미하며, 정보자원으로는 국내외에서 제공되는 정보 등을 의미한다. 그 외에도 제도자원으로 정책과 법, 행정체계 등이 있다.

따라서 지역사회복지에서 자원 동원은 사회적 욕구 충족 해결을 하기 위한 수단의 의미이며, 이러한 활동과 자원 동원들이 한 곳으로 집중되어 통합이 이루어지게 될 때 시너지 효과를 발생하게 된다.

1. 인적자원

인적자원은 전문 인력과 비전문 인력으로 나눌 수 있는데, 전문 인력은 사회복지담당공무원과 사회복지사, 의사, 종교인, 법조인, 교육자, 간호사, 공무원 등이 포함될 수 있으며, 비전문 인력은 주로 자원봉사자, 주부, 학생, 일반인 등 사회적 봉사에 가치를 부여할 수 있는 인적자원을 말한다.

요즘은 사회복지분야에서도 고도의 전문화가 요청되면서 전문 인력의 동원과 관리가 중요해지고 있으나 지역사회 내·외적 자원을 활성화시켜 다양한 분야의 자원봉사활동에 주민을 참여시키는 것 또한 중요한 전략적 자원이 되고 있다.

특히 생활시설에서 대상자들의 서비스 제공, 기금모집을 위한 캠페인 참여, 기관에서 실시하는 프로그램의 보조 등 많은 자원봉사 조직과 단체들의 활동은 단순한 수혜성 주민 참여에서 벗어나 효율적인 자원봉사인력의 동원과 관리를 위해서도 유기적인 협조체계의 구축이 요구된다 할 수 있다.

이러한 인적자원을 지역사회복지 실천에 참여할 수 있도록 동원하는 기술로는 기존의 집단이나 조직체를 활용하는 방법, 다수의 개인으로 하여금 개별적 참여를 촉진하는 방법, 개인으로 구성된 사회 네트워크를 활용하는 방법 등이 있다.

1) 기존 조직의 활용

기존의 집단이나 조직체를 활용하는 방법은 자원동원을 위한 가장 신속한 방법으로서 지역사회 내의 교회 같은 종교기관, 노조, 교육자, 청소년 집단 등 조직체를 대상으로 그 조직체의 지도자로 하여금 구성원이 특정한 사회적 쟁점을 위한 활동에 참여하도록 요청함으로써 이루어진다.

그러나 지역사회 내에도 경쟁적인 소수집단이나 종교집단이 있는 경우에는 어떤 집단이나 조직을 자원동원의 기반으로 할 것인가를 선택하는 데서 어려움이 발생할 수 있다. 또한 일부 집단의 리더와 다른 집단의 리더 간에 경쟁적인 상황이 발생하기도 한다. 조직가는 자원동원을 위한 연합활동에서 이러한 상황이 발생하지 않도록 적절한 기술을 사용해야 하며, 지역사회 내 집단 간의 장기적인 연합이 어려운 경우에는 사례에 따라 일시적인 연합의 기술을 사용하기도 한다.

2) 개별적 접촉

개별적 접촉은 지역사회주민들을 개별적으로 접촉해서 지역사회복지실천에 동참하도록 유도하는 활동이다. 이러한 활동은 가정방문, 우편물 발송, 공공의 장소에서의 대화 등 다양한 방법들을 포함한다. 이를 통해 잠재적 참여자를 실질적 참여자로 바꾸기 위해서는 그들의 힘을 토대로 변화를 가져올 수 있다는 확신을 강조하는 것이 보다 효과적이라 할 수 있겠다.

3) 네트워크 활용

지역사회복지 분야에서 네트워크 활용은 부족한 자원을 다른 기관과의 협력을 통해 극복할 수 있다는 점에서 중요하다.

네트워크는 기본적으로 비공식 규범에 의해 자발적으로 협력하는 구조로서 조직의 독립성이 전제되어야 한다.

네크워크를 통한 자원동원은 직장, 혈연, 기타 사회활동 등을 통하여 이미 서로 알고 있는 사람들의 연대를 활용하는 방법이다. 사람들은 이미 자신이 속해 있는 네트워크의 구성원이 관여하거나 관심을 가지고 있는 문제에 대해서는 행동을 취할 가능성이 높다.

또한 네트워크에 속한 사람을 직접적으로 접촉하는 것보다 내부의 동료를 접촉하는 것이 더욱 효과적이라 할 수 있다. 따라서 네트워크의 소집단 지도자를 통해 지역사회활동의 참여를 촉진하는 메시지를 전달하고, 구성원 내의 상호 간의 영향력을 통하여 자원동원이 이루어질 수 있는 기반을 쌓는 것이다.

2. 물적자원

물적자원이란 정부의 지원금과 다양한 형태의 기금, 기업의 협찬금, 일반시민의 기부금(현금, 부동산, 증권, 물품 등), 서비스이용료(의료, 상담, 교육, 수익사업 등) 등과 지역사회 내에 존재하는 편의시설, 기관, 관청, 토지, 건물 등 유형의 자원을 포함한 자원을 의미한다.

자원 동원의 필요성은 사회복지기관이 직면하고 있는 재원 마련 및 인력자원의 부족이라는 당면과제를 극복하고자 하는 데 목적이 있다.

대부분의 사회복지기관은 비영리 기관이기 때문에 조직의 운영이나 사회서비스에 필요한 현금 및 물품을 자체 생산·조달하는 것은 쉽지 않은 일이다.

이러한 자원동원은 모금 혹은 후원을 통해 이루어지는 경우가 대부분이지만, 지역사회의 다양한 자원동원채널(사회복지공동모금회, 대한적십자사, 한국복지재단, 월드비전, 각종 사회단체, 언론기관의 모금활동 등) 등을 통해서도 이루어지고 있다.

자원동원을 효과적으로 활용하기 위해서는 사회복지사의 물적자원 확보를 위한 능력과 노력도 필요하다. 기부능력이 있는 잠재적 기부자를 발굴하고, 명분이 있는 목적에 기부할 수 있도록 동기를 부여하고, 기부자에게 기부제공의 기회를 만들어 주어야 한다.

이러한 자원은 지역사회복지실천의 수단일 뿐만 아니라 목적 자체가 되는 경우도 많기 때문에 지역사회의 자원동원은 꼭 필요한 부문이다.

물적자원의 공급주체별 유형을 살펴보면 다음과 같다.

1) 정부부문 사회복지자원

정부부문의 사회복지자원은 국가 및 지방자치단체가 주체가 되어 제공하는 정부보조금으로서 각종 교부세·민간사회복지단체보조금·민간경상보조금·복지기금 등으로 유형화할 수 있다.

교부세란 국가(중앙정부)가 지방재정조정 및 지방재원을 확보하기 위하여 지방자치단체에게 교부하는 지원금을 말한다.

민간사회단체보조금은 비영리 민간단체(100인 이상, 등록단체에 한함) 등에게 공모형식을 통하여 사업을 제안받고 선정·심의과정을 거쳐 일정한 단체에 보조금을 지원하는 것을 말한다. 전체적인 사업내용은 민간 비영리단체의 지방정부 시정에 도움이 되는 사업으로 선정하여 전체 공모사업금액을 책정하고, 그 금액 내에서 심의를 통해 지원하게 된다. 지원은 직접지원(보조금)과 간접지원(조세감면, 우편요금의 지원 등) 등이 있다.

2) 기업부문 사회복지자원

기업부문의 사회복지자원은 기업의 사회공헌활동을 통한 기부금을 의미한다. 길버트와 스펙트(Gilbert & Specht)에 따르면, 기업은 일정한 목적을 위하여 재화와 용역을 생산하는 조직체로서 사회복지시설에서 필요로 하는 자원을 가장 많이 보유하고 있는 조직체라고 하였다.

따라서 사회복지시설에 필요한 자원을 확보하기 위해서는 지역사회 내의 다양한 기업의 특성과 조직들이 가지고 있는 자원내용을 우선 면밀히 파악하는 것이 중요하다.

사회공헌활동으로서 기업의 사회적 책임(CSR)은 기업이 생산 및 영업활동을 하면서 사회에 가지는 경제적·환경적·사회적 책임을 말하는데, 이는 사회 전반에 미치는 기업의 영향력이 절대적인 상황에서 기업시민으로서의 공동체에 대한 의무이자 자발적 공헌의 의미로 사용되고 있다. 또한 기업 내 사회공헌 전담부서를 대부분 갖추고 있어서 자사의 사회공헌활동을 다양한 매체를 통해 적극적으로 홍보하고 실행하고 있다.

이처럼 기업의 사회공헌활동은 봉사, 기부, 자선, 환경보호 등 선행을 통해 기업 이윤을 사회에 환원하거나 사회적 약자와 함께 경제적 이윤 그리고 사회적 가치를 만들어 공유함으로써 열린 사고와 균형 잡힌 시각으로 지속적으로 실행하는 것이 중요하다.

3) 사회복지공동모금회

사회복지공동모금회는 1993년 「사회복지공동모금법」으로 시작하였으나 1997년 법 개정으로 「사회복지공동모금회법」으로 변경되었다.

사회복지공동모금회는 공공이 주도하는 모금방식에서 벗어나 민간단체가 직접 모금－배분－관리를 하며, 공동모금을 통하여 국민이 사회복지를 이해하고 참여하도록 함과 아울러 국민의 자발적인 성금으로 조성된 재원을 효율적이고 공정하게 관리·운용함으로써 사회복지증진에 이바지함을 목적으로 한다.

사회복지공동모금회는 기부하는 자의 의사에 반하여 기부금품을 모집해서는 안 되며, 공동모금재원은 지역·단체·대상자 및 사업별로 복지수요가 공정하게 충족되도록 배분하여야 하고, 용도에 맞도록 공정하게 관리·운용하여야 하며, 공동모금재원의 배분은 객관적인 기준에 따라 효율적으로 이루어지도록 하고 그 결과를 공개해야 한다.

따라서 사회복지공동모금회는 우선 1년에 소요되는 필요 사회복지예산을 산출하고, 이를 바탕으로 기부금을 확보하여 합리적인 기금모금을 통해 재원을 필요로 하는 사회복지기관에 배분하고 있다. 더 상세히는 제11장 사회복지공동모금회·자원봉사 편에서 기술하였다.

4) 제3섹터의 사회복지자원

1섹터는 정부로 대변되는 국가영역, 2섹터는 기업으로 대변되는 시장의 영역, 3섹터는 비영리조직의 영역, 즉 비영리집단으로 시민사회, NGO/ NPO, 사회복지기관, 자원봉사조직, 모금기관, 교육기관, 의료기관, 종교기관, 정당 등 영역은 다양하다.

그러나 비영리조직은 정부부문과 민간부문의 장점이 동시에 활용되어 시너지 효과를 얻을 수 있으나 과도한 기업성의 추구로 공익을 상대적으로 등한시할 수 있으며, 구조나 조직문화 면에서 체계적이지 못하고 불안정한 문제가 존재한다고 보인다. 특히 후원금으로 운영되는 기관이 많고 재정의 운영이나 조직의 협업이 중요한 만큼 건강한 제3섹터의 운영이 건강한 사회가 되는 지름길이라고 볼 수 있다.

| 제4절 | 옹호의 기술

옹호의 기술은 지역사회복지실천기술에서 대상자의 이익을 대변하는 모든 활동을 의미하는 것으로, 대상자가 권리를 가지고 있으며, 그 권리의 보장은 법적으로 요구할 수 있는 것이라는 가정에서 출발한다.

옹호란 대상자들의 이익 또는 권리를 위해 대변하거나 싸우거나 방어하는 활동을 말한다. 직접적 서비스 실천에서 옹호는 대상자를 지지하고 대변하는 활동이며, 종종 대상자가 스스로 대변하는 자기옹호의 경우도 옹호의 기술에 포함된다.

예를 들면, 사회복지사가 개입 과정에서 힘없는 클라이언트를 위해 복잡한 관료주의 체제와 싸우거나, 사회서비스 현장 그리고 의료체계 내에서 약자인 개인이나 가족 또는 집단의 입장에서 협상을 벌일 경우가 있는데, 이럴 경우 문제해결에 적극적으로 참여할 수 있도록 돕고, 그들의 이익을 대변하는 핵심기술이라 할 수 있다.

1. 옹호의 원칙

옹호는 사회정의를 지키고 유지하려는 목적으로 지역주민이나 지역사회의 입장에서 직접적으로 대변, 보호, 개입, 지지하는 일련의 활동을 의미한다.

옹호기술은 기존의 권리를 확보하도록 하거나, 새로운 권리를 확보할 수 있도록 실질적인 사회행동에 참여하는 것이다. 효과적인 옹호를 위해서는 적극적이고 단호한 태도를 견지할 필요가 있다.

옹호기술은 약자인 지역주민이나 지역사회의 입장을 대변하여 표적체계에 전달하지만, 이것이 직접적인 개입이라는 의미는 아니다. 그러나 약자인 지역주민이나 지역사회를 옹호해 서비스를 받을 자격이 충분한데도 받지 못하거나, 특정

집단에게 불리한 영향을 미치는 쟁점들을 변화시키는 데 개입이나 지지, 또는 보호 등의 활동을 한다.

따라서 옹호자(사회복지사 등)는 외부의 권력이나 불만처리 과정, 지식 또는 권위 등을 이용하여 표적집단에 강한 영향력이나 압력을 행사함으로써 필요한 행동을 하도록 요구하거나 단호하게 행동을 요구한다. 또한 기대하는 변화를 달성하기 위해 표적집단과 갈등이나 대결 전략 또는 억압 전술을 사용하기도 한다.

그러나 효과적인 옹호활동을 하기 위해서는 다음과 같은 원칙을 지키는 것이 중요하다.

① 옹호활동은 합리적 수준을 유지하는 것이 좋다. 즉, 대상자의 수준에 맞아야 한다는 것이다.
② 가능하면 팀워크에 의존한다. 개별적인 옹호활동이 더 좋은 결과를 가져올 때도 있지만, 집단적인 옹호활동은 동원 가능한 자원이나 다양한 전술을 활용할 수 있다는 점에서 유리한 점이 많다.
③ 옹호활동은 종종 적극적이고 단호한 태도를 요구하기도 한다. 옹호활동의 상대가 되는 기득권을 가진 조직 혹은 개인을 대상으로 타협적이거나 양보하는 태도를 취하기 쉽지만, 대상자의 이익을 지속적으로 알리고 상대방의 변화를 유도하기 위해서는 적극적인 태도를 유지해야 한다.
④ 유연성을 강점으로 인식할 필요가 있다. 단호한 태도가 요구된다고 해서 모든 일에 경직된 태도를 유지해야 하는 것은 아니다.

2. 옹호의 유형

옹호는 시스템 변화 개입뿐만 아니라 상담에서부터 임파워먼트 전략(권한을 부여받아서 그렇게 해도 충분히 괜찮다)의 실행을 모두 포함하는 개념이다. 옹호활동을 위해서 상담자는 대상자의 인간발달에 관한 사회적·문화적 요인의 영향력을 알고 있어야 한다. 또한 대상자가 자신의 삶을 잘 이해할 수 있도록 도와주어야 하고, 이것이 옹호의 기초가 된다.

옹호활동의 사례로는 대상자에게 자기주장 기술 가르치기, 다른 영역의 전문기관이나 전문가들과 함께 정보 나누기, 옹호활동 서비스 소개하기 등이 있다. 옹호활동에 있어서 대상자는 장벽이 되는 요인이 있을 때 환경을 바꾸고 문제를 해결하고 싶어 한다. 이때 대상자와 함께 협력하면서 변화와 방향이 될 수 있는 비전을 제시해야 한다.

지역사회복지실천에서 활용될 수 있는 사회복지옹호의 유형으로는 일반적으로 사례(개별)옹호, 명분(계층)옹호, 정책옹호로 구분할 수 있다. 사례옹호는 개별옹호, 명분옹호는 계층옹호와 같은 의미로 사용된다.

| 제5절 | 임파워먼트(Empowerment)의 기술

1. 임파워먼트(Empowerment)의 개념

임파워먼트(empowerment)는 시민권리 운동 혹은 투표권 저항운동, 노조활동, 인권운동단체, 여성해방운동 등 주로 의식변화와 함께 등장한 개념으로 여러 사회단체 구성원들의 무력감을 해결하기 위한 목적으로 제시된 개념이라 할 수 있다.

지역사회복지실천에서 임파워먼트(empowerment)라 함은 일반적으로 개인의 내·외적 변화뿐만 아니라 집단경험을 통한 지역사회 소속감 및 관심 증대, 정의롭고 균등한 사회를 구축하기 위한 지역사회 변화 및 정책변화, 균등분배와 정책결정 사이에서의 참여 등을 포괄하는 개념으로 정의할 수 있다.

특히 임파워먼트(empowerment)는 불평등하고 형평성이 결여된 사회와 억압받고 짓눌린 개인의 변화를 도모하기 위해 박탈당했거나 상실한 권리, 기회, 자원, 서비스를 되찾고 자신과 환경에 대한 통제력을 회복하는 것이라 할 수 있다.

2. 임파워먼트(Empowerment)의 방법

1) 의식제고

의식제고는 무력감을 느끼는 개인들을 한데 모아 문제의 원인이 자신들에게 있는 것이 아니라는 점을 알게 한다. 이러한 과정을 통하여 자신들을 억압하는 사회구조에 대해 비판적 의식을 갖추게 한다.

2) 자기주장

문제의 원인과 소재를 파악한 후에는 공개적으로 자기의 목소리를 내어 자신의 독자적인 주장을 전개해 나가도록 도와주는 것이 중요하다.

개인적인 수준에서는 그 자체가 임파워먼트(Empowerment) 과정이 될 수 있고, 지역사회실천가 입장에서는 그들이 공개적으로 자기 목소리를 내는 데 두려움을 갖거나 위축되지 않도록 도울 수 있다.

3) 역량건설

역량건설은 대상자의 역량을 강화하기 위한 조직을 설립하고, 자신들의 주장을 효과적으로 표명하기 위한 캠페인을 전개하는 과정을 포함한다. 이를 통해 목표 완수라는 성공을 이루고 무력감을 극복하도록 한다.

KEY POINT

클라이언트

지역사회에서 사회서비스를 받거나 필요로 하는 자로 대상자, 수급자, 욕구자 등으로 다양하게 해석되지만 일반적으로 클라이언트로 통칭

자기결정

자신을 위한 서비스이지만 클라이언트가 스스로 선택하고 결정할 수 있는 자유로운 결정권(자살하고자 하는 사람의 자기결정권 존중 및 방조하면 자살방조죄 등 윤리, 형사책임)

임파워먼트

지역사회에서 권한을 부여하는 것으로 대인 간 또는 인간의 능력을 향상시키는 과정을 통해 삶의 조건을 향상시키도록 역량강화를 의미

비밀보장

상담 등으로 밝혀지는 클라이언트에 관한 정보에 대해서 사회복지사의 누설금지를 법으로 보장

스티그마

낙인(Stigma)을 뜻하는 용어로, 수치심 등으로 다른 사람들에게 무시당하고 부정적인 인식(지역사회 복지서비스에서 낙인감 감소 필요)

아노미

① 아(없다) + 노미(규범) = 무규범
② 사회적 혼란으로 규범이 사라지고 가치관 붕괴 현상의 사회적·개인적 불안정상태

아웃리치(outreach)

대상자를 기다리지 않고 기관이나 시설 밖의 현장으로 찾아가 그들의 욕구를 파악하고 해결하는 활동

인테이크(intake)

사회복지사가 욕구를 가진 사람의 문제와 욕구를 확인하여 해당기관의 서비스에 부합 여부를 판단하는 과정

가족사정 도구

가계도	과거로부터 수직적 가족관계 파악한 상황도표
생태도	현재상황의 수평적 가족관계 파악한 상황도표
사회적 관계망 그리드	개인, 가족의 사회적 관계망을 표현한 그림이나 표

지역사회복지 실천의 일반원칙

과정 지향의 원칙	과정을 통해 단결과 협력을 이끌어 내는 계기 조성
자주성 중시 원칙	목적 설정, 활동 등 지역주민의 자주적인 참여와 협동
조정의 원칙	갈등을 야기하는 주민 간의 대립의 상황도 상호작용하여 조정
합의의 원칙	목표달성을 위해서 주민의 공유된 합의를 이끌어 냄

지역사회복지의 실천과정

사회문제 파악	다양한 욕구에 대한 실태조사, 설문조사, 주민토론
계획 수립	목표의 우선순위와 실천방법, 중·단기 목표 및 재정 계획
실행 단계	지역사회복지계획의 행동화 및 조직 내부의 상호협력
자원활용(동원)	인적·물적 자원의 발굴 및 동원·활용
활동 평가	성과 평가, 문제점 원인분석 및 새로운 계획에 기여

실천현장의 심사기준

① 입소정원의 적정성
② 종사자의 전문성
③ 시설의 제반 환경
④ 시설거주자에 대한 서비스 만족도
⑤ 기타 시설의 운영개선에 필요한 사항

사회 안정망

① 1차 사회 안정망 - 사회보험(가입자 기여금으로 운영)(사전적 제도)
② 2차 사회 안정망 - 공공부조(국가의 세금으로 운영)(사후적 제도)

> ① 사회보험은 가입자의 기여금으로 운용하는 제도로 1차 사회 안전망
> ② 공공부조는 사회보험으로도 생활이 어려운 국민을 국가 및 지방자치단체가 세금으로 지원하는 제도로 2차 사회 안전망

지역사회복지 실천의 기술

임파워먼트 기술	• 억압에 도전, 총체적 시각 유지 • 클라이언트 역량 강화, 공동체와 상호작용 • 클라이언트의 자기주장 존중, 승리자로 간주
옹호기술	• 지역사회 수준에 맞는 옹호 • 적극적이고 단호하게 옹호 • 융통성 있는 옹호 및 대변자 역할
자원개발 (동원)	• 기존 자원 최대 활용(인적·물적 자원) • 기존 조직을 지역사회조직의 성원이 되기 용이함 활용 • 인적자원의 기대되는 성공요인 분석
연계기술	• 연계목표 설정 및 동료관계의 피드백 • 자원의 특성에 맞는 융통성, 좋은 관계 유지 • 다수의 개인, 기관, 조직의 특성을 한 체계로 연계 필요
조직화기술	• 개인이익과 공공이익에 대한 설명 • 갈등과 대결에 익숙 및 주민조직화에 협력 • 조직화의 이슈 명확, 시급한 문제 선정

09

재가복지

제1절 재가복지의 개념

제2절 재가복지의 등장과 시설복지

제3절 재가복지서비스의 구성과 원칙

제4절 재가복지사업

제5절 노인장기요양보험제도

| 제9장 | 재가복지

| 제1절 | 재가복지의 개념

재가복지란 시설복지의 상반되는 개념으로 또는 시설복지를 보완하는 개념으로 보아야 한다. 1950~1960년대 영국과 미국에서 지역사회보호라는 용어로 처음 나타난 것으로서 노령, 질병, 장애 등으로 인하여 일상생활을 독립적으로 수행하기 어려운 사람들이 타인의 보호를 필요로 할 때, 시설에 수용되지 않고 자신의 집에서 지역사회 차원의 다양한 도움을 받으면서 살 수 있도록 각종 복지서비스를 제공하는 것이다.

재가복지는 충분한 자격을 갖춘 사람이 대상자의 가정에서 가족단위로 서비스를 제공하거나 또는 환자, 능력이 없는 자, 편부모의 자녀, 노인 그리고 사회적 건강상의 이유로 도움을 필요로 하는 개인들을 돕는 것이다.

카두신(Alfred Kadushin)은 '재가복지서비스란 교육이나 훈련을 받은 사람들이 사회복지기관에서 아동보호나 클라이언트의 기능을 유지·강화·보호하기 위하여 도움을 주는 것'이라고 하였다. 이는 도움이 필요한 사람이 가정에서 도움을 받을 수 있도록 한 것으로 가족의 약화된 부분을 보완하는 보충적 서비스라고 할 수 있다.

넥스터(M. Dexter)와 허버트(W. Hebert)는 재가복지서비스란 '충분한 자격을 갖춘 사람이 대상자의 가정에서 가족단위로 서비스를 제공하거나 또는 환자, 능력이 없는 자, 한부모의 자녀, 노인 그리고 사회적으로나 건강상의 이유로 도움을 필요로 하는 개인을 돕는 것'이라고 정의하였다.

|제2절| 재가복지의 등장과 시설복지

1. 재가복지 등장배경

우리나라의 재가복지는 1980년대 초부터 노인복지 분야에서 노인사업, 상담사업으로 시작되어 가정봉사원파견사업으로 확대되어 왔으며, 장애인복지 분야의 지역사회 중심 재활사업을 통해 실시되어 왔다.

이후 1992년부터 사회서비스 분야의 기본 방향을 시설보호에서 재가서비스로의 확충, 선별적인 서비스 중심에서 보편적인 서비스의 제공, 사후 치료적 서비스 중심에서 사전 예방적 서비스 강화로 설정되면서 전국에 재가복지봉사센터가 설치·운영되어 본격적으로 재가복지사업이 강조되기 시작하였다.

재가복지서비스는 1992년 제도화된 이래 2008년부터 노인장기요양보험제도가 실시되면서 유급가정봉사원제도가 요양보호사제도로 제도화되는 등 시대적인 변천과 국민들의 사회복지 욕구의 변화에 따라 새로운 프로그램으로 대두되기 시작하였다.

이와 관련하여 재가복지서비스를 강조하게 된 사회적 배경을 살펴보면 다음과 같다.

① 산업화, 도시화, 핵가족화에 수반되는 가족의 기능 및 구조의 변화와 취업여성의 증가에 따른 취업구조의 변화에 따라 노인이나 장애인 등의 보호를 행하는 것이 어려워졌다.

② 전통적 지역사회의 변질에 따라 지역주민의 상호부조적 복지기능이 희박해졌다.

③ 인구의 급속한 고령화에 따라 보호를 요하는 노인층이 증대하여 기존의 시설복지만으로는 양적으로 대응할 수 없게 되었다.

2. 시설복지와 재가복지

1) 탈시설화 논쟁

미국의 할펀(Joseph Halpern)은 『탈시설화의 신화(The Myth of Deinstitutionalization)』라는 저서에서 1960년대의 미국을 가리켜 탈시설화의 시대라고 주장한 바 있다. 그동안 탈시설화 정책의 논의에서 주장되어 온 것 중에서 생활시설에 대한 비판의 주요 사항을 요약해 보면 다음과 같다.

① 시설은 필요악이기 때문에 원래는 없어도 된다는 주장
② 최선의 시설이라도 차선책의 가정보다는 못하기 때문에 역시 가정이 최고라는 주장
③ 시설서비스는 열악하여 인간적이며 문화적인 생활을 하기 어렵다는 주장
④ 인간의 기본적인 권리인 자유, 인권, 프라이버시가 침해받기 쉽다는 주장
⑤ 시설은 관리적이며 비민주적이고 이용자들이 주체성을 잃어버리기 쉽다는 주장

이러한 시설에 대한 비판론은 생활시설의 서비스 개선에 크게 향상을 가져왔다. 즉, 사회복지시설의 건물이나 설비가 개선되었으며, 서비스의 이념도 명확해졌다. 또한 그동안의 시설은 가정의 대리적인 기능만을 수행하여 오다가 시설 나름대로 독창적인 서비스를 제공하는 대인복지서비스로 발전하게 되었다.

탈시설화의 이념 논쟁에서 제기되는 사항은 다음과 같다.

① 규제가 적은 생활을 할 수 있다.
② 시설을 소규모화하여야 한다.
③ 여러 가지 형태의 생활을 할 수 있어야 한다.
④ 개인 생활이 중시되어야 한다.

⑤ 인간은 지역사회 안에서 생활하여야 한다.

⑥ 자립적인 생활을 하여야 한다.

생활시설에 대한 비판적인 견해에서 제기된 문제점은 다음과 같다.

(1) 클라이언트 개인에 대한 문제점

① 지역사회에서 생활하는 데 적응능력에 의문이 있다.

② 클라이언트의 경제사회적 기능의 변화에 대한 연구조사가 미흡하다.

③ 탈시설화 후 개인적인 효과의 자료가 부족하다.

(2) 지역사회에서의 복지서비스상의 문제점

① 시설 밖에서 계속적인 서비스를 받을 때 서비스의 질과 범위에 대한 문제가 있다.

② 서비스 인력의 부족으로 사후조치가 미흡하다.

③ 지역사회 내에서 클라이언트가 생활할 수 있는지 의문이 있다.

(3) 복지정책상의 문제점

① 탈시설화에 따른 비용문제가 명확하지 않다는 점이다.

② 정책 및 계획의 부족으로 탈시설화의 불신이 있다.

③ 탈시설화란 결국 대규모의 시설에서 소규모의 시설로 이동한 것에 지나지 않다.

이와 같이 탈시설화 정책이 제기되었다 해서 시설복지의 중요성이 약화되는 것은 아니다. 시설복지와 탈시설화 정책에 따른 재가복지는 어느 쪽이 중요하다고 단정하기는 어려우며, 상호보완하면서 발전해 나가야 한다.

2) 생활시설의 시설병

시설복지 중심의 사업에서 재가복지 분야로 전환하게 된 이유는 시설병의 발생에 있다고도 할 수 있다. 시설병이란 '생활시설에서 장기적으로 생활하면서 습관화되는 문화'라고 보면 될 것이다. 시설병이란 가정보다는 시설에서, 또한 사립시설보다는 공립시설에서 더 많이 생겨난다. 시설병의 현상을 예방하기 위하여 지역사회를 중심으로 하는 재가복지서비스가 증가하게 되었다.

시설병에 관한 특징은 대상자들에게 다음과 같은 현상으로 나타난다.

① 인내력의 결여, 즉 직원이 야단을 치거나 주의를 주면 참지 못하고 곧 밖으로 나가 버린다.
② 명확한 의사표시를 하지 않으며 의지가 약하다.
③ 사교기술이 약하고, 선물을 받고도 감사의 표시를 하지 못하며, 고독하고, 교제의 범위가 매우 좁다.
④ 충동적이며 적극성과 계획성이 없다. 시설의 직원이나 동료들의 의견을 잘 듣지 않으며, 감정적인 행동을 하기 쉽다.

3) 생활시설의 사회화

지역사회를 중심으로 한 재가복지서비스는 재가와 함께 생활시설에도 커다란 변화를 야기하기 시작하였다. 이러한 변화는 생활시설의 사회화와 개방화로 연결되며, 이에 가장 큰 영향을 미친 이론은 커뮤니티 케어(community care)[1]이다.

그렇다고 재가복지서비스 이론이 생활시설서비스를 전면 부정하는 것은 아니며, 생활시설 중심의 서비스에서 탈피하여 지역사회와 상호 보완하며 서비스를 개선해 나가자는 것이다.

---

1) 커뮤니티 케어(community care) : 돌봄을 필요로 하는 주민들(어르신들)이 자택이나 그룹 홈 등 지역사회 내에 거주하면서 어르신 개개인의 욕구(필요)에 맞는 복지급여와 서비스를 누리도록 돕는 것

|제3절| 재가복지서비스의 구성과 원칙

1. 재가복지서비스의 구성내용

재가복지서비스는 전문적 재가서비스와 일반적 재가서비스, 예방적 재가서비스, 복지증진서비스 등으로 구성되어 있는데, 그 내용을 살펴보면 다음과 같다.

1) 전문적 재가서비스

가족성원의 원조로서는 대처할 수 없는 욕구, 전문적인 사회적 서비스를 말한다. 이에 대처하기 위해서는 일정 수준 이상의 의료, 간호, 재활, 상담 등의 사회서비스가 필요하다. 재가의 경우에는 방문의료, 방문간호, 방문상담 등의 각종 전문적인 방문 서비스가 있다.

2) 일반적 재가서비스

가족의 힘만으로는 부양을 충족시키지 못할 때 가족 대신에 사회적인 원조에 의해 보완이 가능한 것을 말한다. 일반적 재가서비스에는 가사 혹은 신변의 원조와 정서적인 안정을 위한 것이 주된 활동이 된다.

3) 예방적 재가서비스

예방적 재가서비스란 요보호대상이 되지 않도록 사전에 예방활동을 하는 것이다. 이것을 예방적 활동이라고 하며, 이 서비스의 대상으로는 요보호대상이 될 수 있는 사람과 그 밖의 일반주민도 대상이 된다. 사업내용으로서는 건강교육, 조기검진 등의 보건활동이나 식생활과 주생활의 개선과 장애인의 발생을 예방하는 활동을 말한다.

4) 복지증진서비스

전문가에 의해서 행해지는 다양한 복지 증진을 목적으로 하는 서비스를 말한다. 요보호대상자뿐 아니라 일반 주민도 여기에 포함될 수 있다.

예를 들면, 일반 노인들의 사회참여 활동을 촉진시키거나 교양을 높이는 활동을 말한다. 각종 노인학교나 노인클럽, 노인을 위한 레크리에이션 활동이 주가 된다. 이 밖에도 노인복지센터, 노인정 등의 시설을 통하여 복지 증진의 기회를 제공할 수 있다. 아동이나 장애인에게도 같은 활동의 서비스를 제공할 수 있다.

2. 재가복지서비스의 원칙

재가복지는 시설 보호 중심에서 가정 내 보호 중심 사업으로 전환하면서 시작이 되었다고 할 수 있다. 1987년 가정봉사원파견사업을 시범으로 실시하게 되면서 재가복지가 시작되었다고 볼 수 있다. 재가복지서비스가 필요한 사람은 언제든지 서비스를 이용할 수 있어야 하는데, 이를 수행하기 위해서는 다음의 원칙이 중요하다.

1) 접근성

재가복지서비스는 클라이언트가 손쉽게 이용할 수 있도록 접근이 용이하여야 한다. 편리한 절차와 서비스 및 지리적으로도 편리하게 근접한 곳에서 서비스를 받을 수 있어야 한다.

2) 지속성

재가복지서비스는 클라이언트의 서비스욕구 또는 문제해결이 될 때까지 지속적으로 제공받을 수 있어야 한다. 필요한 서비스를 효율적이고 지속적으로 이용할 수 있어야 한다.

3) 전문성

클라이언트의 복지욕구에 맞는 일정 수준 이상의 의료, 간호, 재활, 상담 등의 사회서비스가 필요하다. 즉, 사회복지사, 간호사, 물리치료사 등의 팀으로 구성된 전문적 서비스가 필요하며, 이러한 사회적 서비스를 통해 클라이언트의 자립생활을 돕는다. 따라서 다양한 재가복지서비스에 대하여 공급조직에 있어서 전문적 서비스를 제공할 수 있어야 한다.

| 제4절 | 재가복지사업

1. 재가복지 5대 핵심사업(요양보험 급여사업)

노인인구의 증가와 함께 이에 대한 사회적 책임의 일환으로 2008년 4월 4일 노인복지법을 우리나라 현실에 맞게 개정하고, 2008년 7월 1일 노인장기요양보험제도를 시행함에 따라 재가노인을 위한 핵심 서비스로 방문요양서비스, 방문목욕서비스, 방문간호서비스, 주·야간보호사업, 단기보호사업, 기타 재가급여 등 주요 사업 등을 실시하고 있다.

이 사업은 건강보험관리공단에서 등급판정을 받고 일정한 기간 이내에 '장기요양인정서'를 받은 요보호대상자에게 낮은 비율의 본인부담 비용으로 서비스를 제공하는 재가복지의 핵심 사업이다.

본 교재에서의 요양보험이란 노인장기요양보험을 의미한다.

1) 방문요양서비스

방문요양서비스란 요양보호사가 신체적·정신적인 장애로 혼자서 일상생활을 영위하기 어려운 노인의 가정을 방문하여 생활에 필요한 각종 편의를 제공함으로써 지역사회 내에서 건전하고 안정된 노후생활을 영위할 수 있도록 제공하는 프로그램이다. 이 프로그램은 노인장기요양보험법 시행으로 과거 '가정봉사원 파견사업'을 '방문요양서비스'로 개칭하여 운용하고 있다.

이는 고령화사회로 인한 노인인구 증가와 함께 요보호노인의 수도 증가하여 지역사회 내에서 통합적인 서비스를 제공받아야 하는 정상화 개념이 대두되면서 그 필요성이 제기되었다. 즉, 장기요양요원이 수급자의 가정 등을 방문하여 신체활동 및 가사활동 등을 지원하는 서비스이다.

2) 방문목욕서비스

방문목욕서비스는 스스로 목욕을 하지 못하는 대상자를 위한 서비스이다. 즉, 거동이 불편하여 혼자서 목욕하기 어려운 대상자를 위하여 노인장기요양보험법 시행에 따라 요양기관 소속의 요양보호사가 목욕설비를 갖춘 장비를 이용하여 요보호대상자의 가정 등을 방문하여 목욕서비스를 제공하는 사업이다. 즉, 장기요양요원이 목욕설비를 갖춘 장비를 이용하여 수급자의 가정 등을 방문하여 목욕을 제공하는 서비스이다.

3) 방문간호서비스

방문간호서비스는 1991년 전국 각 보건소에서 생활보호 노인을 대상으로 최초로 시행되었다. 1993년에는 간호협회의 가정간호사가 일반인을 대상으로 가정간호사업을 시작하였으며, 1994년에는 병원중심의 가정간호사업이 시작되었다.

방문간호사업은 노인장기요양보험법이 시행되면서 장기요양대상자에게 보다 편리하게 방문간호서비스를 제공하고 있다.

즉, 장기요양요원인 간호사 등이 의사, 한의사 또는 치과의사의 지시서에 따라 수급자의 가정 등을 방문하여 간호, 진료의 보조, 요양에 관한 상담 또는 구강위생 등을 제공하는 서비스이다.

4) 주·야간보호사업

주·야간보호사업이란 부득이한 사유로 가족의 보호를 받을 수 없는 노인 등을 일정한 시간 동안 시설에 입소시켜 필요한 서비스를 제공하는 사업을 말한다.

주·야간보호사업은 가정에서 통원을 중심으로 서비스를 제공받을 수 있도록 하고, 노인성질병을 가진 대상자 등을 일정한 시간 동안 시설에서 보호받을 수 있도록 하는 주간보호센터 등을 말한다.

따라서 주·야간보호사업은 수급자를 하루 중 일정한 시간 동안 장기요양기관에 보호하여 신체활동 지원 및 심신기능의 유지·향상을 위한 교육·훈련 등을 제공하는 서비스이다. 노인장기요양보험법 시행에 따라 보다 용이하게 이용할 수 있으며, 보호시설에서는 다음과 같은 서비스를 제공하고 있다.

① 주·야간보호서비스를 이용하는 교통서비스
② 생활지도 및 일상생활 동작훈련 등 심신의 기능회복을 위한 서비스
③ 급식 및 목욕 서비스
④ 취미·오락·운동 등 여가생활 활용 서비스
⑤ 노인 가족을 위한 교육 및 상담서비스 등 다양한 프로그램 실시

5) 단기보호사업

단기보호사업은 가정에서 보호를 받고 있는 장애노인 등을 단기간 동안 수용·보호하는 프로그램으로 부양가족이 질병이나 출장 등 개인적인 사유로 보호를 할 수 없을 때 서비스를 제공하는 사업이다.

노인장기요양보험법 시행에 따라 보다 용이하게 서비스를 제공받을 수 있으

며, 노인입소시설뿐만 아니라 사회복지관, 노인복지관, 재가노인봉사센터 등의 이용시설에서도 허약한 노인이나 심신장애인을 대상으로 일시적으로 급식·목욕·물리치료 등 기타 일상생활에 필요한 각종 서비스를 제공하고 있다.

즉, 수급자를 보건복지부령으로 정하는 범위 안에서 일정 기간 동안 장기요양기관에 보호하여 신체활동 지원 및 심신기능의 유지·향상을 위한 교육·훈련 등을 제공하는 서비스이다.

2. 기타 복지사업

1) 맞춤형 노인돌봄서비스

기존의 노인돌봄서비스를 통합·개편하여 2020년 1월부터는 노인의 욕구에 따라 맞춤형 노인돌봄서비스를 제공하고 있다. 이에 따라 기존 서비스이용자는 별도의 신청 없이 새로운 서비스 이용이 가능하다.

맞춤형 노인돌봄서비스의 특징은 다음과 같다.

① 사업 통합으로 서비스 다양화
② 참여형 서비스 신설
③ 개인별 맞춤형 서비스 제공
④ ICT기술을 활용한 첨단 서비스 도입
⑤ 생활권역별 수행기관 책임 운영
⑥ 은둔형·우울형 노인에 대한 특화사업 확대 등

2) 경로우대사업

사회보험, 공공부조 그리고 퇴직연금, 개인연금 등과 같은 사적 보장체계가 직접 소득보장이라면, 경로우대제도, 취업증진 프로그램, 상속세·소득세 공제 등의 세제감면 혜택 등은 간접 소득보장제도에 해당된다.

간접 소득보장제도인 경로우대사업은 노인장기요양보험 비급여 사업으로 노인과 그 가족 등 지역사회에서 일평생을 기여해 온 공로를 인정하여 민간시설 및 공공시설을 무료 또는 할인된 금액으로 이용할 수 있도록 정부에서 권장하고 있는 서비스이다.

특히 만 65세 이상의 노인은 전철, 철도, 고궁, 국공립박물관 등을 무료 또는 할인된 금액으로 이용할 수 있는 보편주의 서비스를 제공하고 있다.

제5절 노인장기요양보험제도

1. 도입배경

1) 저출산·인구의 고령화

여성의 취업률, 개인주의 성향이 증가하면서 독신을 선택하거나 결혼을 해도 자녀 출산을 선택하는 경향이 증가하고 있다. 또한 자녀를 키우기 위해 필요한 양육비·교육비 등 경제적 부분이 크게 작용하면서 저출산 문제가 나타나고 있다. 특히 의학기술의 발달, 생활환경의 개선으로 노인의 비중이 증가하면서 저출산과 함께 고령화가 급속하게 진행되고 있으며, 우리나라는 OECD 국가 중에서도 고령인구 증가율이 가장 높은 것으로 나타났다.

이처럼 대부분의 선진국이 고령화사회에서 초고령사회로 진입하는 데 80년 정도 걸리는 데 비해 우리나라는 26년 만에 진입할 것으로 예상된다. 이미 초고령사회에 진입한 일본에 비해서도 10년 정도 빠른 속도이다. 2023년 고령자 통계(통계청)에 의하면 65세 이상 고령 인구 비중은 18.4%로 나타났으며, 2025년 20.6%를 기록한 뒤 2050년에는 40%를 넘어설 것으로 전망하고 있다.

따라서 증가하는 신체적·정서적 돌봄에 대해 개인이나 가족의 부담을 사회부담으로 전환하고자 장기요양보험제도를 도입하게 되었다.

2) 가족의 부양기능 약화

우리나라에서는 1960년대부터 근대화, 도시화, 경제발전이라는 매우 빠르고 포괄적인 사회변동을 경험하였고, 그 과정은 아직도 계속되고 있다.

농촌·농업 생활을 배경으로 형성된 전통적 가족은 도시 생활과 산업 사회에서는 적응하기 어렵다. 또 남녀평등, 민주주의와 같은 서구적인 가치의 도입은 가족 관계와 생활에 갈등과 긴장을 가져왔다.

이러한 가족의 사회 변동에 대한 적응 문제, 가족생활의 긴장, 가족 관계의 갈등 등을 포괄적으로 가족의 위기 또는 '위기의 가족'이라고 한다.

가족의 위기는 점점 늦어지는 혼인 연령, 혼인을 해도 자식을 낳지 않고 부부만 살아도 괜찮다는 생각, 아예 혼인을 기피하는 현상, 점점 쉽게 이혼하는 경향을 통해서 실감할 수 있다.

그리고 이러한 가족의 위기는 저출산과 인구 감소, 그리고 인구의 고령화로 이어져 각종 사회 문제를 발생시키는 기제로 작용하기도 한다.

인구의 고령화는 젊은 세대들에게 노인부양의 부담을 크게 가중시키고 있는데, 핵가족화, 여성의 사회참여 증가, 요양보호기간의 장기화(평균 2년) 등으로 가정에 의한 요양보호 기능이 크게 약화되었다.

또한 기초수급 노인과 고소득층 가정을 제외한 중산층·서민층 가정이 이용할 수 있는 시설이 절대적으로 부족하고, 노인인구의 증가와 함께 필요로 하는 요양병원 및 전문서비스 미비 등으로 노인의료비가 급격하게 증가하여 재정의 불안 요인이 또한 작용하게 되었다.

이러한 불안요인을 제거하고 삶의 질 향상을 도모하기 위하여 장기요양이 필요한 노인들과 그 가족들에 대한 수발중심의 서비스가 필요하게 되었다.

2. 주요 내용

1) 목 적

2008년부터 시행되고 있는 노인장기요양보험제도는 고령이나 노인성 질병 등의 사유로 일상생활을 혼자서 수행하기 어려운 노인 등에게 신체활동 또는 가사활동 지원 등의 장기요양급여를 제공하는 사회보장제도이다.

장기요양급여는 65세 이상 어르신 또는 65세 미만의 노인성질병을 가진 자로서 6개월 이상 동안 혼자서 일상생활을 수행하기 어렵다고 인정되는 노인 등에게 신체활동·가사활동의 지원 또는 간병 등의 서비스나 이에 갈음하여 현금 등을 지원하는 제도이다.

따라서 일상생활을 혼자서 수행하기 어려운 노인 등에게 세수, 목욕, 식사, 배설, 이동, 조리, 세탁, 간호 등 필요한 서비스를 제공하고 있다.

노인장기요양보험은 산재보험, 국민연금, 고용보험, 건강보험과 더불어 5대 사회보험 중 하나로 특정 동종집단의 연대성을 기초로 조직되고 운영되는 사회보험제도의 기틀을 마련하였다고 할 수 있다.

2) 기본 이념

① 장기요양급여는 노인 등이 자신의 의사와 능력에 따라 최대한 자립적으로 일상생활을 수행할 수 있도록 제공하는 사회적 시스템이다.

② 요양보호가 필요한 모든 노인 등을 포괄할 수 있는 보편적인 체계이다.

③ 장기요양급여의 권리성·선택성이 보장되는 이용자 중심의 서비스 체계이다.

④ 사회적 연대에 의한 장기요양급여 비용의 확보 체계이다.

⑤ 가정에서 장기요양을 받는 재가급여 우선 및 예방사업 병행추진 체계이다.

⑥ 노인 등의 심신상태, 생활환경과 욕구·선택을 종합적으로 고려하여 효율적으로 장기요양급여를 제공하는 체계이다.

⑦ 노인 등의 심신 상태나 건강 등이 악화되지 않도록 의료서비스와 연계하여 이를 제공하여야 한다.

3) 적용 대상 및 범위

(1) 적용대상

보편주의 원칙에 따라 건강보험 가입자는 장기요양보험의 가입자가 되며(법 제7조 제3항), 이는 건강보험의 적용에서와 같이 법률상 가입이 강제되어 있다. 또한 공공부조의 영역에 속하는 의료급여 수급권자의 경우 건강보험과 장기요양보험의 가입자에서는 제외되지만, 국가 및 지방자치단체의 부담으로 장기요양보험의 적용대상으로 하고 있다(법 제12조).

따라서 장기요양급여를 받을 자는 "65세 이상의 노인 또는 65세 미만의 노인성질병을 가진 자로서 치매, 뇌혈관성 질환, 파킨슨병 등 노인성질병을 가진 자로 6개월 이상 동안 혼자서 일상생활을 수행하기 어렵다고 인정하는 경우 심신상태 및 장기요양이 필요한 정도 등 대통령이 정하는 등급판정기준에 따라 장기요양인정을 받은 자"로 하고 있다.

다만, 의사가 상주하는 요양병원에 입원 중이라면 등급과 무관하게 장기요양보험 혜택을 받을 수 없으며, 1·2등급 장애인 중에도 장기요양등급이 인정되면 장애인 활동지원의 제한이 있을 수 있다.

(2) 적용범위

장기요양보호 필요성 정도는 개인의 신변관리와 지역사회 내에서의 독립적 생활을 위해 필요한 일상적 행동을 혼자 수행할 수 있는 정도 등으로 판단한다. 이와 같이 개인의 자기관리와 지역사회 거주에 필요한 일상적 행동의 수행 정도를 가리켜 일상생활수행능력(ADL : Activities of Daily Living)이라고 한다.

일상생활수행능력은 일반적으로 두 가지로 구분되는데, 자신의 신변관리를 독립적으로 할 수 있는 정도를 나타내는 신체적 일상생활수행능력(PADL : Physical Activities of Daily Living)과 지역사회에서 독립적으로 생활하면서 일상생활에서의 간단한 목적 달성을 위한 행동까지 할 수 있는 정도를 나타내는 수단적 일상생활수행능력(IADL : Instrumental Activities of Daily Living)이 있다.

따라서 장기요양의 필요도에 따른 등급이 정해지는데, 1등급은 일상생활에서 전적으로 다른 사람의 도움을 받아야 하는 경우이고, 2등급은 상당 부분, 3등급은 부분적으로 다른 사람의 도움이 필요한 경우를 말한다.

판정은 장기요양등급판정위원회에서 수급자 여부를 판정하며, 신청인이 장기요양인정신청서를 접수하면 공단이 조사 후 조사결과서, 신청서, 의사소견서, 그 밖에 심의에 필요한 자료를 등급판정위원회에 제출하면, 등급판정위원회는 심신상태 및 장기요양이 필요한 정도 등 등급판정기준에 따라 수급자로 판정한다.

4) 장기요양급여의 종류 및 이용절차

(1) 장기요양급여의 종류 및 내용

노인장기요양보험제도에서는 장기요양보호를 필요로 하는 고령이나 노인성 질병 등의 사유로 일상생활을 수행하기 어려운 노인 등에게 신체활동·가사활동의 지원 또는 간병 등의 서비스나 이에 갈음하여 현금 등을 지원한다.

장기요양급여의 종류로는 노인요양시설, 노인요양공동생활가정 등에서 서비스를 제공하는 시설급여와 방문요양, 방문목욕, 방문간호, 주·야간보호, 단기보호 등의 서비스를 제공하는 재가급여 제도가 있고 가족요양비, 요양병원간병비, 특례요양비 등을 지원하는 특별현금급여 제도가 있다.

〈표 9-1〉 장기요양급여의 종류 및 내용

구 분	장기요양급여의 종류 및 내용
시설급여	① 노인요양시설(장기요양기관) : 치매·중풍 등 노인성질환 등으로 심신에 상당한 장애가 발생하여 도움을 필요로 하는 자를 입소시켜 급식·요양과 그 밖의 일상생활에 필요한 편의를 제공하는 장기요양급여 ② 노인요양공동생활가정 : 치매·중풍 등 노인성질환 등으로 심신에 상당한 장애가 발생하여 도움을 필요로 하는 자에게 가정과 같은 주거여건과 급식·요양과 그 밖의 일상생활에 필요한 편의를 제공하는 장기요양급여
재가급여	① 방문요양 : 요양보호사가 수급자의 가정 등을 방문하여 신체활동 및 가사활동 등을 지원하는 급여(목욕, 배설, 화장실 이용, 옷 갈아 입히기, 취사, 생필품 구매, 청소 등) ② 방문목욕 : 목욕설비를 갖춘 장비를 이용하여 수급자의 가정 등을 방문하여 목욕을 제공하는 급여 ③ 방문간호 : 방문간호사는 의사, 한의사, 치과의사 등의 지시(방문간호지시서)에 따라 수급자의 가정 등을 방문하여 간호·진료의 보조 또는 요양에 관한 상담·구강위생 등을 제공하는 급여(수급자는 사전에 의료기관에서 방문간호지시서를 발급받아 이를 기관에 제출) ④ 주·야간보호 : 수급자를 하루 중 일정한 시간 동안 장기요양기관에 보호하여 신체활동지원 및 심신기능의 유지·향상을 위한 교육·훈련 등을 제공하는 급여 ⑤ 단기보호 : 부득이한 사유로 일시적으로 가족의 보호를 받을 수 없는 수급자에게 일정 기간 동안 단기보호시설에 보호하여 신체활동지원 및 심신기능의 유지·향상을 위한 교육·훈련 등을 제공하는 급여 ⑥ 기타 재가급여 : 수급자의 일상생활, 신체활동 지원에 필요한 복지용구를 제공하거나 가정을 방문하여 재활에 관한 지원 등을 제공하는 급여
특별현금급여	① 가족요양비 : 도서·벽지 등 방문요양기관이 현저히 부족한 지역에 거주하거나(보건복지부 고시 참조), 천재지변이나 그 밖에 이와 유사한 사유로 인하여 장기요양기관에서 장기요양급여를 이용하기 어려운 자(보건복지부장관이 인정하는 경우), 신체·정신 또는 성격 등 대통령으로 정하는 사유로 인하여 가족 등으로부터 장기요양을 받아야 하는 수급자에게 현금으로 지급한다. 가족요양비를 받는 수급자는 재가급여 중 복지용구급여에 한하여 같이 받을 수 있으며, 다른 급여는 받을 수 없다. ② 요양병원간병비 : 수급자가 노인복지법에 의한 노인전문병원 또는 의료법에 의한 요양병원에 입원한 때 대통령령이 정하는 기준에 따라 장기요양에 소요되는 비용의 일부를 지급하는 장기요양급여 ③ 특례요양비 : 수급자가 장기요양기관이 아닌 노인요양시설 등의 기관 또는 시설에 재가급여 또는 시설급여에서 상당한 장기요양급여를 받은 경우 대통령령이 정하는 기준에 따라 당해 장기요양급여비용의 일부를 당해 수급자에게 지급하는 특례장기요양급여

(2) 장기요양급여의 이용절차

① (공단 각 지사별 장기요양센터) 신청 → ② (공단직원) 방문조사 → ③ (등급판정위원회) 장기요양 인정 및 등급판정 → ④ (장기요양센터) 장기요양인정서 및 표준장기요양이용계획서 통보 → ⑤ (장기요양기관) 서비스 이용 순이다.

① 장기요양인정 신청 및 방문조사

② 장기요양인정 및 장기요양등급 판정(장기요양등급판정위원회)

③ 장기요양인정서 및 표준장기요양이용계획서 송부

④ 요양급여의 계약 및 급여의 실시, 이용지원 등으로 이루어진다.

1. 장기요양인정 신청 및 방문조사(국민건강보험공단)
• 장기요양인정 신청 - 신청대상 : 장기요양보험가입자, 피부양자, 의료급여수급권자 및 대리인 - 신청방법 : 의사소견서를 첨부하여 장기요양인정신청서 공단에 제출 • 방문조사(공단소속 직원) : 심신상태, 필요한 요양급여의 종류 및 내용 등(인지능력, 신체능력 평가)

⬇

2. 장기요양인정 및 장기요양등급 판정(지역단위 등급판정위원회)
• 1차 판정(컴퓨터 판정) : 방문조사 결과를 등급판정 프로그램으로 분석하여 장기요양인정 여부 및 요양등급 1차 판정 • 2차 판정(장기요양등급판정위원회 판정) : 보건의료, 복지전문가, 지방자치단체 추천위원 등 지원센터에 장기요양 등급판정위원회 설치·운영 - 1차 판정결과, 특기사항, 의사소견서 등을 심의하여 등급판정기준에 따라 요양인정 여부 및 요양등급을 최종 판정(약 15일 소요)

⬇

3. 장기요양인정서 및 표준장기요양이용계획서 송부
• 장기요양인정서 : 장기요양등급, 장기요양급여의 종류·내용, 유효기간, 등급판정위원회 의견 • 표준장기요양이용계획서(권고적 성격) : 요양욕구조사를 통해 요양대상자가 이용 가능한 급여의 종류 및 내용을 작성, 통보 - 이용자의 급여종류 선택 시 참고

⬇

4. 요양급여의 계약 및 급여의 실시, 이용지원
• 표준장기요양이용계획서를 참고, 수급자가 원하는 장기요양기관과 자율계약에 의한 급여제공 • 방문조사를 실시한 국민건강보험공단소속 직원이 서비스이용 지원업무 지속수행, 모니터링

그림 9-1 장기요양급여의 이용절차

(3) 장기요양인정 기준 및 절차

① 인정기준

장기요양급여는 노인의 '요양필요도' 수준에 따라 차등 실시하고, 요양필요도는 '장기요양인정점수'를 기준으로 실시한다.

② 장기요양인정점수

요양욕구와 관련된 기능 상태와 실제 요양서비스의 제공시간과는 정비례 관계가 아니므로, 이 두 가지 개념을 보다 크게 반영하여 요양필요도를 점수로 나타내어 줄 제3의 개념이 필요한데, 이러한 개념으로 제시된 것이 '장기요양인정점수'이다.

'장기요양인정점수'는 장기요양이 필요한 정도를 나타내는 점수로서 장관이 정하여 고시하는 심신의 기능저하 상태를 측정하는 방법에 따라 산정한다. 요양욕구 5개 영역별 52개 항목 조사결과와 영역별 100점 득점 변환점수를 8개 서비스군별로 수형분석[2]을 통해 산출한다.

〈표 9-2〉 5개 영역

영역	항목
신체기능 (12항목)	옷 벗고 입기, 식사하기, 일어나 앉기, 화장실 사용하기, 세수하기, 목욕하기, 옮겨 앉기, 대변 조절하기, 양치질하기, 체위 변경하기, 방 밖으로 나오기, 소변 조절하기 등
인지기능 (7항목)	단기 기억장애, 날짜불인지, 장소불인지, 나이/ 생년월일 불인지, 지시불인지, 상황판단력 감퇴, 의사소통/ 전달장애 등
행동변화대응 (14항목)	망상, 환청·환각, 슬픈 상태·울기도 함, 불규칙수면·주야혼돈, 도움에 저항, 서성거림·안절부절못함, 길을 잃음, 폭언·위협행동, 밖으로 나가려 함, 의미가 없거나 부적절한 행동, 물건 망가트리기, 돈/ 물건 감추기, 부적절한 옷 입기, 대/ 소변 불결행위 등
간호처치 (9항목)	기관지절개관 간호, 흡인, 산소요법, 경관영양, 욕창간호, 암성통증간호, 도뇨관리, 장루간호, 투석간호 등
재활훈련 (10항목)	신체기능훈련, 기본 동작훈련, 일상생활 동작훈련, 물리치료, 언어치료, 작업치료, 기타 기능훈련 등
	운동장애(4항목) - 우측상지, 우측하지, 좌측상지, 좌측하지 등
	관절제한(6항목) - 어깨관절, 고관절, 팔꿈치관절, 무릎관절, 손목 및 수지관절, 발목관절

2) 수형분석 : 데이터 마이닝기법에 의하여 결과를 예측하거나 분류하고자 할 때 사용하는 통계적인 방법. 노인장기요양보험에서 수형분석은 서비스를 필요로 하는 신청인의 기능상태에 따라 필요한 서비스량을 예측하기 위해 사용

③ 장기요양등급

장기요양인정점수를 기준으로 요양등급은 1등급(95점 이상), 2등급(75점 이상~95점 미만), 3등급(60점 이상~75점 미만), 4등급(51점 이상~60점 미만), 5등급(45점 이상~51점 미만), 인지지원 등급(45점 미만)의 5등급으로 구분한다.

〈표 9-3〉 장기요양등급

등급 구분	판정기준
장기요양 1등급	심신의 기능상태 장애로 일상생활에서 전적으로 다른 사람의 도움이 필요한 자로서 장기요양인정점수가 95점 이상인 자
장기요양 2등급	심신의 기능상태 장애로 일상생활에서 상당 부분 다른 사람의 도움이 필요한 자로서 장기요양인정점수가 75점 이상 95점 미만인 자
장기요양 3등급	심신의 기능상태 장애로 일상생활에서 부분적으로 다른 사람의 도움이 필요한 자로서 장기요양인정점수가 60점 이상 75점 미만인 자
장기요양 4등급	심신의 기능상태 장애로 일상생활에서 일정 부분 다른 사람의 도움이 필요한 자로서 장기요양인정점수가 51점 이상 60점 미만인 자
장기요양 5등급	치매환자로서(노인장기요양보험법 시행령 제2조에 따른 노인성질병으로 한정) 장기요양인정점수가 45점 이상 51점 미만인 자
인지지원 등급	치매환자로서(노인장기요양보험법 시행령 제2조에 따른 노인성질병으로 한정) 장기요양인정점수가 45점 미만인 자

〈표 9-4〉 요양이 필요한 기능상태와 수준(등급별 상태상) 예시

상 태	수 준
1등급 (최중증)	• 와상상태로 스스로 일상생활이 거의 불가능 • 조사표 : 체위변경, 식사하기, 일어나 앉기 등 ADL에서 6개 이상 완전도움 필요
2등급 (중증)	• 일상생활이 곤란한 중증상태 • 조사표 : 식사하기, 일어나 앉기, 세수하기, 양치질하기 등 ADL에서 5개 이상 부분도움 필요
3등급 (중등증)	• 부분적인 요양보호가 필요한 상태 • 다른 사람의 도움을 받아야만 외출 가능 • 조사표 : 양치질하기, 세수하기 등 ADL에서 3~5개 정도 부분도움 필요
등급 외 (경증)	• 식사·배설·옷 벗고 입기 모두가 대체로 가능하나 생활관리능력이 떨어지는 등 가끔 지원 필요 • 조사표 : 목욕, 옷 벗고 입기 등 ADL에서 1~2개 부분도움 필요
5등급 (치매특별등급)	• 치매환자(노인장기요양보험법 시행령 제2조에 따른 노인성질병으로 한정) • 일상생활 수행에 어려움은 적음

KEY POINT

재가복지사업의 등장 배경

① 정상화(normalization) 이념의 복지서비스 조직화 요구
② 지역주민의 상호부조적 복지기능의 약화
③ 급속한 고령화에 따른 보호를 요하는 노인층의 증대
④ 가족기능 및 구조의 변화와 여성의 사회활동 증가
⑤ 인적 서비스로 대응해야 할 비화폐적 욕구의 증대
⑥ 시설병(hospitalism)으로 인한 문제점 해결과 탈시설화 등

탈시설화

탈시설화는 시설에서 지역사회로 클라이언트를 복귀시키는 것이며, 그것은 가장 제약이 적은 환경의 생활과 관련이 깊은 의미

시설복지 → 재가복지

서비스장소	시설복지	→	재가복지
기본이념	보호, 구제	→	참가, 정상화(Normalization)의 실현
대상자	저소득자, 약자의 보호	→	사회구성원 전체
공급주체	공적공급, 법인위탁	→	공·사 혼합, 복지다원주의
서비스공급	공급자 중심	→	이용자 중심(선택, 참가)

시설보호·지역사회보호·재가보호

시설보호	• 훈련된 직원이 함께 거주 • 폐쇄성, 엄격한 규율과 절차로 개인의 자유와 선택이 제한
지역사회보호	• 가정 및 통원치료기관 등 보호의 장이 전제 • 서비스 제공을 위해 함께 동거하는 직원이 없다는 점
재가보호	• 부분적 보호의 서비스 제공 • 가족 및 이웃의 보호를 전제(가족의 환경으로 지역사회보호와 구별)

건강보험 · 요양보험

건강보험	요양보험
모든 질환 진단, 입원 및 외래치료, 재활치료 등을 목적으로 병·의원 및 약국에서 제공하는 서비스 제도	치매·중풍 및 노인성 질환 등으로 일상생활이 어려운 대상자에게 시설 및 재가 장기요양서비스 제도

1종 의료 수급권자(완전 무료)

국민기초생활보장법상 수급자 중 근로능력이 있는 자가 한 명도 없는 세대
(행려환자, 국가유공자, 의사상자 등)

2종 의료 수급권자(일부 본인부담)

국민기초생활보장법상 수급자 중 1종 수급권자에 해당하지 않는 사람
(근로능력이 한 명 이상 있는 수급자 세대)

고령사회 분류

① 고령화 사회 : 65세 이상의 노인 인구의 비율이 7% 이상인 사회
② 고령사회 : 65세 이상의 노인 인구의 비율이 14% 이상인 사회
③ 초고령사회 : 65세 이상의 노인 인구의 비율이 20% 이상인 사회

교환이론

① 다른 사람에게 무엇을 주는 대신 보상을 얻을 수 있다고 생각하는 이론
② 교환자원의 가치가 높은 쪽이 교환자원의 가치가 낮은 쪽을 지배한다는 이론
③ 노인은 교환하고자 하는 대상의 대인관계를 찾는다는 이론

방문요양서비스

신체적 요보호	• 식사하기, 화장실 이용하기, 옷 갈아입기, 목욕하기, 머리감기 • 노인보호, 노인요양 등
일상생활 지원	• 가사 지원서비스 : 취사, 청소, 주변정돈, 생활필수품 구매 등 • 개인 활동서비스 : 외출 시 부축행동, 말벗, 생활상담
상담 및 교육	• 지역사회 내에서 노인의 자립생활에 관한 상담서비스 • 장애노인 가족을 위한 상담 및 교육

10

사회복지협의회 · 지역사회보장협의체

제1절 사회복지협의회
제2절 지역사회보장협의체
제3절 지역사회보장계획

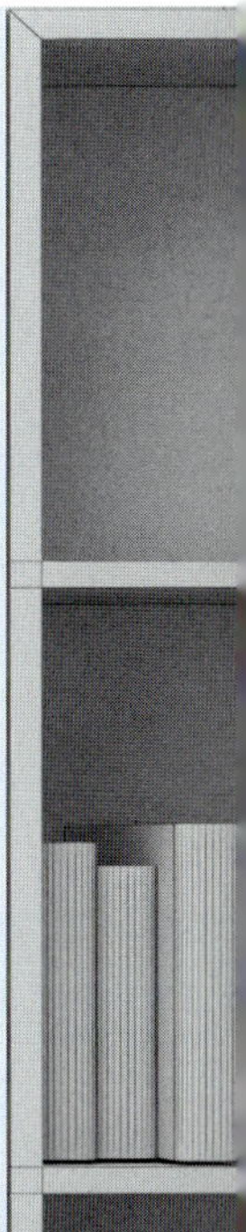

| 제10장 | 사회복지협의회 · 지역사회보장협의체

| 제1절 | 사회복지협의회

1. 사회복지협의회의 개념

사회복지협의회는 일정한 지역사회에서 거주하고 있는 주민이 주체가 되어 사회복지, 보건위생 그 밖의 생활개선 상황과 관련이 있는 공·사 관계자의 참가 및 협력을 얻어 지역의 특성과 시대적 흐름에 따라 종합적인 사회복지업무를 추진하기 위해 설립된 민간주체의 자주적 조직체이다.

아울러 민간주체 협의회이지만 민간기관뿐만 아니라 행정조직으로서의 성격을 띤 기관, 전문가, 특정 집단의 공동 목적을 위한 조직체라 할 수 있는데, 클라이언트에게 직접적인 서비스를 제공하는 서비스기관이라기보다는 관련기관 또는 전문가를 지원하는 행정기관의 성격이 강하다고 할 수 있다.

즉, 권역별 협의조직의 대표, 사회복지전문가 등이 참여하여 지방 혹은 전국 단위의 민간 차원 사회복지를 협의·조정하는 2차적 조직이며, 민간부문을 대표하는 기구이다.

따라서 사회복지협의회는 공적 조직인 관공서가 아니고 민간단체로서 사업체도 아니며 각종 서비스를 개발하고 공급하기 위해 형성된 주민주체 활동 단체라 할 수 있다. 즉, 지역사회 내의 자원동원과 활용을 위해서는 각종 기관 및 시설 그리고 지역사회 내의 집단들을 조정하고 협의해 나가는 민간 차원의 협의체를 의미하는 것이다.

2. 사회복지협의회의 형성과정

1) 사회복지협의회의 설립배경

한국사회복지협의회는 1997년 사회복지사업법 제33조의 규정에 의한 법정 사회복지법인이다. 한국사회복지협의회는 한국전쟁의 산물로서 1952년에 구호활동을 전개하던 민간기관들이 중심이 되어 한국사회사업연합회로 시작되었다.

1961년에는 16개 단체로 구성된 한국사회복지사업연합회로 활동을 하였으며, 1970년에 명칭이 변경되어 지금까지 사회복지법인 한국사회복지협의회로 명명되면서 다양한 활동을 전개하고 있다.

특히 1983년에는 사회복지사업법 개정으로 법정단체로 인정을 받아 사회복지 전반에 걸쳐 엄청난 영향력을 행사하게 되었고, 지방조직으로는 1985~1986년 전국 15개 시·도 지방협의회가 조직되었으며, 이들 지방협의회는 1998년 사회복지법인으로 확대 개편되어 활동 중에 있다.

그 후에도 2000년(제1회) 최초 사회복지의 날 기념식 개최, 2002년(1회) 최초 전국 사회복지자원봉사 대회 개최, 2003년 사회복지사업법 개정으로 시·군·구 사회복지협의회의 법인화, 2007년 사회공헌정보센터 개소, 2009년 기타공공기관으로 지정되면서 보건복지부의 주요 복지정책에 대한 시행위탁기관으로 민·관 가교역할 및 민·민 허브 기능을 수행하고 있다.

2) 사회복지협의회의 형성과정

사회복지협의회는 1869년 영국 런던에서 시작하여 1877년 미국의 버팔로 시에 설립된 자선조직협회(COS)에서 그 기원을 찾을 수 있다. 19세기 후반의 자선조직협회는 당시 수많은 빈민들의 구호 요구에 따른 자선단체들의 중복적 구호와 누락을 방지하고, 기부자들의 부담을 경감해 주기 위한 행정적 욕구에 의해 설립되었다.

이처럼 자선조직협회가 발전되어 현대적인 지역사회복지협의회가 조직되었으며, 던햄(Dunham)은 사회복지협의회 운동의 시초로 1908년에는 피츠버그(Pittsburgh)에서 많은 사회사업 기관들의 재정적 지원으로 연합자선회와 중앙협의회가 설립된 것을 들고 있다.

우리나라의 사회복지협의회는 주민과 사회복지기관 및 관련 조직체들에 의해 구성되고, 지역사회복지의 과제를 해결하기 위한 민간의 대표성을 지닌 조직으로서 지역사회조직의 모든 역할을 수행하는 조직으로 이해되기 시작하였다.

3. 사회복지협의회의 역할

사회복지협의회는 지역복지 증진을 위하여 각종 사회복지사업의 활동을 조직적으로 협의·조정·실시하며, 사회복지에 관한 조사·연구·교육 등을 통하여 사회복지에 대한 시민의 참여를 촉진시킴으로써 지역사회의 복지증진과 발전에 기여함이 목적이다.

또한 사회복지협의회는 급변하는 복지환경에 능동적으로 대처하고, 사회복지시설 기관 및 시민단체와 민간기업, 지방정부 등 지역사회의 각 부문과 긴밀한 상호협력체계를 구축하는 등 지역복지 발전을 위한 구심체로서의 주도적인 역할을 해야 한다.

따라서 사회복지협의회는 지역사회복지의 증진과 발전을 위해 복지의 모든 단체, 기관, 개인들이 함께 참여하여 자유롭게 의견을 개진하고 뜻을 펼칠 수 있도록 기반을 조성하며, 함께 행복한 공동체 문화를 이루고자 최고의 가치와 혜택을 제공하는 데 주도적인 역할을 해야 한다.

여기서는 사회복지협의회의 다양한 역할 중 사회복지사업법 시행령 제12조를 법적 근거로 한 주요 역할에 대해 살펴보고자 한다.

1) 조사연구·정책건의

지역사회복지의 현안에 대한 정확한 이해와 파악을 위해 전문적인 조사·연구를 실시하며, 이를 토대로 자치단체의 복지정책 입안에 도움을 주고 자체적으로도 복지서비스를 기획하고 실시한다.

즉, 지역사회의 실정과 공·사의 역할분담에 입각해 주민들의 욕구에 구체적으로 대응하는 체제를 만들기 위하여 사회복지 현안문제 및 이슈에 대한 자료를 확보하고, 사회복지정책 및 사회복지시설 운영 모범사례 모형 등 기초자료가 되는 연구를 비롯한 사회복지 발전에 기여하고자 노력한다.

2) 출판 및 홍보사업

출판 및 홍보사업으로 지역사회의 복지 전반에 관한 소식 및 정보를 전달함으로써 사회서비스와 욕구 및 수요에 대한 홍보와 계몽 그리고 참여 등을 통하여 지역복지서비스의 일반화를 유도한다. 즉, 각종 사회복지사업에 대한 홍보, 복지정보지 발간 등의 출판물을 통해 사회복지에 대한 시민들의 이해를 증진시키고 시민참여의 폭을 넓힌다.

3) 교육 및 훈련사업

교육 및 훈련사업은 변화하는 사회환경에 따라 나타나는 다양한 복지수요에 발맞추어 사회복지사업의 질적 향상 및 서비스 개선의 도모, 사회복지 종사자들의 전문성 제고를 위해 다양한 교육·세미나 등의 교육훈련 프로그램들을 실시하고 있다.

따라서 사회복지 관련 제도, 서비스의 효과적인 시행을 위한 현장인력 교육제공, 복지인력의 교육욕구와 사회복지현장의 변화에 부응하는 교육과정 개발,

교육방법의 다양화, 양질의 강사 확보 등을 통한 실무교육 효과성 증진 등 지역사회복지활동의 복지자원을 양성한다.

4) 협의 및 조정사업

주민의 주체적인 복지활동을 위한 조직화 지원으로서 사회복지협의회는 지역사회마다 기존의 주민조직과 연계하여 주민 당사자의 주체적인 복지활동을 지원한다.

즉, 사회복지 직능단체, 지역협의회, 사회복지 현장과의 상호협력체계(연락, 조정, 협업) 등의 구축을 통해 민간 사회복지 분야의 힘을 결집시키고 대표하는 중심체로서의 역할을 수행한다.

5) 자원봉사활동 및 사회복지 진흥사업

사회복지협의회는 주민들이 자원봉사활동 등 사회공헌 활동에 적극적으로 참여할 수 있도록 노력하는 등 지속가능한 사회공헌사업을 이끌어 내는 촉진자 역할을 한다. 자원봉사활동의 진흥을 도모하고, 사회복지욕구를 충족시키는 다양한 사회공헌 활동을 지원하며, 이를 통해 지속가능한 사회적 가치를 창출하여 지역사회발전을 이루고자 하는 데 목적이 있다.

따라서 사회복지협의회는 개인·단체·기업 등의 후원금, 물품 및 문화후원, 결연후원 등의 자원개발과 연계사업을 통한 나눔문화 확산 및 후원 길잡이 역할을 수행하며, 자원봉사자 등 사회복지증진에 기여한 유공자를 발굴·포상함으로써 전체 사회 복지인들의 사기진작과 사회복지활동에 대한 이해 증진을 돕고 있다.

또한 역량을 가진 사람과 대상자 간 멘토-멘티 관계를 형성하여 심리·정서적 지지 형성을 돕고, 역량 강화를 위한 다양한 프로그램 등을 실시하여 지식과 경험을 통해 지역복지발전에 기여하고자 한다.

| 제2절 | 지역사회보장협의체

1. 지역사회보장협의체의 개념

지역사회보장협의체는 2015년 7월 1일 「사회보장급여의 이용·제공 및 수급권자 발굴에 관한 법률」 개정에 따라 기존의 '지역사회복지협의체'가 '지역사회보장협의체'로 명칭이 변경되었다.

지역사회보장협의체는 기존의 지역사회복지협의체가 수행하던 관할지역의 사회복지사업에 관한 중요사항과 지역사회복지계획을 심의하기 위한 심의·자문기구의 한정적인 역할에서 벗어나 사회복지에서 영역이 확대된 지역의 사회보장 증진을 위하여 역할이 크게 강화되었다고 할 수 있다.

따라서 빠르게 변화되고 있는 지역사회 환경과 지역사회 내 보장문제를 해결하기 위하여 민·관의 협력과 참여를 통해 지역사회의 보장을 증진하고, 다양해지는 보장서비스 수요자의 복합적 욕구에 대응하기 위하여 해당 시·군·구에 지역사회보장협의체를 두고 있다.

지역사회보장협의체는 관할지역 내의 사회복지사업에 관한 중요 사항과 계획을 심의·의결·건의·자문하고, 지역사회보장계획의 수립·시행·평가, 사회복지 보건의료 관련 기관·단체가 제공하는 지역보장서비스 및 보건의료서비스의 연계·협력 강화, 지역주민의 보장욕구 조사, 지역 내 보장자원 조사 및 개발, 그 밖에 지역사회 보장사업 전반에 대한 협의 및 건의 등 지역복지 증진을 위해 노력하고 있다. 또한 효율적인 업무 수행을 위하여 지역사회보장협의체에 대표협의체를 비롯하여 실무협의체와 실무분과 등을 두고 있다.

그리고 읍·면·동 단위 지역사회보장협의체는 관할 지역 주민의 사회보장 증진을 위하여 복지사각지대 발굴 등 필요한 업무 등을 수행하고 있다.

2. 지역사회보장협의체의 기능

지역사회보장협의체는 「사회보장급여의 이용과 제공 및 수급권자 발굴에 관한 법률」 제41조에 근거하여 사회복지사업에 관한 중요사항과 지역사회보장 계획을 심의 또는 건의하고, 복지, 보건, 환경, 문화, 주거 등 사회서비스 관련 유관기관의 연계와 협력을 강화하기 위한 민·관 협력 기구이다.

지역사회보장협의체는 사회복지 분야의 민·관 협력 기구로 민간분야와 공공분야의 사회복지종사자 간에 의사소통의 장을 제공함으로써 상향식 민주적 의사소통 구조를 확립하고, 지역사회의 보건·복지서비스 제공자 간의 연계망을 구축하여 수요자의 복합적 욕구에 공동으로 대응하여 수요자 중심의 통합적 복지서비스 제공 기반을 마련하는 한편, 지역사회의 다양한 잠재적 복지자원을 발굴·확충하고 수요자에 대한 정보를 공유하여 효율적인 복지서비스를 제공하는데 목적을 두고 있다.

따라서 지역사회보장협의체는 정책과 제도 마련은 물론 실질적인 활동을 통해 그 목적을 충실히 달성하자는 데 있으며, 기능적으로는 크게 다음의 세 가지 역할을 수행하도록 하였다.

① **협치**(governance)**기능**

지역사회보장계획의 수립·과정·평가 등 지역사회보장 증진을 위한 과정에 민간과 공공이 협의하여 심의 및 자문 등을 마련함으로써 찾아가는 사회서비스 제공에 기여한다.

② **연계**(network)**강화기능**

지역사회 내 사회보장급여 제공기관·법인·단체 시설 간 연계·협력을 기반으로 사회보장 인프라를 확충하면서 지역사회의 인적·물적 자원의 연계 및 조직화를 지원하는 기능이다.

③ **통합(integration)서비스 기능**

협의체 내 각 분과 간 통합 및 조정역할과 효율적인 서비스 전달을 위한 지원을 담당한다. 또한 기존의 보건·복지연계 외에도 관련 타 영역과의 연계를 확대하여 지역주민의 욕구를 반영한 통합적 서비스 제공체계를 지원한다.

지역사회보장협의체의 주요 역할로는 지역사회보장계획의 수립, 지역사회서비스 연계기반의 마련, 지역사회복지 자원의 개발, 지역사회의 복지발전을 위한 의견수렴 및 건의, 지역사회 내 사회복지 관련 정보의 수집 및 보급 등으로 구분할 수 있다. 이상의 내용을 구체적으로 제시하면 다음과 같다.

① 지역사회보장계획을 수립하여 심의·건의하고, 이를 위하여 수립방안과 일정을 협의한다. 지역사회복지 관련 자원과 지역주민의 욕구조사를 실시하도록 하며 이러한 결과를 기초로 한다.

② 지역사회 내에서 이루어지고 있는 사회서비스를 조정·연계하기 위한 기반이 정착되도록 한다. 조직 간 협의구조를 통해 지역문제를 논의하고 실제로 지역사회 내 복지자원 발굴 및 서비스 제공기관 간 연계·협력으로 지역복지자원의 효율적인 활용체계 구성이 이루어지도록 해야 한다.

③ 지역사회복지자원의 개발은 사회서비스 제공에 투입 가능한 자원이나 잠재적 자원 등의 공동개발을 시도한다. 우선 지역사회의 복지자원을 포괄적으로 파악하고 자원 확보를 위한 계획을 수립해야 한다. 그리고 배분기준을 마련하고 적정한 배분에 관하여 협의하며 활용할 지역자원의 질적 향상을 위한 사업을 수행한다.

따라서 지역사회의 다양하고 잠재적인 복지자원을 발굴·확충하고, 서비스 제공기관 간 연계·협력을 통해 자원 제공의 중복과 누락을 방지하기 위해 복지 지원의 효율적인 활용체계도 마련해야 한다.

3. 지역사회보장협의체의 기본 방향

1) 운영 목적

지역사회보장협의체는 지역사회를 중심으로 지역사회 내 복지문제를 해결하기 위한 민주적인 의사소통 구조 확립, 수요자 중심의 통합적 사회보장급여 제공 기반 마련, 지역사회 내 복지자원 발굴 및 서비스 제공기관 간 연계·협력으로 지역복지자원의 효율적 활용체계 조성 등 전반적인 사회복지를 실현하는 데 운영 목적이 있으며, 세부적 목적 사항은 다음과 같다.

① 지역사회 내의 당면 문제를 해결하기 위한 민주적인 의사소통의 구조를 확립한다. 즉, 사회서비스 제공 실무자들의 지역문제 해결의지가 지역사회에서 활발하게 논의될 수 있는 상향식 의사소통의 구조를 확립한다. 그리고 지역보장계획 수립으로 지역복지의 증진을 위한 과정에 민간인의 참여 기반을 마련하여 참여복지를 구현한다.

② 수요자중심의 통합적 사회서비스 제공의 기반을 마련한다. 즉, 지역사회의 보건·복지 위주의 서비스 제공에서 벗어나 고용, 주거, 교육, 문화, 환경 관련 서비스 등 제공자 간의 네트워크를 구성하여 수요자의 복합적 욕구에 공동으로 대응한다. 특히 지역주민들이 필요로 하는 사회서비스를 One-Stop으로 제공한다.

③ 지역사회 내의 잠재적 사회복지자원 발굴 및 자원 간 연계를 구축한다. 즉, 지역문제를 해결하기 위해 지역복지자원의 효율적인 활용체계를 조성한다. 그리고 지역사회의 다양한 잠재적 자원을 발굴하고 필요한 복지자원의 확충을 위해 노력한다. 특히 사회서비스 제공기관 간의 연계·협력을 통해 지역사회서비스 수요자에 대한 정보 등을 공유함으로써 자원제공의 중복과 누락을 방지한다.

2) 기본 원칙

지역사회보장협의체가 지역사회의 당면 문제를 체계적으로 접근하기 위한 기본 원칙을 제시하면 다음과 같다.

① 지역성의 원칙

지역사회보장협의체는 관할 지역사회 내의 사회복지 현안에 집중해야 한다. 지역사회보장협의체의 활동은 지역적 테두리 안에서만 가능한 일이므로 지역적 토양을 고려하여 지역주민, 지역욕구, 지역사회 내의 자원 등을 활용하여 지역사회보장협의체의 활동을 추진해 나가야 한다.

② 참여성의 원칙

지역사회보장협의체는 네트워크 조직을 표방하면서 법적 장치나 규제보다는 지역주민들의 자발성이 1차적인 동력이 되어야 한다. 특히 지역사회보장협의체는 관련 단체의 외형을 탈피하여 본연의 비전을 달성하기 위해서 공공과 민간의 적극적이고 자발적인 참여가 선행되어야 하며, 참여성 확보를 위해서는 지역사회 내의 대표성을 가진 여러 단체들의 참여가 전제되어야 한다.

③ 협력성의 원칙

지역사회보장협의체는 네트워크형 조직구조를 통해서 당면한 지역사회보장체계 구축의 현안을 해결해야 한다. 그리고 지역사회복지의 기획과 수립·집행·평가 기능을 위해 협의적인 의사결정, 상생적인 조직관계, 지역사회공동체, 사회적 자본 확충 등에 역점을 두고, 지역사회 네트워크를 체계적으로 형성하여 민주적이고 합리적인 운영이 이루어져야 한다.

4. 지역사회보장협의체의 구조

지역사회보장협의체는 대표협의체, 실무협의체, 실무분과 그리고 읍·면·동 단위 지역사회보장협의체로 구분한다.

대표협의체는 지역사회보장계획의 수립·시행·평가, 지역사회보장조사 및 지역사회보장지표, 시·군·구 사회보장급여 제공 및 사회보장 추진 등에 관한 사항을 심의·자문한다.

실무협의체는 실무협의, 즉 대표협의체 안건에 대한 사전협의 및 조정, 지역사회보장 서비스제공 및 자원의 연계협력에 관한 협의·건의, 실무분과에서 발의된 안건에 대한 논의 및 실무분과 간 역할조정·협력, 지역사회보장계획에 관련된 모니터링, 그 밖에 대표협의체위원장이 실무협의체에 검토를 요구한 사항 등을 검토·협의한다.

실무분과는 사례회의를 통한 관련 정보를 공유하고, 복지자원의 연계, 지원방안의 협의 및 결정, 공동사업의 추진운영, 사회서비스의 개선계획 등을 수립하여 대표협의체에 전달하는 기능을 수행한다.

읍·면·동 단위 지역사회보장협의체는 관할 지역의 저소득 주민·아동·노인·장애인·한부모가족·다문화가족 등 사회보장사업에 의한 도움을 필요로 하는 사람 발굴, 사회보장 자원 발굴 및 연계, 지역사회보호체계 구축 및 운영, 그 밖에 관할 지역 주민의 사회보장 증진을 위하여 필요한 업무 등을 수행한다.

1) 대표협의체의 구성

(1) 대표협의체 구성 원칙

지역사회보장협의체의 대표협의체는 「사회보장급여의 이용·제공 및 수급권자 발굴에 관한 법률」 제41조에 의해 대표협의체의 위원을 시장·군수·구청장이 임명 또는 위촉할 수 있으며, 그 원칙은 다음과 같다.

① **대표성의 원칙**

대표협의체 위원은 해당 시·군·구의 지역사회보장 구성주체인 사회보장 분야 전문가, 지역의 사회보장 활동을 수행하거나 서비스를 제공하는 기관·법인·단체·시설의 대표자, 비영리민간단체의 추천자, 읍·면·동 단위 지역사회보장협의체의 위원장, 사회보장에 관한 업무를 담당하는 공무원 등을 대표할 수 있도록 구성해야 한다.

② **포괄성의 원칙**

대표협의체 위원은 해당 시·군·구의 지역사회보장 영역으로 보건·복지·고용·주거 등과 연계 분야의 이해관계자를 포괄할 수 있도록 구성해야 한다.

③ **민주성의 원칙**

대표협의체 위원은 지역주민의 의견을 반영하여 민주적인 절차와 방법에 의해 임명하거나 위촉해야 한다.

(2) 대표협의체 구성 및 선출

지역사회보장협의체의 대표협의체 위원은 해당 지역사회의 사회보장 관련 공공부문 대표, 민간부문 대표, 이용자부문 대표로 구성되고, 이 세 영역은 지역사회보장의 주요 구성주체가 된다.

협의체 위원의 임명/위촉요건은 사회보장급여법 제41조에 의해 시·군·구의 자치단체장이 임명할 수 있다. 또한 대표 - 실무협의체 간 의사소통 및 연계 활성화 등을 위해 실무협의체위원장을 대표협의체 위원으로 위촉·운영할 수 있다.

대표협의체는 위원장을 포함하여 10명 이상 40명 이하의 위원으로 성별을 고려하여 위원을 임명 또는 위촉하여 구성한다. 선출하는 방법은 다음과 같다.

① **공공부문의 대표위원(임명직)**

공공부문의 대표위원은 사회보장에 관한 업무를 담당하는 공무원으로 해당 시·군·구 자치단체장의 추천을 받아 구성하되, 대표협의체 위원 전체의 1/3이 넘지 않도록 하는 것이 바람직하다.

사회보장분야의 범주 확대와 지역사회보장협의체의 운영취지를 반영, 지역사회 내 사회보장 관련기관(공공)의 관계자를 위원으로 임명하는 것이 바람직하다.

또한 실무협의체 위원장은 대표협의체와 실무협의체 사이의 긴밀한 의사소통의 중심적인 역할을 할 수 있도록 반드시 대표협의체 위원을 겸임하여 활동한다. 그리고 지방자치단체의 사회보장업무담당국(과)장과 보건소장은 당연직으로 참여한다.

② **민간부문의 대표위원(위촉직)**

민간부문의 대표위원은 사회보장서비스를 제공하는 민간의 법인·단체·시설의 직능별 대표성을 가진 단체, 즉 실무협의체, 실무분과 등에서 추천하는 사람으로 지방자치단체의 장이 위촉하도록 한다. 위원 위촉은 공모 또는 관련 법인·시설·단체 등의 추천 방식으로 위촉한다.

이 경우 사회보장 관련 영역 인적자원이 충분한 지역에서는 서비스 제공기관 중심으로 위원을 확보할 수 있도록 하고, 인적자원이 부족한 지역의 경우에는 학계 전문가 중심으로 대표위원을 구성할 수 있다. 대표위원의 선출 시 유의할 점은 다음과 같다.

- 서비스 제공기관을 중심으로 대표협의체 위원을 선출한 경우에 위원의 해촉 및 사퇴 시 해당 기관의 대표자가 가급적 대표위원직을 승계하도록 한다.
- 전문가 방식의 경우는 해당 전문분야의 대표위원을 다시 위촉해야 한다.
- 전문가 선출의 위촉방식은 대표협의체에서 논의하여 다시 정할 수 있다.

③ **수요자(서비스이용자)부문의 대표위원**

수요자(서비스 이용자)를 대표하는 대표협의체의 차기 대표위원은 지방자치단체의 장이 현재 대표협의체 소속 단체의 추천 또는 공모 등을 통해 위촉하고, 수요자의 입장을 고려할 수 있도록 포괄성의 원칙에 따라 구성한다. 수요자(서비스 이용자) 대표 위원은 비영리민간단체에서 추천한 사람, 사회보장에 관한 학식과 경험이 풍부한 사람 등으로 구성하되, 공모방식으로 위원을 위촉 시 수요자(이용자) 대표 위원 응모자가 부족할 경우에는 지역사회 내 관련 기관·법인·시설·단체로부터 추천을 받아 위촉요건을 갖춘 자를 위원으로 위촉한다.

④ **사회보장 연계영역**

이상의 구성영역 이외에 법령상 협의체 위원 위촉요건을 갖춘 자 중 지역 특성을 고려하여 지역사회보장 증진을 위해 필요한 사람을 발굴하여 대표협의체 위원으로 위촉할 수 있다. 예를 들어, 공단 밀집지역의 고용분야 종사자, 이주민 관련 활동가, 지역을 기반으로 활동하고 있는 기업·문화·체육(여가)·교육분야 종사자 등 지역 특성을 반영하여 위촉하여 구성할 수 있다.

2) 실무협의체의 구성

(1) 실무협의체 구성 원칙

지역사회보장협의체의 업무를 효율적으로 수행하기 위하여 협의체에 실무협의체를 구성·운영한다. 실무협의체의 역할은 지역사회서비스 제공 및 연계 협력에 관한 협의, 대표협의체 심의안건 사전 검토, 실무분과 간 역할조정 및 협력도모, 그 밖에 위원장이 필요하다고 인정하는 사항 등이다.

실무협의체의 구성 원칙은 다음과 같다.

① 포괄성의 원칙이다. 실무협의체 위원 구성은 해당 시·군·구의 지역사회보장 주체를 모두 포함할 수 있도록 구성해야 한다.

② 전문성의 원칙이다. 실무협의체 위원은 해당 시·군·구의 지역사회보장 영역 업무에 종사하고 있는 실무자(현장전문가) 중심으로 구성해야 한다.

(2) 실무협의체위원의 구성 및 선출

실무협의체 위원은 포괄성 및 전문성의 원칙에 따라 지역사회에서 활동하고 지역사회보장 주체들 중에서 해당 분야 종사자로 민주적 절차와 방법을 통해 선출하고, 임명 또는 위촉한다.

이에 실무협의체 위원을 선출하는 방법을 제시하면 다음과 같다.

① 공공부문의 실무협의체 위원

실무협의체 위원 중 임명직 위원의 수는 전체 위원 수를 고려하여 적정 범위 내로 구성한다. 사회보장 업무를 담당하는 공무원은 사회복지, 보건의료 그리고 사회보장 분야의 담당부서장 또는 해당분야 팀장을 대표협의체 위원장이 임명한다. 그 외 사회보장 연계영역의 공공부문 실무협의체 위원은 자격 요건을 갖춘 경우 추가로 임명할 수 있다.

실무협의체 위원으로서 관계부서장 참여 시 시·군·구 지역사회보장계획 수립·시행·평가와 민·관 협력사업 추진 시 위원의 참여도와 효율성 제고 측면에서 긍정적 효과를 가져올 수 있다.

② 민간부문의 실무협의체 위원

지역 내 사회보장 업무를 수행하거나 서비스를 제공하는 기관·법인·단체·시설의 실무자 중에서 해당 기관 등의 추천을 받거나 공모를 통하여 대표협의체 위원장이 위촉하도록 한다. 통상 민간부문 위원은 실무협의체 위원으로 역할을 함과 동시에 해당 분야의 실무분과장으로서 소속 분과를 운영한다.

또한 민간부문 위원은 사회보장분야 이용·생활시설이나 사회복지·보건의료·고용·주거·교육·문화·환경 등 관련법인·시설·단체의 기관장 또는 중간관리자로 구성한다.

3) 읍·면·동 단위 지역사회보장협의체

(1) 운영 목적

읍·면·동 단위 지역사회보장협의체의 조직·운영에 필요한 사항은 보건복지부령으로 정하는 바에 따라 해당 특별자치 시 및 시·군·구의 조례로 정하고 있으며, 지역사회보장 증진 및 사회보장 관계기관·법인·시설·단체와 연계·협력을 강화하기 위하여 읍·면·동에 두는 민·관 협력기구이다.

따라서 읍·면·동 단위 지역사회보장협의체의 구성·운영으로 민·관 협력의 공간 범위가 마을 또는 생활권역으로 세분화되고, 복지 사각지대 발굴 및 자원 발굴·연계 기능을 수행함에 따라 지역공동체 기능 회복과 사회적 자본 증대와 더욱 밀접한 관계를 갖게 되었다.

또한 읍·면·동별 특화사업 및 공모사업 신청 등 지역 내 꼼꼼한 인적안전망을 구축하고, 복지사각지대 발굴 등 민·관 연계 협력의 중심적인 역할을 수행하게 되었다.

(2) 위원의 구성 및 선출

① 읍·면·동협의체 위원 구성

읍·면·동협의체 위원은 읍·면·동장의 추천을 받아 시·군·구청장이 위촉하는 사람으로 구성된다. 위촉대상은 사회보장 분야 전문가, 지역 사회보장 활동을 수행하거나 서비스를 제공하는 기관·법인·단체·시설의 대표자, 비영리민간단체의 추천자, 사회보장 업무를 담당하는 공무원, 읍·면·동 단위 지역사회보장협의체 위원장, 통·이장, 주민자치위원, 자원봉사단체 구성원, 그 밖에 지역사회 실정에 밝고 사회보장 증진에 열의가 있는 자로 구성한다.

② 읍·면·동협의체 위원 구성 규모 및 내용

읍·면·동협의체 위원 구성은 위원장을 포함한 10명 이상으로 지역 특성에 맞게 구성·운영하도록 하한선을 규정하였으나 대도시·중소도시·농어촌 등 지역사회 여건 및 사회보장 환경에 따라 지방자치단체별로 위원 수를 탄력적으로 운영한다.

위원장은 위원 중에서 선출하며, 읍·면·동장과 민간위원 중에서 각 1명을 공동위원장으로 선출할 수 있다. 읍·면·동협의체 위원의 임기는 2년으로 하며 연임할 수 있다. 다만, 공무원인 위원의 임기는 그 재직기간으로 한다.

협의체 위원의 구성 시 특정성이 위촉직 위원 수의 일정 기준을 초과하지 않아야 하며, 협의체의 활성화와 운영 효과성 제고를 위해 가급적 다양한 배경을 가진 주민이 참여할 수 있도록 조정한다.

| 제3절 | 지역사회보장계획

1. 지역사회보장계획의 개념과 동향

1) 지역사회보장계획의 개념

지역사회보장계획의 수립은 2003년 사회복지사업법 개정에 따라 2005년 7월부터 지역사회복지계획으로 시행해 왔는데, 이는 기존 사회복지사업법이 사회복지사업 중심의 서비스 이용 절차와 운영에 한정되어 있어 중앙행정기관과 지방자치단체의 유기적인 연계를 통한 지역단위 사회보장을 제대로 이루어 내지 못하는 한계가 있었다.

이를 보완할 후속조치가 절실히 요구됨에 따라 2014년 12월 30일 「사회보장급여법」 제정으로 지역사회보장계획으로 변경되어 2015년 7월부터 시행되고 있다.

지역사회보장계획은 지역 내 사회보장 관련 실태와 지역주민의 의식조사를 토대로 지역사회보장 서비스의 수요파악 및 공급역량을 통해 지역의 복지 과제를 종합적으로 계획하여 추진하기 위해 마련되었다.

또한 궁극적으로 지역주민의 복지수준을 증진하기 위한 것으로 지역사회 차원에서 사회보장에 관한 전략계획이며 동시에 실행계획으로 지역사회보장계획의 비전과 전략·목표를 설정하고, 우선순위에 따라 핵심과제와 세부사업을 선정함으로써 계획의 체계성과 일관성을 중시하여 결정하는 지역단위의 중·장기적 계획수립이라 할 수 있다.

지역사회보장계획은 4년마다 기초 및 광역자치단체에서 수립하고, 매년 이에 따른 연차별 시행계획을 수립·시행하도록 규정하고 있다.

2) 지역사회보장계획의 목적 및 방향

시·도 및 시·군·구 지역사회보장계획은 지역사회에서 활용 가능한 복지자원을 고려하여 시·도, 시·군·구 단위에서 성취해야 할 계획의 비전, 전략목표, 핵심과제 그리고 세부사업을 지역사회 주체들의 참여를 통하여 결정해 나가는 것을 목적으로 한다.

지역사회보장계획 수립의 목적은 크게 통합성, 참여성, 협력성이라는 세 가지 차원에서 방향성을 갖는다.

① **통합성**(integration)

지역사회의 전체적 방향 및 목적에 부합되고 중앙정부와 시·도 등으로부터 시작되는 상위계획 및 관련계획 사업들을 고려하여 지역 차원에서 통합성을 반영한 실행계획을 수립한다.

② **참여성**(participation)

지역주민과 지역사회의 주체가 되는 당사자들이 지역사회보장계획의 모든 단계, 즉 계획의 수립·시행·평가 등의 참여과정을 포함하여 사업을 기획하는 것에 초점을 두는 것을 말한다.

③ **협력성**(collaboration)

지역의 사회복지 공급주체로서의 공공과 민간이 어떤 방식과 방법으로 협력과 파트너십, 네트워크를 구축하여 지역의 최종 성과목표를 달성할 것인가를 목적으로 한다.

2. 지역사회보장계획의 수립원칙

지역사회보장계획을 수립·작성하는 과정의 주요 원칙은 지역성, 과학성, 연속성(일관성), 실천성, 자율성으로 크게 다섯 가지이다.

① **지역성**

지역사회보장계획은 지역 특성을 반영하고, 지역 주민에게 필요한 복지서비스를 공급하기 위한 것이다. 따라서 지역의 문제를 이해하고 해결하는 방법으로 계획의 구성 및 내용이 작성되어 해당 지역의 특성에 따른 다양한 계획이 나오도록 한다.

② **과학성**

지역사회보장계획의 궁극적인 목적은 지역 주민의 복지욕구를 충족시키는 것이다. 따라서 모든 계획의 출발점은 주민의 복지욕구를 정확하게 파악하는 것이며, 주민의 욕구가 무엇인가에 대한 객관적인 고려와 주어진 환경과 복지자원에 대한 현황분석이 과학적으로 조사되는 것을 원칙으로 한다.

③ **연속성(일관성)**

지역사회보장계획은 상위계획 및 유관계획, 연차별 시행계획 등과 연속성이 확보된 계획으로서 청사진 역할을 하는 중기계획과 동시에 실천 가능한 계획이 되어야 한다. 이는 각 해당 연도별 시행계획 수립과 사업의 목표달성 정도를 평가하면서 매년 사업의 타당성 및 적절성을 반영하여 사업의 연속성이 확보되어야 한다.

즉, 이전 지역사회보장계획 및 관련 사회보장에 관한 지역계획, 중앙정부 및 시·도 상위계획의 방향과 일관성이 확보된 계획이어야 한다.

④ **실천성**

지역사회보장계획은 실현 가능성을 높이기 위하여 행정 및 재정 계획이 수반되어야 한다. 계획의 실현 가능성을 확보하기 위하여 관련 조직, 재정확보 등이 반드시 수반되어야 하며, 재원확보의 방안 자체가 주요 사업이 될 수도 있다. 즉, 실천을 위한 행정·재정계획이 갖추어진 계획으로 수립되어야 한다.

⑤ **자율성**

지역사회보장계획은 지방자치 활성화와 지방분권 정책에 따라 지방의 자율성이 강화되어야 한다.

3. 지역사회보장계획의 수립 및 평가

1) 지역사회보장계획의 수립·시행

① 지역주민 등 이해관계자의 의견 수렴

② 시·군·구 지역사회보장계획 수립

③ 지역사회보장협의체의 심의와 시·군·구 의회 보고

④ 시·도지사에게 제출

⑤ 시·도 지역사회보장계획 수립

⑥ 시·도 사회보장위원회의 심의와 시·도 의회 보고

⑦ 보건복지부장관에게 제출

⑧ 사회보장위원회에 보고

⑨ 지역사회보장계획의 시행

⑩ 지역사회보장계획의 시행결과 평가

2) 지역사회보장계획 평가

보건복지부장관은 시·도 지역사회보장계획의 시행결과를, 시·도지사는 시·군·구 지역사회보장계획의 시행결과를, 각각 보건복지부령으로 정하는 바에 따라 평가할 수 있다.

시·도지사는 평가를 시행한 경우, 그 결과를 보건복지부장관에게 제출하여야 한다. 보건복지부장관은 이를 종합·검토하여 사회보장위원회에 보고하여야 한다.

평가기준으로는 지역사회보장계획 내용의 충실성, 시행과정의 적절성, 시행결과의 목표달성도, 지역주민의 참여도와 만족도, 그 밖에 보건복지부장관이 시·도 또는 시·군·구 지역사회보장계획 시행결과를 평가하기 위하여 필요하다고 인정하는 사항 등이 포함된다.

보건복지부장관 및 시·도지사는 평가의 공정성과 신뢰성을 확보하기 위하여 별도로 평가기구를 구성하거나 관련 전문기관으로 하여금 평가를 실시하게 할 수 있으며, 지역사회보장계획 시행결과를 평가할 때에는 서면평가, 현장평가, 설문조사, 관계자 면담 등의 방법으로 시행한다.

또한 지역사회보장계획의 시행결과를 평가하였을 때에는 그 결과를 공표할 수 있다.

KEY POINT

사회복지협의회 원칙

주민활동 주체의 원칙	• 주민의 지역복지에 대한 관심을 높이고 자주적 대응활동 수행 • 지역주민의 참여
주민욕구 중심의 원칙	• 지역주민의 기본 욕구와 세밀한 생활실태 파악 • 지역주민의 욕구충족을 위한 구체적 지역사회복지활동 전개
지역 특성 존중의 원칙	• 조직은 지역사정에 따라 결정 • 지역적 특성에 맞는 사업과 방법을 찾아야 함
공사협동의 원칙	• 보건, 의료, 교육, 노동, 대외기관, 주민 등의 협력과 역할 분담 • 지역주민의 욕구해결을 위한 다각적인 지원과 방법 모색
민간성의 원칙	• 민간조직의 특성을 살려 주민의 욕구, 개척, 적응, 유연성 등을 발휘한 활동 수행
전문성의 원칙	• 조직화, 조사, 계획 등의 전문성을 발휘 • 지역사회복지활동계획, 실천과정을 점검하고 평가하는 전문성

사회복지협의회의 기능

① 사회복지에 관한 조사 연구와 정책 건의
② 사회복지에 관한 교육 훈련
③ 사회복지에 관한 자료 수집과 간행물 발간
④ 사회복지에 관한 계몽과 홍보
⑤ 자원봉사활동의 진흥
⑥ 사회복지사업 종사자의 교육훈련과 복지증진
⑦ 사회복지에 관한 학술도입과 국제사회복지단체와의 교류
⑧ 보건복지부장관이 위탁하는 사회복지에 관한 업무

생활보장위원회(심의·의결기관)

① 생활보장사업의 기본 방향 및 대책 수립
② 소득인정액 산정방식의 결정
③ 급여기준의 결정(최저생계비의 결정)
④ 자활기금의 적립·관리 및 사용에 관한 지침의 수립

탈상품화 정책

① 가치 없는 빈민, 국가역할 중시
② 국민이 일하지 않아도 국가가 도와주는 제도
③ 복지국가(국가책임)

상품화 정책

① 가치 있는 빈민, 민간역할 중시
② 시장경쟁 원리에 의하여 생활하는 제도
③ 야경국가(개인책임)

빈민 분류

가치 있는 빈민	선량한, 비의존적인, 절약하는, 자활성 빈민	민간 역할 중요
가치 없는 빈민	나태한, 사기성의, 낭비적인, 의존성 빈민	정부 역할 중요

사회복지협의회 · 지역사회보장협의체

구 분	사회복지협의회	지역사회보장협의체
성 격	민간 중심의 자발적 조직	민·관 협의 중심의 조직
업 무	자원봉사 교육·양성 사회복지에 관한 조사·연구	지역보장계획의 수립·심의 보건·복지서비스 연계·조정
구 성	사회복지기관, 학계 전문가 모임	보건·복지 관련 대표자 모임 보건·복지 관련 실무자 모임

지역사회보장협의체의 기능

① 협의적 의사결정을 통한 정책심의 기능
② 민·관 협력 조직화 기능
③ 부문 간 연계협력 강화 기능
④ 통합서비스 지원 기능
⑤ 지역사회자원의 개발과 발굴 기능

구단위 지역사회보장협의체

① 공동위원장(구청장·민간위원장)(시·군은 시장·군수)
② 위원(공무원 및 민간전문가)
③ 대표협의체(심의기능 중심 운영), 실무협의체(대표협의체 심의 지원)

동단위 지역사회보장협의체

① 공동위원장(동장·민간위원장)(읍·면은 읍장·면장)
② 위원(공무원 및 민간전문가)
③ 사회보장 사각지대, 지역내 자원 발굴 및 연계, 주민과의 근접 복지

지역사회보장협의체의 운영원칙

① 지역 특성이 반영되도록 탄력적으로 운영
② 수요자의 욕구 반영을 위한 협의체의 의사소통 채널의 다양화
③ 서비스 제공의 중복방지 및 수요자 중심의 서비스 제공

지역사회보장계획수립의 필요성

① 지역단위의 사회복지제도화
② 지역사회복지서비스의 수급조정과 안정적 공급
③ 사회자원의 조달과 적정 배분

지역사회보장계획의 원칙

지역의 개별화 존중의 원칙	• 지역의 인구, 장·단점, 정책의 집중화와 우선성 등 • 지역복지서비스는 1차적으로 일상생활권
주민참여 원칙	• 지역사회보장계획·실천·이용에 있어 주민의 다양한 참여방법 강구
공사협동 원칙	• 공공부문 : 복지서비스의 질적 향상 도모, 복지자원 확충 등 • 민간부문 : 복지서비스 제공, 정책 제안의 역할
이용자 주체 원칙	• 소비자 또는 청구자로서 권리 보장, 제공된 서비스 평가 • 사회적 약자 입장의 임파워먼트 강화
네트워크화 원칙	• 지역사회 내에서 효과적·효율적 공급이 되도록 다양한 네트워크 구축

11

사회복지공동모금회 · 자원봉사센터

| 제11장 | 사회복지공동모금회 · 자원봉사센터

| 제1절 | 사회복지공동모금회

1. 공동모금의 개념

사회복지공동모금회의 모금은 지역사회의 공동체를 확인하는 최소한의 기술적 장치이다. 지역사회 내의 개인들이 가족의 울타리를 벗어나서 이웃과 공동체의 복지에 관심을 갖도록 하는 가장 기초적이고 제도적인 노력이 모금인 것이다.

이 모금은 단순히 지역사회 내에서 자원을 동원하는 의미를 넘어서서 사회복지의 이상을 공유하는 의식의 연대행위이다. 그리고 이러한 모금은 온전히 자발적인 참여를 원칙으로 하고 있다.

우리나라 사회복지공동모금회법 제1조에 따르면, 공동모금을 통하여 국민이 사회복지를 이해하고 참여하도록 함과 아울러 국민의 자발적인 성금으로 조성된 재원을 효율적이고 공정하게 관리·운용함으로써 사회복지증진에 이바지함을 목적으로 한다고 정의하고 있다.

따라서 공동모금이란 사회복지사업의 지원에 필요한 재원을 조성하기 위하여 '사회복지공동모금회법'에 의거 전국 또는 지역을 단위로 기부금품을 모집하는 것이며, 이 법은 사회복지공동모금회의 공동모금을 통하여 사회복지에 대한 국민의 이해와 참여를 제고함과 아울러 국민의 자발적인 성금으로 조성된 재원을 효율적이고 공정하게 관리·운용함으로써 사회복지증진에 이바지함을 목적으로 한다.

2. 공동모금의 특성

공동모금제도는 주민의 복지욕구에 따라 합리적 배분의 특성을 가진 순수 민간조직으로서 지역의 사회적 문제를 지역주민 스스로의 힘으로 이룩하고자 하는 공동체 의식과 민간주도 활동, 지역사회 연대의식, 효율성과 일원화, 공개성, 계획성 그리고 전국적인 협력성 등에 바탕을 둔 것으로 다음과 같은 특징을 갖는다.

1) 민간성

공동모금운동은 사회연대, 상부상조 정신을 바탕으로 지역주민의 자주적 봉사활동으로 전개되는 중요한 민간복지활동이다. 사회구성원인 주민들에 의해 자발적으로 마련한 기부금품을 민간복지부문에 활용하고, 민간활동으로서의 특색을 발휘할 수 있다.

2) 지역성

지역사회를 단위로 그 지역주민에 의해 설립된 지역 공동모금회는 거주자와 기부자, 그 지역사회에 있는 수혜자, 민간 복지조직들의 협력에 의해 자율적으로 그 지역의 특성에 맞추어 지역사회복지 증진을 도모한다.

3) 효율성 · 일원화

기부자의 신의를 가장 효율적으로 활용하기 위해서는 모금을 일원화하여 지역사회를 대표하는 공동모금회가 기부자를 대신해 면밀한 조사와 적정한 평가를 통해 배분함으로써 기부금품을 효율적으로 활용한다.

또한 일원화를 통하여 기부금 모집에 대한 노력, 시간, 경비 등을 절약할 수 있어 통합적인 조정을 도모할 수 있다. 시설이나 단체들이 개별적으로 기부금품을 모집하게 되면 여러 가지 낭비와 어려움에 직면하게 되는데, 특히 기부자들은 횟수가 거듭됨에 따라 불편을 느낄 뿐만 아니라 모금 주체별로 기부금을 결정하는데 객관적인 평가기준이 모호하기 때문에 합리적인 의사결정을 하기가 어려워질 수도 있다.

그러나 단순히 개별모금을 금지하여 일원화시키는 것이 아니라, 개별모금의 필요성을 없애는 것이 궁극적 공동모금의 의도임을 간과해서는 안 된다. 이러한 공동모금제도의 이론적 효율성을 살펴보면, ① 기부자 입장에서 의사결정에 드는 비용을 절감하는 경제적 효율성이 있다. ② 기관 입장에서의 경제적 효율성으로 각 기관의 모금경쟁 활동에 따른 자원낭비의 예방, 모금활동 예산비중 문제, 기부된 자원의 편중 방지 등을 통하여 효율성을 도모한다.

4) 공개성 · 투명성

공동모금회는 기부금 관리, 배분을 기부자의 선택에 의해서 실행하는 것이기 때문에 모든 면에서 명확하고 투명해야 한다. 공동모금회는 모금실시에 앞서 각 시설 및 단체들로부터 신청된 필요액을 심사하여 배분계획을 세우고 모금목표액을 결정한다.

그리고 그 내용을 공표함으로써 기부자인 지역주민에게 필요한 금액에 관하여 이해를 구하고, 모금의 결과에 있어 돈의 용도에 관해서도 공신력을 갖고 모금액의 사용용도에 관하여 공약하고, 기부금 배분이 종료된 후에도 그 결과를 공표한다.

이와 같이 모든 것을 공표하여 운영한다는 원칙의 공동모금회는 모금에서뿐만 아니라 사회복지사업의 사회화를 위해서도 중요하다.

5) 계획성

공동모금제도는 지역사회 내 민간사회복지 자금수요를 파악하고, 활동단체 등으로부터 배분신청을 받아 이를 심사하여 배분계획을 책정하고, 이를 근거로 하여 모금운동을 전개한다.

6) 협력성

공동모금제도는 지역성을 특성으로 하고 있지만 전국적으로 일제히 전개하는 것이 바람직하다. 각 지역 공동모금회는 전국적인 협조관계를 유지하면서 같은 기간 동안 전국적으로 일제히 모금운동을 전개하고, 여론에 강력하게 호소하여 주민 한 사람 한 사람이 이 운동을 이해하고 참가하도록 호소한다. 지역의 자주적 활동이 상호협조하에 전개될 때 사회연대정신 고양이라는 사명을 이룩할 수 있기에 지역 이기주의로 전락하지 않도록 한다.

3. 공동모금의 장 · 단점

공동모금회의 중요한 기능은 지역사회 전체에 호소하여 도움이 필요한 시설 및 단체에 필요한 자금을 모집하고, 조직적 예산편성에 따라 그것을 민간 영역의 사회복지사업 주체들의 신청에 의해 배분한다. 또한 공동모금회는 국가 내의 민간 사회복지사업의 질적 향상을 위해 사회적 자원 활용의 책무성을 입증하고, 기능과 지역사회의 복지와 보건 및 오락 등의 사업에 대한 공동계획, 조정 및 관리를 촉진하는 기능이다. 이러한 공동모금회의 기능에 대하여 중요한 장·단점을 살펴보면 다음과 같다.

1) 장 점

① 개별모금보다 기금을 많이 모을 수 있다.
② 사회복지사업에 많은 사람이 참여한다.
③ 사회복지기관 및 시설의 경비(모금 위한)가 절약된다.
④ 기관(직원)의 노력과 시간의 낭비가 적고, 기관이 사업계획에 전념할 수 있다.
⑤ 기부자에게 계속적인 관심을 갖게 한다.
⑥ 모금회는 기부자에게 지역사회에 대한 책임감을 갖게 하고, 기부자가 자기의 기부금이 유효하게 사용된다는 확신을 주기 쉽다.
⑦ 적절한 예산과 결산은 사회복지사업계획의 효율을 높인다.
⑧ 공동예산의 편성은 모든 모금기관의 계획과 예산의 연례보고를 의미한다.
⑨ 광범위한 교육적 선전활동은 사회복지에 대한 지식과 관심을 널리 보급한다.
⑩ 합동의 계획과 활동·조정·기준의 개선, 지역사회보장계획의 건전한 발전을 실제적으로 장려한다.

2) 단 점

① 권력이 중앙집권화 됨으로써 개별 기관의 자유가 상실되기 쉽다.
② 금전에만 관심이 기울어 사회복지 정신과 동기를 상실하기 쉽다.
③ 기부자의 사회복지기관에 대한 관심을 감소시킨다.
④ 기부자의 기부선택 자유를 빼앗기 쉽다.
⑤ 가입기관의 계획, 정책 및 운영이 독선적으로 되고 간섭할 가능성이 있다.
⑥ 모금계획은 강대기관이 약소기관과 함께 자기 자원을 합병함으로써 강대기관에게 불리하게 된다.
⑦ 공동모금운동이 실패할 경우 가입기관이 혼란상태가 될 가능성이 있다.
⑧ 공동모금의 기획 아래에서는 신규 사업을 행한 개척자적 노력이 곤란하고 지역 내 민간사회복지에 대한 일종의 독점권을 주게 된다.

⑨ 기부자의 의견에 대하여 지나친 존중으로 사회복지 현상유지를 위한 기능을 하게 되어 사회행동을 못하게 된다.

⑩ 하나의 모금회에 가입하면 기관은 배수의 진을 치지 못한다. 만약 기관이 철수하면 기부자 명부와 기금형성기구가 없어지므로 재출발해야 한다.

4. 공동모금 방법

기부문화의 발전을 위해서는 건강하고 전문적인 모금문화가 발전해야 한다. 건강한 모금문화와 배분은 사회를 변화시키고 공동체 문화의 공공선을 증진시키는 데 영향을 준다. 모금이 단지 돈을 모으는 것이 아니라 사람의 마음을 움직이는 것이며, 결국 세상을 바꾸는 커다란 힘이라는 것이다.

모금을 바라보는 의식과 실제적인 지침이 얼마나 중요한지, 나눔의 사회적·개인적 의미가 얼마나 큰지, 또한 그 영향력에 대해서도 모금활동은 얼마나 중요한지, 공동모금은 지역사회 내에 공동체 의식과 함께 자원봉사활동도 크게 증가시킬 것이다.

모금은 연말집중모금과 연중캠페인모금으로 이루어지는데, 특히 연말집중모금은 방송, 신문, ARS, 지로모금, 사랑의 계좌모금 등을 통해서 실시하고 있다.

공동모금회의 목적은 사회복지사업에 대한 부족한 재원을 확보하는 것이다. 따라서 모금사업의 주체인 공동모금회는 전 국민을 대상으로 다양한 홍보 전략과 모금 활동을 벌이는 가운데 국민들에게 사회복지에 대한 올바른 이해를 도모하며, 이웃사랑에 대한 많은 관심을 기울이도록 유도해야 한다.

모금회는 사회복지사업이나 그 밖의 사회복지활동 등을 지원하기 위한 재원을 조성하기 위하여 복권을 발행할 수 있다.

주요 모금방법은 크게 네 가지 유형으로 나눌 수 있다.

1) 개별형

개인이나 가정의 현금을 통해서 모금하는 형태이다. 장점은 모든 주민들로 하여금 사회복지사업에 관심을 갖도록 하고 참여를 높인다는 것이나 많은 금액을 단기간에 모금하는 것이 어렵고, 일일이 방문해야 한다는 데서 많은 인력과 시간이 필요하다는 단점이 있다.

대부분의 사람들이 권유나 요청에 의해 기부한다고 응답하듯이 기부문화를 사회 저변에 정착시키기 위한 과학적이고 제도적인 시스템 마련이 필요하다. 기회가 있을 때마다 적은 돈이라도 자연스럽게 기부하는 일에 익숙해지다 보면, 그런 기부행위가 나중에는 고액기부로 이어질 수도 있을 것이다.

2) 기업중심형

회사, 공장 및 사업체 등과 근로자를 대상으로 하는 모금형태이다. 이 경우 적은 노력과 시간을 통해 일시에 많은 모금을 할 수 있고, 특히 급료공제와 같은 근로자를 대상으로 하는 경우 아주 간편하고 손쉽게 모금을 할 수 있다는 장점이 있다. 그러나 근로자나 기업체에 강제적인 모금을 하게 할 수 있고, 대상이 재력이 있는 기업이다 보니 주민들의 참여가 저조할 수 있다는 단점이 있다.

미국의 빌 게이츠(Bill Gates)를 비롯해서 억만장자들이 자신의 재산 중 절반 이상을 사회에 기부하기로 약속해 화제가 되고 있다. 참으로 부러운 일이다. 이처럼 미국은 기부문화가 사회 전반에 뿌리내려서 생활화되어 있으며, 대다수의 고액기부자들은 유산상속보다 기부를 통해 삶의 의욕을 부여받는다고 한다.

기부의 동기도 절대적으로 필요해서, 사회에 환원, 많이 가진 자가 적게 가진 자에게 나누는 필요성에 의해 기부한다는 사람들이 90% 가까운 데 비해, 우리나라는 아직도 유산상속을 더 중요시하는 문화로 인해 또는 여러 가지 원인으로 인해 고액기부자가 드물다.

국민들의 의식수준이나 문화·환경뿐 아니라 선진화된 제도적 장치의 마련으로 기부문화가 좀 더 활성화되고, 개인뿐 아니라 기업과 재단에서도 NGO(비정부기구)에 대한 인식을 넓히고, 기업들의 사회공헌활동이 적극적으로 이루어지도록 세제지원 등 기부문화 발전을 선도할 만한 제도적 장치가 필요하다.

3) 단체형

재단이나 협회 등의 단체가 대상이며, 기업중심형과 같이 재력 있는 재단이나 협회로부터 보조금을 받음으로써 손쉽게 많은 모금을 할 수 있다. 그러나 많은 주민을 참여시킬 수 없으며, 대상이 한정되어 있고 자주 활용되는 방법이 아니므로 주된 모금방법이 아니다.

4) 특별사업형

특별한 프로그램이나 사업, 즉 시민 걷기대회, 카니발, 오페라, 발레, 자선음악회, 자선골프대회, 바자회, 카드판매 등이 있다. 이 경우 기부자에게 흥미, 오락성, 반대적인 급부 등을 제공한다는 점에서 호응도가 높고, 또 여론의 형성과 분위기 조성 등 최대의 홍보효과를 가져올 수 있다는 장점이 있다.

하지만 모금의 안정성을 확보하기 힘들고, 사치성과 낭비성에 대한 비판을 면하기 어려우며 주민들의 관심을 끌기 위한 프로그램의 개발이 어렵다는 등의 단점이 있다.

이처럼 전개할 수 있는 모금방법은 다음과 같다.

(1) 연말 캠페인 모금

이웃돕기 모금과 같이 전국적인 모금 캠페인을 벌이는 것이다. 종전과 같이 신문이나 방송 등 미디어들과 협력하고, 지역의 공동모금지회들이나 다른 모금기관으로 사회복지기관이나 시설 법인 등과 연계한 모금활동을 벌이는 것이다.

이러한 기관과 매체들은 영상, 언론공동캠페인, 홍보인쇄물 등 전적으로 협조하여 공동모금행사를 홍보해 주고, 기탁금도 직접 접수하여 모금회에 전달하는 방법을 이용하고 있다. 이 기간 중에는 개별 모금행사를 지양하고, 기관·단체들이 협조하여 연합모금을 전개하는 것이 바람직하다.

(2) 연중모금

① 일반모금

일시 또는 수시로 이루어지는 개인 기부를 말한다. 모든 국민의 관심과 참여가 필요하며, 이는 개인기부 활성화, 성숙한 기부문화 확산을 통해 지역사회복지 증진에 적극적으로 참여할 수 있도록 기회를 제공하는 것이 목적이다.

② 기업모금

㉠ **맞춤형 사회공헌** : 사회복지공동모금회와 기업이 파트너가 되어 기업사회 책임활동 및 공헌활동을 통해 아래로부터의 제도화가 실현될 수 있도록 하는 사업을 말한다. 이는 많은 모금이 가능하나 다소 강제적이라는 부정적인 측면도 있다.

㉡ **착한일터** : 매달 급여에서 약정한 기부금이 자동으로 이체되는 정기적인 기부참여 방법을 말한다. 직장 내 전 직원의 참여부터 소모임별 참여까지 다양한 형태로 나눔을 실천할 수 있으며, 적은 노력과 시간으로 많은 모금이 가능하다.

㉢ **공익연계 마케팅** : 기업들이 공익과의 연계성을 고려해 활동하는 마케팅의 일종으로 기업이 비영리기관에 브랜드의 이윤 중 일정액을 기부함으로써 사회적 공익에 앞장서는 나눔의 형태이다.

㉣ **물품기부** : 사회복지시설이나 기관에서 실질적으로 필요로 하는 현물을 지원함으로써 시설이나 기관들의 경제적 부담을 경감시키고, 나눔문화 활성화 및 사회복지 발전에 기여하는 나눔의 형태를 말한다.

③ **착한가정**

가정에서 나눔의 가치를 실천하는 착한가정은 2016년 5월 시작된 '사랑의 열매'의 가족단위 기부 프로그램이다. 이는 부모가 자녀에게 나눔의 가치를 몸소 보여주는 나눔교육의 하나로, 가족 구성원이 함께 정기기부를 약정하는 가족 실천 나눔 프로그램이다.

④ **착한가게**

매출액의 일정액을 통해 나눔을 실천하는 모든 가게를 말하며, 정기기부 활동을 통해 이웃 사랑을 실천하는 지역나눔 캠페인으로서, 모인 성금은 지역의 복지사각지대 해소를 위한 사업비로 사용된다.

매장을 경영하는 자영업자 또는 중소기업, 프랜차이즈, 학원, 병원 등 어떠한 업종의 가게도 참여가 가능하며, 여러 가게가 모여 착한 거리, 착한 프랜차이즈와 같은 다양한 형태로도 나눔에 동참하고 있다. 또한 이들은 개인 기부 문화가 확산되는 데 앞장서고 있다.

⑤ **계획기부**

㉠ **희망자산 나눔** : 부동산, 증권, 보험 등 현금 이외의 자산 또는 사후 유산을 기부할 수 있도록 전문가의 도움을 받아 방법과 용도를 계획해 기부하는 것을 말한다.

㉡ **유산기부** : 유언자가 자신의 재산 전부 또는 일부를 공익목적을 위해 비영리기관, 복지단체, 재단 등 유언자와 관계없는 제3자에게 유증으로 기부하는 것을 말한다.

㉢ **연금나눔** : 연금의 일정 부분을 기부하여 어려운 이웃을 돕는 공익 캠페인을 말한다.

⑥ **나눔 리더**

나눔 실천으로 지역사회의 나눔 문화를 선도하는 개인 기부자를 말한다. 2017

년부터 시작된 나눔 리더는 1년 내 100만 원 이상을 기부·약정한 개인 기부자를 위한 모금 프로그램으로, 나눔을 통해 우리 사회의 희망을 밝히고자 하는 사람들이 나눔 리더에 동참하고 있다.

⑦ **나눔리더스 클럽**

다양한 모임이나 단체의 이름으로 나눔을 실천하여 우리나라의 나눔 문화를 이끌어 가는 기부모임 단체이다. 나눔리더스 클럽은 3년 내 1,000만 원 이상을 일시 혹은 약정 기부할 경우 가입 가능한 기부 프로그램이며, 팬클럽, 동호회, 동창회, 종친회, 향우회 등 다양한 형태의 모임이 나눔리더스 클럽에 동참하고 있다.

(3) 모금 기간 유형

① **집중모금**

대체로 1년 중 일정기간을 모금기간으로 정해 놓고 이 기간 동안 집중적으로 모금활동을 벌이는 유형으로 방송이나 신문, ARS, 지로모금, 사랑의 계좌모금 등이 해당된다.

② **연중모금**

기간을 정하지 않고 연중 계속해서 모금을 행하는 유형으로 기업모금이나 직장모금, 인터넷모금, 사랑의 계좌모금, 기타 기획모금 등이 해당된다.

5. 공동모금의 배분방법

배분은 사회복지공동모금회법 제20조에 따라 사회복지공동모금회(모금회)의 기준에 따라 배분기준을 공고하고, 심사위원회의 심사기준 및 심사과정을 거쳐 선정된 배분대상자로 사회복지사업 기타 사회복지활동을 행하는 법인·기관·단체 및 시설, 사회서비스를 필요로 하는 개인 등에게 필요한 성금을 투명하고 공정한 절차를 거쳐 연중 지원하는 것이다.

이처럼 배분의 기능은 지역사회의 희소자원을 효율적으로 활용한다는 것과 지역사회의 문제해결에 있어서 한정된 민간자원의 효과를 극대화할 수 있다는 서비스의 지속적인 발전을 도모하는 것이다.

우선순위의 계획에 따라 기관배분형, 문제 및 프로그램 배분형으로 나누어 볼 수 있다.

1) 기관배분형

사회복지시설이나 기관을 대상으로 모금액을 배분하는 방법으로서 가장 어려운 사람이나 기관에 대해 지속적인 배분이 이루어진다는 장점이 있으나, 전국적인 공동모금활동이 전개되는 경우 각 지역의 사정이 다르고 각 지역별로 시설 또는 기관이 골고루 분포되어 있지 않아 지역별 불균형을 초래할 수 있다는 단점이 있다.

2) 문제 및 프로그램 배분형

지역사회의 보건 및 사회문제를 해결하기 위해서 배분하거나 이를 위한 구체적인 프로그램을 위해서 배분하는 방법이다. 프로그램 배분형은 일상적인 사회복지의 틀로 다루기 어려운 문제에 관해 재정적 지원을 한다는 측면에서 긍정적 평가를 받는다.

| 제2절 | 자원봉사센터

1. 자원봉사의 개념

자원봉사활동기본법 제3조에 따르면 '자원봉사활동이란 개인 또는 단체가 지역사회·국가 및 인류사회를 위하여 대가 없이 자발적으로 시간과 노력을 제공하는 행위를 말한다'라고 되어 있다.

한국사회복지사협회에서는 사회문제의 예방 및 해결이나 국가의 공익사업을 수행하고 있는 공사조직에 자발적으로 참여하여 반대급부를 받지 않고 인간존중의 정신과 민주주의의 원칙에 입각해서 필요한 서비스를 제공하여 이타심의 실현과 자기실현을 성취하고자 하는 활동이라고 하였다.

트랙커(H. B. Trecker)는 '자원봉사자란 지역사회의 복지증진을 위해 노력하는 사회기관단체에서 무보수로 자발적인 노력을 하는 사람'이라고 하였다.

한문의 뜻풀이로 보면, '스스로 원해서'(自願), '나누고 섬기는 일'(奉仕)이다. 그러나 자원봉사를 전통적 개념에서 상호부조와 연계하여 보는 입장도 있다.

이처럼 사회가 현대화될수록 상호부조의 연계망은 더 공식적이고 협조적인 조직으로 발전되고 있다. 이러한 상호부조가 오늘날 자원봉사활동의 출발에 큰 근거가 되고 있으며, 많은 사회에서 사람 간의 연대는 더 개방되고 구성원들은 도움을 통하여 누군가와 관계 맺기를 원하고 있다.

또한 삶이 여유로워짐에 따라 그러한 상호부조의 협력 관계는 더 이상 서로 돕는 것에만 국한되지 않고 여가시간을 함께 보내거나 사회변화를 위한 자원봉사활동을 하는 것으로 점차 변화되어 가고 있다.

또한 국가와 지방자치단체는 자원봉사활동의 진흥에 관한 시책을 마련하여 국민의 자원봉사활동을 권장하고 있으며, 이러한 사항들을 정리해 보면 결국 자원봉사란 공공복지를 향한 가치이념이고, 동시에 민주적 방법에 의한 자주적·

협동적 실천노력이며, 개인·집단·지역사회에서 발생하는 제반 사회문제를 예방·해결하는 일이고, 사회적 환경을 개선하기 위하여 공사의 조직체를 통해 무보수로 서비스를 제공하는 활동이라 할 수 있다.

따라서 자원봉사활동이란 자유의사에 의해 자발적으로 하는 실천행위 그 자체이며, 복지사회를 만드는 데 적극적으로 참여하는 의도적·계획적인 일상 활동이라 정의할 수 있다.

2. 자원봉사의 특성

이웃과 지역사회 내에 산재해 있는 문제를 해결하여 삶의 질을 향상시키기 위하여 활동하는 것이며, 자원봉사활동에 참여함으로써 일정 기간 동안 지속성과 정기적으로 봉사활동에 참여하는 것을 기본으로 하여 자발성, 무보수성, 공익성, 지속성 등 몇 가지의 공통된 특징을 지적할 수 있다.

따라서 일슬리(Ilsley)의 자원봉사활동 특성 여덟 가지를 설명하면 다음과 같다.

1) 이타주의

이타주의(altruism)는 다른 사람이나 사회의 선을 위한 이기주의가 아닌 헌신을 의미한다. 물론 절대적인 이타주의를 갖는 것은 불가능하지만, 자원봉사활동 과정을 통해 상대적 이타주의적인 정신이 내재될 수 있다.

사실 자원봉사활동을 통해 새로운 것을 배우는 기회의 습득, 도덕적 선행이나 도움을 실천하였다는 심리적인 만족감 등의 급부를 얻을 수 있다.

2) 헌 신

자원봉사활동에서 이타주의에 대해서는 논란이 많지만, 헌신(commitment)은 자원봉사활동의 필수적인 구성요소이다. 헌신의 목적은 도움을 필요로 하는 개인을 돕는 것 혹은 사회의 정의와 같은 비전이나 이상을 실현하는 것 등 다양한 형태로 존재할 수 있다.

3) 자유의지

자유의지(free will)는 운명이나 다른 개인, 집단, 조직에 의한 강요를 받지 않고 스스로 선택하는 힘을 의미한다. 자유의지는 자원봉사활동의 다른 개념과도 분리될 수 없는 중요한 구성요소다.

4) 학 습

학습(learning)이란 가르침과 같은 공식적인 수단을 통해, 혹은 경험과 자기훈련 등과 같은 비공식적인 수단을 통한 지식, 기술, 태도 및 신념 등의 획득을 말한다. 어떤 의미에서 삶은 학습인데 그것은 우리의 모든 경험이 가르침을 위한 교훈이 되기 때문이다.

학습은 자원봉사활동에서 자주 간과되어 왔다. 자원봉사활동은 체험학습이고 복지교육이며 민주시민교육이다. 자원봉사활동은 타인에게 도움이 되었는가도 중요하지만, 봉사활동 준비나 그 실천과정에서 얼마나 교육적인 효과를 얻었는가도 매우 중요하다. 학습은 자원봉사활동의 헌신이나 지속성과 밀접한 연관성을 지니고 있다.

5) 무보수성

자원봉사활동은 무보수성(absence of financial remuneration)을 강조한다. 그러나

최근에 와서는 자원봉사활동에 쓰인 최소한의 경비나 수당은 지급해야 한다는 여론이 많다. 단, 봉사활동 그 자체가 최우선의 목표가 되어야 하며, 이러한 경제적 보상은 자원봉사활동이 잘 유지되도록 하는 매개체에 불과할 뿐이라는 것을 간과해서는 안 된다.

6) 조직성

조직(organization)은 자원봉사집단의 효율성과 지속성을 증진시키기 위한 계획, 재정, 인사, 통제 등의 절차를 의미한다. 조직은 현대사회의 자원봉사활동에 특징적인 구성요소다. 자원봉사활동이 보다 교육적이고 체계적이며 효율적이기 위해서는 자원봉사활동을 관리하고 운영하는 조직이 필요하고, 자원봉사자는 이러한 조직을 중심으로 활동하는 것이 필요하다.

7) 심리적 보상

이타주의와 더불어 자원봉사자의 동기는 가치 있는 일을 수행한 다음에 얻는 만족감, 개인적·전문적 성장의 기회, 새로운 기술 또는 활동을 할 수 있는 기회와 같은 심리적 보상(psychological benefit)을 통해 더욱 고취된다. 자원봉사자가 항상 이런 형태의 동기를 의식하는 것은 아니며 항상 존재하는 것도 아니다. 그러나 심리적 보상을 얻는 것은 중요한 동기가 될 수 있다.

8) 희 생

자원봉사자는 자원봉사활동을 함으로써 일정한 시간이나 소요, 경비 등을 투입하게 되는데, 이러한 시간과 자신의 노력 등의 투입은 봉사활동에 중요한 요소이다.

희생(sacrifice)이 극단적인 경우는 적절하지 못하다. 희생이란 자신이 가지고 있는 것을 다른 사람과 함께 나눈다는 의미로서, 상호 발전의 기회이며 쌍방의 경험이라는 것이다. 따라서 자만심이나 우월감을 가져서는 안 되며 상대방의 인격을 존중해야 한다.

3. 자원봉사활동의 도입배경과 필요성

지역사회복지 분야에서 자원봉사활동이 차지하는 비중은 매우 높다. 1990년대 중반부터 우리 사회에 자원봉사활동의 필요성이 부각되면서 사회복지분야에서 자원봉사자의 필요성을 인정하고 이에 대한 문제를 제기하였기 때문이다.

자원봉사는 자발적 시민운동이다. 하지만 아직도 자원봉사에 정부지원이 필요하다고 인식하고 있고 기업의 사회공헌도 마찬가지이다. 아직도 홍보 효과를 내려고 사회공헌을 하고 있다는 인상이 강하다.

왜 우리가 자원봉사를 해야 하는지, 왜 중요한 가치를 지니는지, 사회발전과 무슨 관계가 있는지, 사회발전에는 어떠한 기여를 해야 하는지에 대한 철학적 고민이 부족하고, 여전히 대한민국의 자원봉사에 대한 이론적 토대는 단단하지 못하다.

근대화 과정을 거치면서 가족이 해체되고 지역사회가 붕괴되기 시작하였다. 그럴수록 도움의 손길이 필요한 사람들은 더 늘어났으나 도와주는 주체가 없어져 버린 것이다. 이후 종교단체가 대신하다가 복지국가 개념이 생기면서 국가의 임무로 여겨졌다.

하지만 국가의 복지정책은 갈수록 한계를 드러내고 있다. 영국의 경우 복지수요를 대폭 줄였고, 세계적 복지국가라고 알려신 스웨덴도 복시정책을 강화하는 등 점차 줄여나가고 있다. 복지수요는 여전한데 국가마저 한계를 드러내고 있는 지금, 자원봉사의 미래에 거는 희망이 바로 국민이다.

4. 자원봉사센터의 기능

자원봉사활동기본법 제3조에 의하면 "자원봉사센터"란 자원봉사활동의 개발·장려·연계·협력 등의 사업을 수행하기 위하여 법령과 조례 등에 따라 설치된 기관·법인·단체 등으로 정의하고 있다.

또한 자원봉사활동에 관한 주요 정책을 심의하기 위하여 국무총리 소속하에 관계 부처 및 민간 전문가로 구성된 자원봉사진흥위원회를 설치하고, 자원봉사센터의 설치와 운영에 관한 조항이 명시되어 있다.

이와 관련해 자원봉사센터에서는 자원봉사자의 상담, 모집, 훈련, 프로그램 개발, 감독, 평가 등 자원봉사활동의 모든 부분에 관여하고 있으며, 자원봉사센터를 통하여 자원봉사활동을 효율적으로 관리한다면 자원봉사자들의 참여 확대 등 자원봉사진흥에 중추적인 역할을 할 수 있을 것으로 본다.

자원봉사활동의 기능분류에서 공통적인 요소들을 구체적으로 살펴보면 다음과 같다.

1) 자원봉사자의 수급조정

자원봉사활동의 주축이 되는 직무이다. 간단하게 말하면 자원봉사활동을 희망하는 사람(단체 등)에게 활동을 소개하고, 또한 자원봉사자가 도와주었으면 하는 사람(시설, 단체 등)에게 자원봉사자를 소개하는 일이다.

2) 자원봉사자의 기록 및 등록

원활한 수급조정을 위하여 자원봉사자나 자원봉사활동 단체의 희망이나 활동에 관한 내용, 클라이언트에 대한 희망내용, 사회자원 등을 파악하고 문제해결을 위한 방법을 찾고 적절한 상담 및 원조방법을 검토하는 기능이다.

3) 자원봉사활동 지원

자원봉사활동의 지원은 자원봉사자나 자원봉사활동 단체가 효과적으로 활동할 수 있도록 지원하는 기능으로 자원봉사활동 과정에서 생기는 고민의 상담, 기자재나 자료의 대여, 정보제공, 자원봉사자 보험가입 등 다양한 자원지원을 하는 기능이다.

4) 자원봉사자 양성 · 연수 · 교육

자원봉사활동을 원활히 수행하기 위해 자원봉사자의 의식과 인간성을 높이고 기술을 연마할 수 있도록 모집, 교육, 배치, 평가 등의 기능이다.

5) 자원봉사 홍보 및 계발

홍보 · 계발은 자원봉사자의 활동을 확인 · 정리하고, 자원봉사활동의 방향성을 제시하며, 보다 많은 사람들에게 자원봉사활동을 이해시키기 위한 기능이다. 홍보지, 포스터와 자원봉사 뉴스레터 및 웹진 발행, 사례집 발간 등을 통하여 홍보를 하고 자원봉사 캠페인 실시, 자원봉사 체험학교 등을 통하여 계발을 하고 있다. 즉, 자원봉사활동을 확인하고 정리하여 방향제시와 이해기능의 역할을 한다.

6) 자원봉사 단체 간의 네트워크화

네트워크화는 파악한 욕구에 대하여 필요한 자원봉사활동을 선구적으로 만들어 내어 육성하고, 지역단위의 자원봉사활동을 네트워크화해 나가는 기능이다. 또한 다양한 교류를 통하여 자원봉사활동의 효율적인 운영이 되도록 협동 체제를 만들어 가는 기능이다.

자원봉사센터는 조직화된 자원봉사활동을 위해서 각 센터와 지역사회 조직

간의 교류 및 연계망의 구축 등을 수행하기 위하여 자원봉사단체 간의 협의체 구성, 자원봉사자, 자원봉사활동그룹, 관계 기관이나 단체, 담당자 간의 교류나 지역 연대사업(지역 내 공동의 자원봉사자 대회 참가 등) 등 자원봉사활동의 매개체 역할, 연계, 네트워크화 기능을 수행한다.

KEY POINT

공공복지

① 평등성(소득재분배), 사회적 적절성 달성도
② 통합성
③ 지속성
④ 책임성
⑤ 안전성
⑥ 규모의 경제성 있는 서비스

민간복지

① 효율성
② 경쟁성
③ 접근성
④ 비경직성
⑤ 수급자의 선택의 자유
⑥ 수급자의 욕구에 대한 대응성

공동모금회의 원칙

① 자발성
② 공정성
③ 효율성
④ 민간 주도
⑤ 지역성
⑥ 계획성
⑦ 공개성
⑧ 참여성

공동모금의 기본적 특성

공개성	• 모금 전에 배분계획의 목표액을 결정, 배분의 투명성 공표 • 기부자인 지역주민에게 소요되는 금액에 관한 이해와 기금의 관리, 모금용도, 배분종료 후에 그 결과 공표
지역성	• 사회연대와 상부상조의 정신에 바탕을 둔 지역주민의 자주적인 봉사활동
협력성	• 지역사회 내의 민간 사회복지자금을 확대하고 관련 단체들의 신청을 받아 심사·배분
교육성	• 모금운동을 통해 사회복지 철학과 지역주민의 사회복지 이해도를 높임
효율성	• 기부자의 선의를 효율적으로 활용하기 위해 모금운동의 일원화 • 지역사회의 기부자를 대신하여 면밀한 조사와 적절한 평가를 통해 배분함으로써 효율성을 높임(효과성 아님)

공동모금회와 기부자

① 권력의 집중화로 자주성 상실 문제

* 거금 기부자의 의견을 존중하면서 분배의 객관성 제고 필요(공정, 투명)

② 기부자의 선택권 침해 문제

* 기부금품지정사용제 : 특정인에게 지급하도록 지정하는 제도(법에 보장)

공동모금회 조직구조

자체 구조적 측면	① 연맹형 ② 중앙집중형
대정부 관계 측면	① 자율형 ② 정부주도형

모금방법의 분류

구분	개별형	기업중심형	단체형	특별사업형
장점	모든 주민이 참여할 수 있다	일시에 많은 모금을 할 수 있다	쉽게 모금할 수 있다	흥미가 있어 참여도가 높다
단점	경비와 시간이 많이 소요된다	다소 강제적이다	다수의 주민 참여가 어렵다	모금의 안정성이 어렵고 사치성, 소비성이 있다

자원봉사

자원봉사란 개인, 집단, 지역사회의 문제를 예방 및 해결하기 위하여 개인적·사회적인 노력의 대가 없이 자발적으로 협력하거나 직접 참여하는 활동

자원봉사활동의 특성

① 자아실현성
② 자발성 및 자주성
③ 무보수성
④ 이타성
⑤ 사회성
⑥ 공동체성
⑦ 복지성
⑧ 사회의 공동선을 실현
⑨ 개척성과 지속성

자발성

자신의 판단 아래 스스로 보고 듣고 생각하고 판단해서 실천에 옮기는 행동으로 자유의지에 의해 무보수로 실천하는 사회복지

무급성

금전적인 보수를 목적으로 하는 활동이 아니며, 무상성(non-reward) 또는 무보수성으로 표현되는 자원봉사의 특성

공익성

특정한 개인이나 직장, 단체의 이익, 종교와 정당의 입장을 초월하여 공익성에 바탕을 둔 자원봉사의 특성

자원봉사센터

① 자원봉사자 모집, 교육, 배치, 유지, 관리
② 자원봉사 의식 확산 및 기반 조성
③ 자원봉사 수요처 발굴 및 자원봉사 프로그램 개발·시행
④ 지역사회 자원봉사기관 및 단체와의 네트워킹

비정부기구(NGO : Non-Governmental Organization)

정부단체 혹은 국제기구(UN)와는 달리 시민을 비롯한 정부 이외의 집단으로 사회적 감시기능을 하기도 하는 총칭의 기구

비영리단체(NPO : Non-Profit Organization)

지방 공공단체 또는 영리단체와는 다르게 사회복지법인 및 생활협동조합, 자원봉사단체 등의 비영리를 목적으로 하는 단체

12

지역사회복지 실천기관 및 평가

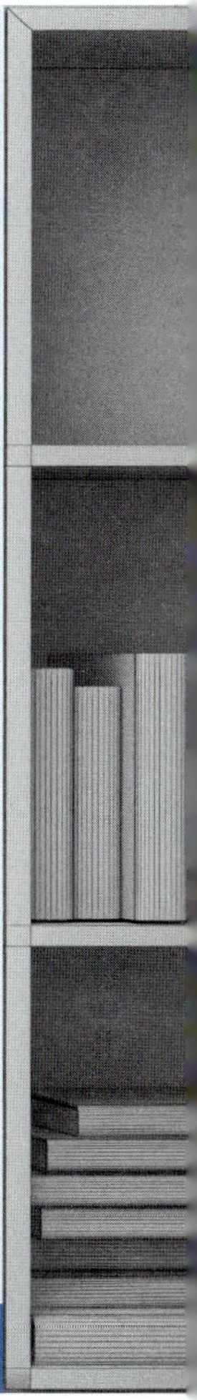

| 제12장 | 지역사회복지 실천기관 및 평가

| 제1절 | 사회복지관

1. 사회복지관의 개념

사회복지관을 서구에서는 사회관, 인보관 등으로 불리기도 하며 사회복지관의 역사는 영국의 인보관운동에서 그 시초를 찾아볼 수 있다.

따라서 그 기원은 영국의 사회복지법인 토인비 홀(Toynbee Hall, 1884), 미국의 헐 하우스(Hull House, 1889), 우리나라의 태화여자관(1921년 감리회 선교사 마이너 여사에 의해)이 개관된 데서 비롯되었다고 할 수 있다.

사회복지관은 과거에는 특정 계층(노인, 장애인, 저소득층 아동 등)을 위한 시설이었으나 요즘에는 연령, 성별, 장애 유무에 상관없이 사회를 구성하는 모든 구성원들에게 사회복지서비스를 제공하고, 그들로 하여금 자유롭게 서비스를 누릴 수 있는 기관으로 확대되었다.

사회복지사업법 제2조에서의 사회복지관이란 지역사회 내에서 일정한 시설과 전문 인력을 갖추고 지역사회의 인적·물적 자원을 동원하여 지역사회복지를 중심으로 한 종합적인 사회복지사업을 수행하는 사회복지시설을 말한다. 그러므로 사회복지관은 지역사회 중심의 사회복지를 실천하는 가장 중추적인 기관이다.

2. 사회복지관 사업의 대상

사회복지관에서는 저소득 취약계층과 지역주민에 대한 실질적인 사회복지서비스가 이루어질 수 있도록 각 사업을 유기적으로 연계하여 실시하여야 한다.

사회복지관 사업의 대상은 사회복지서비스 욕구를 가지고 있는 모든 지역사회 주민이 대상이지만 사회복지관의 우선 사업대상은 다음과 같다.

① 국민기초생활보장법에 따른 수급자 및 차상위계층
② 장애인, 노인, 한부모가족 및 다문화가족
③ 직업 및 취업 알선이 필요한 사람
④ 보호와 교육이 필요한 유아·아동 및 청소년
⑤ 그 밖에 사회복지관의 사회서비스를 우선 제공할 필요가 있다고 인정되는 사람

3. 사회복지관 운영의 기본원칙

사회복지관이 행하는 사회복지사업은 서비스를 필요로 하는 자의 존엄유지를 전제로 다음의 기본원칙에 따라 수행되어야 한다.

① **지역성의 원칙**

사회복지관은 지역사회의 특성과 지역주민의 문제나 욕구를 신속하게 파악하여 지역사회의 문제를 해결하기 위한 사업계획을 수립하고, 이에 따른 서비스를 제공하여야 하며 지역주민의 적극적 참여를 유도하여 주민의 능동적 역할과 책임의식을 조성하여야 한다.

② **전문성의 원칙**

사회복지관은 다양한 지역사회문제에 대처하기 위해 일반적 프로그램과 특정

한 문제를 해결할 수 있는 전문적 프로그램이 병행될 수 있도록 지식과 기술을 보유한 전문인력이 사업을 수행하도록 하고, 이들 인력에 대한 지속적인 재교육 등을 통해 전문성을 증진토록 하여야 한다.

③ **책임성의 원칙**

사회복지관은 서비스 이용자의 욕구를 충족하고 지역사회문제를 해결함에 있어서 효과성을 극대화하기 위하여 최선의 노력을 기울여야 한다.

④ **자율성의 원칙**

사회복지관은 다양한 복지서비스를 효율적으로 제공하기 위하여 사회복지관의 능력과 전문성이 최대한 발휘될 수 있도록 자율적으로 운영하여야 한다.

⑤ **통합성의 원칙**

사회복지관은 사업을 수행함에 있어 지역 내 공공 및 민간복지기관 간에 연계성과 통합성을 강화시켜 지역사회복지 체계를 효율적이고 효과적으로 운영되도록 하여야 한다.

⑥ **자원활용의 원칙**

사회복지관은 주민욕구의 다양성에 따라 다양한 기능인력과 재원을 필요로 하므로 지역사회 내의 복지자원을 최대한 동원·활용하여야 한다.

⑦ **중립성의 원칙**

사회복지관은 정치활동, 영리활동, 특정 종교활동 등에 이용되지 않게 중립성이 유지되어야 한다.

⑧ **투명성의 원칙**

사회복지관은 자원을 효율적으로 이용하고 운영과정의 투명성을 유지하여야 한다.

4. 사회복지관의 사업내용

사회복지관은 사회서비스 욕구를 가지고 있는 모든 지역사회 주민을 대상으로 보호서비스, 재가복지서비스, 자립능력 배양을 위한 교육훈련 등 그들이 필요로 하는 복지서비스를 제공하고, 가족기능 강화 및 주민 상호 간 연대감 조성을 통한 각종 지역사회문제를 예방하고 치료하는 종합적인 복지서비스 전달기구로서, 지역사회주민의 복지증진을 위한 중심적 역할을 수행하는 것을 목적으로 다음과 같은 사업 등을 제공한다.

1) 사례관리 기능

(1) 사례발굴 사업

지역 내 보호가 필요한 대상자 및 위기개입 대상자를 발굴하여 개입계획을 수립하는 일련의 과정을 포함한다.

(2) 사례개입 사업

지역 내 보호가 필요한 대상자 및 위기개입 대상자의 문제와 욕구에 대한 맞춤형 서비스가 제공될 수 있도록 사례개입을 실시한다.

(3) 서비스연계 사업

사례개입에 필요한 지역 내 민간 및 공공의 가용자원과 서비스에 대한 정보제공 및 타 서비스의 연계 및 의뢰를 포함한다.

2) 서비스 제공 기능

(1) 가족기능 강화사업

① 가족관계 증진사업

가족원 간의 의사소통을 원활히 하고 각자의 역할을 수행함으로써 이상적인 가족관계를 유지함과 동시에 가족의 능력을 개발·강화하는 사업(가족문제 예방 프로그램 포함)을 말한다. 이와 관련된 교육 및 훈련 프로그램으로는 가족교육, 부모교육, 가족역할훈련, 대인관계훈련, 의사소통향상교육 등이며, 상담 및 검사에는 부부상담, 부모상담, 가족상담 등(법률·의료상담·심리검사 등 포함)을 실시하고 있다.

② 가족기능 보완사업

사회구조의 변화와 맞벌이 부부의 증가로 인해 가족의 기능, 특히 부모의 역할을 보완하기 위해 주로 아동·청소년을 대상으로 실시되는 사업의 일환이다.

아동 대상 프로그램에는 방과 후 아동보호 및 보육, 청소년 대상 프로그램에는 공부방 및 도서관 운영(학습 및 독서지도 포함), 사회성 향상, 감성교육, 심성발달 프로그램, 진로탐색 및 지도, 학교 사회사업 등을 실시한다.

③ 가정문제 해결·치료사업

문제가 발생한 가족에 대한 진단과 치료, 사회복귀를 지원하는 사업의 일환이다. 신체장애 관련 프로그램으로는 특수아동 조기교육, 음악·놀이·미술 등 특수치료, 중도장애인 집단 프로그램, 장애인 사회적응 프로그램, 정신장애 관련 프로그램으로는 정신건강서비스, 알코올 및 약물치료, 정신장애인 서비스, 청소년 프로그램에는 청소년 범죄예방 사업, 학교부적응 학생지도, 징계청소년 프로그램, 위기가정 문제에는 이혼, 해체위기가정, 재혼가정 등의 프로그램이 실시되고 있다.

(2) 지역사회 보호사업

① 급식서비스

지역사회에 거주하는 보호대상 노인이나 결식아동 등을 위한 식사제공 사업으로 식사배달, 밑반찬배달, 경로식당, 무료급식사업 등을 실시한다.

② 보건의료서비스

노인, 장애인, 저소득층 등 재가복지사업 보건·의료 관련 사업으로는 의료서비스, 간병서비스, 물리치료, 재활치료, 보건교육, 방문간호, 영양지도 및 상담서비스를 제공한다.

③ 경제적 지원

경제적으로 어려운 지역사회주민들을 대상으로 생활에 필요한 현금 및 물품 등을 지원하는 사업으로 의료비·교육비·생활비 등 지원, 후원품 제공, 생활용품 지원 등을 실시하고 있다.

④ 일상생활 지원

독립적인 생활능력이 떨어지는 요보호 대상자들이 시설이 아닌 지역사회에 거주하기 위해서 필요한 기초적인 일상생활 지원서비스 사업으로 청소·세탁·장보기·취사 등 가사서비스, 목욕, 이·미용, 심부름, 차량지원, 주거환경 개선 등을 실시한다.

3) 지역 조직화 기능

지역 내 복지기관·시설들과 네트워크를 구축함으로써 복지서비스 공급의 효율성을 제고하고, 사회복지관의 지역복지 중심으로서 역할을 강화하는 사업으로 지역사회연계사업, 지역욕구조사, 실습지도 등의 사업을 수행한다.

| 제2절 | 지역자활센터

1. 자활사업의 개념

자활사업은 2000년 10월 1일 국민기초생활보장법의 시행에 기반을 두고 있다. 자활사업은 생활이 어려운 사람들의 사회·경제적인 자활과 자립을 지원하는 사업으로서 일자리 창출과 소득 증대, 지역 및 사회에 공익서비스 제공, 사회공동체 실현에 그 목적을 두고 있다.

또한 자활사업을 통해 근로능력이 있는 저소득층이 스스로 자활할 수 있도록 자활능력을 배양하고, 기능습득 지원 및 근로기회를 제공하는 사업이다.

이처럼 근로능력이 있는 저소득층에게 집중적·체계적인 자활지원서비스를 제공함으로써 자활의욕 고취 및 자립능력 향상을 지원하고, 기초수급자 및 차상위계층의 자활 촉진에 필요한 사업을 수행하는 핵심 인프라로서의 역할을 수행하고 있다.

자활근로참여자에는 기초생활 생계·의료·주거·교육급여수급자, 차상위계층으로서 조건부수급자, 자활급여특례자, 일반수급자, 급여특례가구원, 차상위자, 근로능력이 있는 시설수급자 등이며, 이 중 조건부수급자는 의무참여대상자이며, 조건부수급자와 자활급여특례자는 우선순위대상자이다.

조건부수급자는 근로능력이 있는 수급자 중 자활사업 참여를 조건으로 생계급여를 지급받는 수급자를 의미하며, 조건으로 제시된 자활사업에 참여하지 않으면 생계급여가 중지되기 때문에 의무적으로 참여해야 한다.

자활급여특례자는 생계·의료급여 수급자가 자활근로, 자활기업(이상 시·군·구 주관), 자활취업촉진사업(고용노동부)에 참가하여 발생한 소득으로 소득인정액이 선정기준을 초과한 경우를 의미하며, 의무적으로 참여해야 하는 것은 아니지만 자활사업 참여 우선순위로 참여대상자에 포함되어 있다.

일반수급자는 근로능력이 없는 생계급여수급권자 및 조건부과유예자, 의료·

주거·교육급여수급권자 중 참여희망자를 의미한다. 차상위자는 근로능력이 있고 소득인정액이 기준 중위소득 50% 이하인 사람 중 비수급권자를 의미한다.

2. 자활사업의 사업내용

1) 자활사례관리

자활사업 참여 전 진입과정(Gateway/ 상담 및 기초교육과정)을 포함하여 지역자활센터에 참여하는 저소득 지역주민에게 근로의 기회를 제공하고, 취업알선 등 자활 프로그램 지원과 참여자의 자활 프로그램 수행 모니터링 및 사후 평가 등 지역자활사업 참여부터 종결 이후까지 자활참여자의 자립을 위해 수행하는 모든 과정을 말한다.

지역자활센터의 사례관리에 참여하게 되면 먼저 게이트웨이 과정에 참여하게 된다. 게이트웨이 과정이란, 참여자가 지역자활센터에 배치된 초기에 효과적인 자립을 지원하기 위해 개인별 맞춤형 자활지원계획을 수립하는 프로그램이다. 참여자의 욕구, 적성, 능력, 여건에 따라 상담부터 기초교육, 자립경로, 자활지원계획을 수립하는 전 과정이 포함된다.

2) 게이트웨이(Gateway) 프로그램

게이트웨이(Gateway)란 참여자의 욕구, 적성, 능력, 여건에 따라 개인별 맞춤형 자립계획 및 경로 제공과 적절한 자활 프로그램 연계로 효과적인 자립을 지원하는 경로설정 프로그램이다. 배치된 참여자의 상담, 기초교육, 개인별 자립경로계획, 개인별 자활지원계획수립 과정으로 자활사례관리의 초기 과정이다.

과정절차는 접수 및 초기상담(인테이크) 단계 → 사정단계 → 계획수립 단계 → 실행 및 점검 단계 → 평가 및 종결 → 사후관리 과정으로 조건부수급자와 희망참여자(자활급여특례자, 일반수급자, 급여특례가구원, 차상위자, 시설수급자 순으로)가 대상이다.

3) 자활근로사업

① 근로유지형 자활근로사업

근로유지형 자활근로사업 대상자는 생계·의료급여 수급자, 자활급여특례자로 한다. 대상 사업은 근로유지형 자활근로사업 참여자를 근로능력 정도에 따라 유형화하여 참여자 특성에 맞는 사업을 발굴·시행하며, 현재의 근로능력 및 자활의지를 유지하면서 향후 상위 자활사업 참여를 준비하는 형태의 사업을 말한다. 노인·장애인 등에 대한 가사 도우미, 지역환경 정비, 공공시설물 관리보조 등 노동강도가 약하나 지역사회에 필수적인 공공서비스 제공사업 중심으로 추진한다.

② 사회서비스형 자활근로사업

자활근로 사회적 일자리형 대상자는 조건부수급자 및 희망참여자를 대상으로 한다. 주 5일 참여가 가능하도록 기본사업 기간을 보장하되, 예산상의 사유 등 불가피한 경우에는 조정이 가능하다.

사회적으로 유용한 일자리 제공으로 참여자의 자활능력 개발과 의지를 고취하여 간병, 가사지원서비스 등 향후 시장진입을 준비하는 사업이다.

③ 인턴·도우미형 자활근로사업

지방자치단체, 지역자활센터, 사회복지시설 및 일반기업체 등에서 자활사업대상자가 자활인턴사원으로 근로를 하면서 기술·경력을 쌓은 후 취업을 통한 자활을 도모하는 취업유도형 자활근로사업을 말한다. 인턴형은 조건부수급자 및 희망참여자를 대상으로 수급자 중 일용·임시고용 등 불완전취업 상태에 있는 자의 참여를 적극 유도한다.

단순 노무지원 형태를 지양하고, 수급자의 자활 유도가 용이한 기술 습득이 가능한 업체 및 인건비 지원 후 인턴형 자활근로참여자 채용을 확약한 업체를 사업대상으로 한다.

복지도우미는 생계·의료급여 수급자, 자활급여특례자를 대상으로 하고, 자활도우미는 생계·의료급여 수급자, 자활급여특례자를 대상으로 하며, 사회복지시설도우미는 조건부수급자 및 희망참여자를 대상으로 하는 사업이다.

④ 시장진입형 자활근로사업

시장진입형 사업 대상자는 조건부수급자 및 희망참여자를 대상으로 한다. 시장진입 가능성이 높고 집수리, 청소, 세탁, 방역, 소독 등 자활기업 창업이 용이한 사업으로 연초 사업위탁 시 시장진입형 해당 여부를 결정한다.

4) 자활기업 및 창업지원 사업

자활기업은 2인 이상의 수급자 또는 저소득층이 상호 협력하여 조합 또는 공동사업자의 형태로 탈 빈곤을 위한 자활사업을 운영하는 업체를 말한다. 국민기초생활보장법에 의한 자활기업 요건을 갖추고 보장기관으로부터 인정을 받은 인정자활기업만이 해당된다.

추진 방향은 수급자 등 저소득계층의 자활기업 참여를 통한 탈 빈곤을 목적으로 하며, 보장기관은 지역자활센터 등 자활사업실시기관을 통해 개인 신용이나 담보력이 부족한 자활기업 참여자들이 공동창업의 형식을 통해 시장에 진입할 수 있도록 지원해야 한다.

또한 자활기업에 대한 적응도를 높이기 위하여 참여자의 능력 등 제반 여건을 감안한 단계별 자활경로 프로그램 마련에 노력해야 한다.

자활기업에 대한 지원 내용으로는 자활기업 창업지원, 자활을 위한 사업자금 융자, 국·공유지 우선 임대, 국가 또는 지방자치단체가 실시하는 사업의 우선 위탁, 국가 또는 지방자치단체의 조달구매 시 자활기업 생산품의 우선구매 등이 있다.

그리고 기초생활보장수급자를 채용할 경우 인건비 지원, 전문 컨설턴트와 연계한

창업 컨설팅지원, 기타 수급자의 자활 촉진을 위한 각종 사업의 지원 등이 있다.

주요 업종은 청소, 집수리, 돌봄 서비스, 식음료 제조 및 가공 판매, 농축산업, 공산품 제조 등이다.

| 제3절 | 가족센터

1. 가족센터의 개념

1) 가족센터의 설립배경

우리 사회는 빠르게 변화하고 가족의 형태가 다양해지면서 가족문제는 사회문제로 연결되어 사회의 기본 단위인 가정의 안정성을 저하시킬 뿐만 아니라 사회적 불안을 초래하기도 한다.

또한 이주민의 증가와 더불어 다문화 배경을 가진 아동 수도 지속적으로 증가하고 있으며, 다문화 배경의 아동 증가에 따라 이제는 여러 형태의 사람들이 함께 살아가는 다양한 한국사회가 되었다.

따라서 가족문제를 예방하고, 다양한 가정의 어려움을 함께 나누며, 가족의 건강성을 증진하여 건강한 지역공동체 문화를 조성하는 것이 필요하게 되었다.

이러한 상황에서 정부는 2014년부터 건강가정지원센터와 다문화가족지원센터를 통합·운영하여 가족지원서비스체계의 단계적 변화와 확장을 준비하는 시기적 필요에 부응하여 일부 시 · 군 · 구에서 시범으로 통합된 사업을 실시하였다.

그 후 2017년부터 시범사업이 확대 실시되었고, 2021년 10월부터는 건강가정 · 다문화가족지원센터의 명칭을 가족센터로 변경하여 건강가정기본계획이 담고 있는 핵심가치를 기반으로 지역 중심의 보편적 가족 정책을 중심으로 사업 영역을 설계하고, 주요 이슈들에 대하여 실질적으로 다루게 되었다.

유형별로 이원화되어 있던 가족지원서비스를 가족의 유형에 관계없이 한 곳의 기관에서 다양한 가족에 대해 여러 형태의 통합적인 서비스를 제공하게 되었다.

또한 가족센터는 가족지원 전문기관으로서 다문화가족의 안정적인 정착과 가족생활을 위해 종합적인 서비스를 제공하고, 다문화의 이해와 활동가 양성을 통해 다문화 인식개선에도 역할을 하고 있다.

2) 사업의 개념

산업화·정보화 등의 과정을 거치면서 가족은 구조, 기능, 주기, 생활, 관계 등 다양하게 변화되어 왔다. 특히 가족을 둘러싼 다양한 환경변화는 가족 그 자체의 건강 및 존립에 영향을 줄 뿐만 아니라 개개인의 삶의 질에도 영향을 미친다.

따라서 이는 가족정책의 전달체계로서 정부의 가족정책 추진방향에 부응하여 건강가정사업을 실시하며, 관련 분야에 대한 학식과 경험을 가진 전문가(건강가정사)를 두어 건강가정사업을 수행하고 있다.

건강가정사업의 핵심은 사후 치료적 측면보다 사전 예방적 측면에서의 가족정책에 주안점을 두고 있다.

특히 지역주민의 특성을 고려한 맞춤형 가족지원정책, 즉 요보호가족뿐 아니라 다문화가족을 포함한 모든 가족구성원을 위한 서비스제공 및 평등하고 민주적인 가족관계를 지향하고, 가족 전체를 고려한 통합적 서비스, 가족문제 예방, 돌봄 및 가족기능강화를 위한 포괄적 서비스, 그리고 건강가정서비스의 전문화를 위한 유관기관과 긴밀한 네트워크를 형성하여 효과적인 서비스 제공에 노력하고 있다.

특히 다문화가족지원사업에서는 다문화가정의 경제적 자립을 지원하는 프로그램 운영, 방문 교육서비스, 취약 위기가정을 위한 가족기능 강화 프로그램 등을 운영하고 있다.

2. 건강한 가정을 위한 지원사업

1) 사업의 개요

지역사회 내 다문화가족을 포함한 모든 가족구성원을 위한 1차적인 가족지원 서비스를 제공하는 기관으로서 지역단위 가족생활 교육, 상담, 문화, 돌봄사업 등을 실시하고 있다.

또한 지역사회 유관기관과의 네트워크를 통한 통합적 가족지원서비스를 제공하고 있으며, 지역사회 가족구성원을 위한 가족생활 관련 정보 등을 제공하고 있다.

이처럼 건강가정을 위한 다양한 프로그램과 인력충원 등을 통하여 지역사회의 욕구와 더불어 건강한 가정을 위한 사전 예방적 가정정책 실천 및 지원 등을 제공하고 있다.

그리고 사업 방향은 다양한 가족지원, 이용자 참여 확대를 통한 가족기능지원 강화, 생애주기별 부모교육 등 가족교육 활성화 등 요보호가족뿐 아니라 모든 가족구성원을 위한 서비스 제공과 평등하고 민주적인 가족관계를 지향하고, 가족 전체를 고려한 통합적 서비스 제공을 목적으로 하고 있다.

2) 건강가정지원사업 요약

건강가정사업의 핵심인 교육·상담·문화 사업을 중심으로 주력하게 된다. 건강가정지원사업은 공통사업과 선택사업으로 구분되며, 공통사업은 가족의 날 행사, 5월 가정의 달 행사, 교육영역, 상담영역, 문화영역, 돌봄영역, 다양한 가족 유형별 서비스영역, 지역사회 연계 등이 있다.

이는 건강가정지원사업이 지역사회 내 주민대상으로 수행한 다양한 형태의 지역 특성을 반영하여 사회적 통합을 이루기 위한 노력이며, 대표적 역할이라고 할 수 있다. 그 대표 역할을 요약하면 다음과 같다.

① 지역사회 내 가족구성원을 위한 1차적 가족지원서비스 제공

② 지역단위 가족생활 교육·상담·문화·돌봄사업 실시

③ 지역사회 유관기관과의 연계를 통한 통합적 가족지원서비스 제공

④ 시·군·구 단위의 가족실태 조사 및 주민욕구 조사

⑤ 지역사회 가족구성원을 위한 가족생활 관련 정보제공 등의 사업을 담당한다.

3. 다문화가족을 위한 특별사업

1) 사업의 개요

중앙정부 기관이 다문화가족지원을 위하여 개발한 영역별 매뉴얼(가족, 성평등·인권, 사회통합, 상담, 홍보 및 자원연계 영역)을 참고로 하여 사업을 추진하되, 지역사정에 맞게 변형 및 사업별 특화사업 추진이 가능하다.

이 사업으로 실시하는 구체적인 사업내용을 살펴보면, 전체적으로 기본사업, 특화사업, 공통사업으로 분류된다. 기본사업은 한국어교육, 다문화이해교육, 가족교육, 상담, 자조집단 운영 등이 있고, 특화사업은 정서지원, 다문화가족역량강화, 다문화인식개선, 전문인력 양성이며, 공통사업은 홍보, 네트워크와 자체평가시스템 구축, 협의체 구성 및 활동 등이 있다.

그 외 기타사업은 방문교육, 정보제공, 영농기술교육, 가족문화조성사업 등이 있으며, 방문교육은 경제적 어려움과 지리적 접근성의 문제로 집합교육에 참석하기 어려운 결혼이민자 및 그 가족을 대상으로 전문지도사를 양성하여 맞춤형 서비스를 제공하는 사업이다.

2) 결혼이민자가정 지원사업 요약

결혼이민자가정을 위한 사업은 공공 및 민간 사회복지관, 시민단체 등에서도

실시하고 있다. 하지만 중앙정부의 정책을 지역에서 실시하는 전국 가족센터의 다문화가족지원사업이 핵심적인 역할을 하고 있다.

따라서 기본사업과 특성화사업 그리고 홍보·운영 등으로 구분되며, 기본사업의 틀 속에서 한국어교육, 다문화가족통합교육, 다문화가족취업연계지원, 다문화가족자조모임, 개인 및 가족상담 등의 서비스가 제공되고 있다.

특성화사업 중 방문사업은 집 밖 외출이 어렵거나 12세 미만의 아동을 양육하고 있는 결혼이민자가정을 대상으로 이루어지는 한국어교육서비스, 아동양육지원서비스가 있다. 다문화가정 자녀의 언어발달을 위한 진단 및 체계적·전문적 교육프로그램, 통·번역 서비스, 이중언어교실 등의 특성화된 서비스가 제공되고 있다.

| 제4절 | 평 가

1. 평가의 개념

평가란 한 기관의 전체 또는 선별된 프로그램의 효율, 효과, 적절성을 철저하게 그리고 비평적으로 검토하는 과정이라고 할 수 있다.

평가는 분명한 목적을 가지고 시작한다. 프로그램의 결과에 대한 실증적 자료를 제공함으로써 프로그램의 현재 또는 미래의 방향에 대한 현명한 결정을 내리도록 하는 것이 평가의 목적이다.

2. 평가의 접근방법

1) 양적평가와 질적평가

평가하는 방식은 평가자료 속성에 따라 양적평가와 질적평가로 분류할 수 있다. 양적평가와 질적평가 방법은 지역사회복지 프로그램에 대한 평가뿐만 아니라 다른 분야의 평가에서도 많이 시도되고 있는 방법이다.

그러나 이 두 가지 평가에 대한 장·단점은 지금까지도 많은 논란이 되고 있으며, 특정한 방법을 제시하기보다는 사업의 성격에 맞는 방법을 선택하는 것이 바람직하다.

프로그램 평가에 대한 양적평가는 사전에 의도된 목표와 결과에 대한 인과적 관계를 수량화하여 평가하는 방식으로 자료를 수집하고 분석·해석하는 방법으로 양적인 측면에서 목표가 어느 정도 달성되었는지가 관심사가 된다. 따라서 수집되는 자료가 주로 계량화되며, 실험조사 같은 설계를 통해 객관적인 자료가 연역적인 방법으로 분석되는 것을 말한다.

반면에 프로그램 평가에 대한 질적평가는 양적평가가 안고 있는 문제점을 보완하는 방향에서 출발하였다. 즉, 단순한 양적인 측면보다는 지역사회복지의 전문성을 높이기 위한 질적방법을 도입하고자 하는 목적에서 출발하였다.

따라서 자연스러운 상황에서 수량화되지 않은 자료를 수집하여 귀납적으로 자료를 분석하는 방법이다.

그러나 질적평가는 양적평가에 비하여 많은 어려움이 있다. 주관적이고 개인적인 요소가 많이 포함되어 있으므로 객관적인 평가지표를 개발하는 것이 전제되어야 한다.

질적평가 자료는 준거 관련 검사나 규준관련 검사 또는 정형화된 질문지나 면접보다는 개방적인 면접, 참여관찰, 참여자의 기록이나 제작물 등을 포함한다.

한편 지금까지 대부분의 평가는 양적인 방법에 의하여 이루어져 왔으나, 근래에 와서는 질적인 방법도 많이 사용되고 있다. 이러한 시각의 차이는 관심 대상의 사물이나 현상에 접근하는 방식뿐만 아니라 이들의 어떤 측면이 중요한가? 하는 판단에까지도 영향을 미치기 때문에 평가 연구에서 아주 중요한 의미를 갖는다고 할 수 있다.

〈표 12-1〉 질적평가·양적평가

질적평가	양적평가
• 질적방법의 사용을 옹호함 • 행위자 자신의 준거의 틀에 입각하여 인간의 형태를 이해하는 데 관심을 갖는 현상학 입장을 취함 • 자연주의적·비통제적 관찰을 이용함 • 주관적 • 자료에 가까움 : 내부자의 시각 • 자료에서 파생한 발견 지향적·탐색적·확장주의적·서술적·귀납적 • 과정 지향적 • 타당성 : 실질적인 풍부한 깊이 있는 자료 • 일반화할 수 없음 : 단일사례 연구 • 총체론적(holistic) • 동태론적 현상을 가정함	• 양적방법의 사용을 옹호함 • 개인들이 주관적 상태에는 관심을 두지 않고 사회현상의 사실이나 원인들을 탐구하는 논리 실증주의적 입장을 취함 • 강제적 측정과 통제된 측정 • 객관적 • 자료에 거리가 있음 : 외부자의 시각 • 자료에서 파생하지 않는 확인·지향적·확증적·축소주의적·추론적·가설연역적 • 결과 지향적 • 신뢰성 : 통계적인 반복 수집 가능한 자료 • 일반화할 수 있음 : 복수사례 연구 • 특정적(specific) • 안정적 현실을 가정함

2) 절대평가와 상대평가

절대평가는 절대적인 기준으로 평가를 하는 것이고, 상대평가는 상대적으로 평가를 하는 것이다.

절대평가란 '행동'과 '내용'의 이원 분류표를 활용하여 수업목표를 진술할 수 있으며, 또 '할 수 없느냐?'에 대한 정보를 얻고자 할 때 시행한다.

절대평가는 또한 계획했던 프로그램의 장·단점을 평가해 주는 역할을 한다. 예를 들면, 수학시험에서 80점 이상을 받으면 통과라든지, 운전면허시험도 필기나 주행에서 일정 점수를 넘으면 합격이라든지, 이렇게 평가의 기준을 두고 평가를 하는 것을 절대평가라고 한다.

상대평가는 표준화된 검사를 통해 개인의 위치를 전체와 비교하여 상대적으로 평가하는 방법이다. 상대평가는 전체 집단의 평균치와 같은 값을 기준으로 하고, 개인의 위치를 기준과 관련지어 점수화하고 해석하는 것이라고 하여 기준관련평가(검사)라고도 부른다.

상대평가는 입학시험처럼 선발인원 수가 제한된 경우에 주로 이용한다. 또한 기대하는 학습결과가 계열적인 것이 아닌 경우 또는 '발달 수준'을 나타내는 것인 경우에는 절대평가가 부적절하기 때문에 이 경우에는 오히려 상대평가가 종종 활용된다.

예를 들면, 상대평가는 쉽게 등수를 가리는 평가이다. 평가의 기준이 되는 점수가 정해져 있지 않다. 만점이 100점인 시험항목에서 50점을 받은 사람이 단 한 명이고, 나머지는 모두 50점 이하라고 해도 50점을 받은 사람이 1등이 되는 것처럼, 이렇게 등급을 정하고 나눌 때 변별력이 필요한 경우의 시험에 적용되는 경우이다.

3. 평가의 유형과 내용

1) 평가자의 소속에 따른 분류(평가 주체)

(1) 내부평가

프로그램을 기획하거나 운영을 담당하는 사람 또는 같은 조직 내의 다른 구성원이 실시하는 평가방식으로 객관성 부족의 문제점이 있다(자체평가).

내부평가는 조직이나 프로그램 운영의 과정이나 결과에 대한 자기반성적 평가의 성격을 가지며, 평가를 통해서 얻어진 결과가 조직운영이나 프로그램을 개선하려는 목적으로 시행되는 방법이다.

(2) 외부평가

프로그램을 수행하는 조직체가 아닌 대학교수, 조사 연구기관 등의 외부의 제3자가 행하는 평가 방법이다. 외부평가는 비용적인 측면에서는 부담이 있지만, 객관적이고 전문적인 평가를 할 수 있다. 또한 외부평가자는 주로 조직과 프로그램의 문제해결을 위해서 도움을 주는 컨설턴트로서 활동하는 경우가 많은데, 이들의 활동도 주로 조직운영이나 프로그램의 개선에 목표를 두고 있다.

2) 평가의 시기에 따른 분류

(1) 형성평가

형성평가(과정평가)는 사업계획의 개발과정이나 그것의 개선과정에서 수행된다. 즉, 프로그램 수행과정에서 나타난 문제점에 대한 프로그램의 수정 및 보완을 목적으로 이루어지는 평가조사방법으로 사업관리자나 사업과정과 같은 사업과 직접적으로 관련되어 있는 사람들을 위해 수행되며, 내부적으로만 활용되는 것이 보통이다.

즉, 형성평가는 보다 나은 사업계획을 구성하고, 이미 확정·실시되고 있는 사업을 개선하기 위한 목적으로 수행되며, 양적조사, 질적조사 방법 모두 사용된다.

예를 들면, 요리사가 국을 끓이면서 맛있는 국이 되어가고 있는지를 알아보기 위해 국의 맛을 보는 것은 형성평가이다. 형성평가는 뒤에 논할 총괄평가와 대칭되는 개념이다. 그러나 보다 바람직한 것은 양자가 합동으로 형성평가를 실시하는 방식이다.

(2) 총괄평가

총괄평가는 정책이나 사업의 종료 후에 실시되며, 주로 고위정책결정자 혹은 정책 또는 사업자금제공자와 같은 외부 고객의 요구를 충족시키기 위하여 수행된다.

즉, 프로그램이 종결되는 시점이나 완전히 종결된 이후 프로그램의 성과와 영향을 파악하려는 목적으로 이루어지는 평가 방법이다. 총괄평가는 사회복지사들의 프로그램 계속수행 여부 또는 종결 여부 결정에 도움을 주며, 양적조사 방법에 주로 사용된다.

총괄평가는 효과평가와 혼돈되어서는 안 되는데, 효과평가는 정책이나 사업의 효과에 초점을 맞춘 평가를 말한다. 효과평가는 집행과정에 초점을 맞추는 집행평가와는 구별되는 개념이다. 효과평가는 그것의 수행시기에 따라 형성평가나 총괄평가가 될 수도 있는 평가 방법이다.

KEY POINT

사회복지관 유래

① 세계 최초 사회복지관은 인보관 운동으로 영국 토인비 홀(Toynbee Hall, 1884)
② 우리나라 근대적 최초 사회복지관은 1921년 설립한 태화여자관(泰和女子館)
(대학의 최초 사회복지관은 1956년 이화여자대학교에서 설립)

사회복지관 설립·운영 주체

유 형	설립 주체	운영 주체
관립관영	정부기관	정부기관
관립관민영	정부기관	정부·민간 공동
관립민영	정부기관	민간
민립민영	민간	민간
민립관영	민간	정부기관

사회복지관의 3대 기능

① 사례관리기능
② 서비스 제공 기능
③ 지역사회 조직화 기능

사례관리의 등장 배경

① 가족의 보호 부담 증가
② 단기 개입에서 장기 보호 중심으로 전환
③ 통합적 서비스 지원의 필요성 증가
④ 복합적인 욕구를 가진 클라이언트 증가
⑤ 시설 보호에서 지역사회 보호로 전환

사례관리자의 서비스

간접서비스	지역자원 연결과 조정(서비스 체계 중심)(주된 기능)
직접서비스	현장상담 및 직접 해결(클라이언트 체계 중심)

지역자활센터

국민기초생활보장수급자 및 저소득층이 일정한 공간에서 공동작업으로 소득을 얻거나 자영·창업을 할 수 있도록 지원하는 기관

자활사업 참여자

의무참여자	조건부 수급자
희망참여자	자활급여특례자, 일반수급자, 급여특례가구원, 차상위계층

자활사업의 종류

보건복지부 소관사업	자활공동체사업, 자활근로, 사회적응사업, 생업자금융자
고용노동부 소관사업	취업알선, 직업훈련, 직업적응훈련, 자활취업촉진사업

가족센터의 주요사업

① 가족 역량강화 지원
② 일·가정 양립 지원
③ 부모역할, 부부역할 지원
④ 다문화가족 관계향상 지원
⑤ 외국인 근로자가정 지원
⑥ 결혼이민자 지원

부부간의 의무·권리

① 혼인 전의 각자 재산은 혼인 전에 등기해야 유효
② 일상가사는 배우자 승인 없이 서로의 책임
③ 별거 및 사실혼의 배우자에게는 상속권이 없을 수 있음

분할연금

① 연금납입기간 중 5년 이상 결혼생활 후 이혼자 수급권 발생
② 재혼 여부와 관계없이 평생 지급
③ 국민연금, 공무원연금, 군인연금, 사학연금, 별정우체국연금 모두 시행
④ 분할연금 수급권자 및 이혼자 모두 수급권 발생 시 지급

재산분할

① 이혼 시 청구권(시효 2년)
② 결혼 시점부터의 증가된 재산은 분할 대상
③ 결혼 전의 재산은 분할 대상이 아님

이혼 시 청구시효

① 재산분할 청구시효 : 2년
② 위자료 청구시효 : 3년
③ 분할연금(국민연금) 청구시효 : 5년

양육비이행관리원

① 양육비를 지급하기로 약속하고 지급하지 않을 경우 대신 법적으로 구제하는 기관
② 무료 법률 지원기관

양육비 미 이행의 경우

① 감치명령
② 직접지급명령
③ 담보제공명령
④ 운전면허정지, 명단공개, 출국금지, 형사처벌

국적

① 속인주의 : 다른 나라에서 태어나도 부모의 국적 기준(한국)
② 속지주의 : 태어난 출생지(국가) 기준으로 국적 취득(미국)

지역사회복지 결과의 평가기준

① 계획내용의 충실성
② 시행과정의 적정성
③ 시행결과의 목표달성도
④ 지역주민의 참여도와 만족도

형성평가·총괄평가

구 분	형성평가(과정평가)	총괄평가
시 기	진행 중 실시	종료 후 실시
주 체	주로 내부평가자	주로 외부평가자
평가초점	프로그램 운영 과정	프로그램 운영 성과
목 적	진단	결정

정성평가

① 계량(계수)화하기 어려운 부문에 용이한 평가방법(질적평가와 관련)
② 단점 : 평가자마다 표현능력 및 문장작성 능력도 평가내용에 영향

정량평가

① 자료내용을 외형적 수치(통계)로 기록하는 평가방법(양적평가와 관련)
② 단점 : 심도 있고 세밀한 부분 및 내포된 내면적인 면은 이해 곤란

법적 연령 기준

법률명	용 어	법적 기준
영유아보육법	영유아	8세 미만의 취학 전 아동
아동복지법	아 동	18세 미만인 사람
한부모가족지원법	아 동	18세 미만(취학 중에는 22세 미만)
근로기준법	연소자	18세 미만
청소년보호법	청소년	19세 미만인 사람
아동·청소년의 성보호에 관한 법률	아동·청소년	19세 미만의 자
민 법	미성년	19세 미만

C O M M U N I T Y W E L F A R E

참고문헌

|국내문헌|

권순종 외(2008). 자원봉사론. 양서원.

권오균 외(2011). 지역사회복지론. 공동체.

김경섭 외(2012). 지역사회복지론. 양서원.

김경우 외(2011). 지역사회복지론. 창지사.

김광희(2011). 지역사회복지론. 공동체.

김동배(2008). 시민사회와 자원봉사. 학지사.

김범수 외(2012). 지역사회복지론. 공동체.

김병준(2002). 한국지방자치론. 법문사.

김영란 외(2023). 지역사회복지론. 공동체.

김용환 외(2022). 지역사회복지론. 동문사.

김욱진 외(2023). 지역사회복지론. 공동체.

김종일(2003). 지역사회복지론. 현학사.

김치영 외(2009). 지역사회복지론. 파워북.

김흥주(2023). 지역사회복지론. 신정.

남진열 외(2010). 지역사회복지론. 공동체.

류종훈(2007). 지역사회복지론. 학현사.

박근수 외(2009). 합격 암기문장. 공동체.

박민서 외(2012). 자원봉사론. 청목출판사.

박용순 외(2012). 지역사회복지론. 학지사.

박태영(2020). 지역사회복지론. 정민사.

박태영 외(2008). 자원봉사론. 공동체.

박현식 외(2021). 지역사회복지론. 양서원.

손상락 외(2008). 발상의 전환을 촉진하는 길잡이. 창조적 발상과 지역경쟁력. 한울.

신노균(2008). 지역사회복지에 대한 기독교목회자의 인식조사 : 경안노회를 중심으로. 경안신학대학원대학교 대학원 석사학위논문.

신재명 외(2006). 사회복지개론. 도서출판 탑.

안광현(2010). 현대지방자치론. 한국학술정보.

양성관 외(2013). 지역사회복지론. 정민사.

양정하 외(2023). 지역사회복지론. 공동체.
어대훈(2012). 휴먼 사회복지학. 공동체.
엄미선(2009). 사회복지자원개발론. 대왕사.
염일열 외(2023). 지역사회복지론. 동문사.
오완섭(2005). 사회복지학개론. 서울고시각.
오정수 외(2023). 지역사회복지론. 학지사.
유동철 외(2023). 지역사회복지론. 양서원
이양훈 외(2007). 지역사회복지론. 창지사.
이영철(2009). 지역사회복지론. 양서원.
이원주(2021). 지역사회복지론. 공동체.
이인재(2004). 한국지역복지실천론. 나눔의집.
이지복 외(2022). 지역사회복지론. 정민사.
이춘기(1987). 지역사회복지의 전개방법. 대구대학교 대학원 박사학위논문.
이태희 외(2023). 지역사회복지론. 공동체.
전남련 외(2011). 지역사회복지론. 창지사.
전해황 외(2021). 지역사회복지론. 양서원.
정성배 외(2022). 지역사회복지론. 창지사.
조성희 외(2023). 지역사회복지론. 창지사.
조추용 외(2023). 지역사회복지론. 양서원.
주성수(2005). 자원봉사(이론, 제도, 정책). 아르케.
지방행정(지방재정) 사례집 최종보고서. 한국지방재정공제회.
최일섭(2008). 지역사회복지론. 서울대학교출판부.
최일섭 외(2009). 지역사회복지론. 서울대학교출판문화원.
최항순(2007). 지역사회복지론. 대영문화사.
표갑수(2012). 지역사회복지론. 나남출판.
하승수(2007). 지역, 지방자치, 그리고 민주주의. 후마니타스.
홍봉수 외(2020). 지역사회복지론. 공동체.
홍봉수 외(2022). 사회복지학개론. 공동체.
홍봉수 외(2022). 사회복지행정론. 공동체.
홍봉수 외(2023). 사회복지법제와 실천 공동체.
홍봉수 외(2023). 사회복지정책론. 공동체.
홍봉수 외(2024). 가족복지론. 공동체.
홍봉수 외(2024). 사회복지조사론. 공동체.

|국외문헌|

Arthur Dunham(1970). *The New Community Organization*. New York : Thomas Y. Crowell Co.

Dexter, M., & Hebert, W.(1983). *The Home Help Service*. Great Britain : The Chaucer Press.

Eduard C. Lindeman(1921). *The Community*. New York : Association Press.

Gilbert, N., & Specht, H.(1974). *Dimensions of Social Welfare Policy*. Englewood Cliffs, New Jersey : Prentice-Hall.

Ilsley, P. J.(1990). *Enhancing the Volunteer Experience*. San Francisco : Jossey-Bass.

Joel, M. Charon(1987). *The Meaning of Sociology*. Englewood Cliffs, New Jersey : Prentice-Hall Inc.

Kadushin, A.(1980). *Homemaker Service in Child Welfare Service*. New York : MacMillan Publish Co. Inc.

P. Fellin(1995). Understanding American Community. In J. Rothman, et al.(Ed.), *Strategies of Community Intervation*. Peacock Publisher.

Sieder, V. M.(1971). Volunteers. *Encyclopedia of Social Work*(16th ed.). Washington, DC : NASW.

Smith, J.(1999). *Volunteering and Social Development*. UNV.

UNV(UN Volunteer)(2000). Roundtable on Volunteerism and Social Development.

|인터넷 사이트|

가족센터. www.familynet.or.kr

건강가정지원센터. www.familynet.or.kr

고용노동부. www.moel.go.kr

고용보험. www.ei.go.kr

국민건강보험. www.nhis.or.kr

국민연금. www.nps.or.kr

노인장기요양보험. www.longtermcare.or.kr

법제처. www.moleg.go.kr

보건복지부. www.mohw.go.kr

복지넷. www.bokji.net

사회복지공동모금회. ko.wikipedia.org

사회복지시설정보시스템. www.w4c.go.kr

사회복지정보센터. www.welinfo.kr

성폭력가정폭력통합상담소. www.hswf.or.kr

여성가족부. www.mogef.go.kr

COMMUNITYWELFARE

찾아보기

인명

ㄱ

ㄴ

ㄷ

ㄹ

ㅁ

ㅂ

ㅊ

ㅋ

ㅌ

ㅍ

ㅎ

기타

저/자/소/개

■ **홍봉수**
동덕여자대학교 사회복지학과 외래교수

■ **곽일준**
동덕여자대학교 뉴에듀케이션칼리지 교수

■ **박영애**
동원대학교 사회복지학과 교수

■ **양미정**
장안대학교 사회복지학과 겸임교수

■ **오현숙**
호산대학교 휴먼복지학부 교수

■ **홍성희**
호서대학교 사회복지상담학과 교수

【제5판】

지역사회복지론

|공저자| 홍봉수
곽일준 · 박영애 · 양미정 · 오현숙 · 홍성희

|1판 1쇄| 발행 2018년 7월 10일
|2판 1쇄| 발행 2020년 2월 25일
|3판 1쇄| 발행 2022년 8월 12일
|4판 1쇄| 발행 2024년 3월 25일
|5판 1쇄| 발행 2025년 2월 28일

|발행인| 김 동 훈
|발행처| 공 동 체

|주소| 경기도 고양시 일산동구 호수로 358-39, 동문타워 I 905호(백석동)
|전화| 031) 814-3000(대표)
|팩스| 031) 814-3100
|홈페이지| http://www.compub.co.kr
|전자우편| compub@naver.com
|출판등록| 2005년 10월 6일
|등록번호| 제396-2005-36호

|ISBN| 979-11-6725-868-7
정가 21,000원

MEMO

MEMO